U0922765

大夏书系·全国中小学班主任培训用书

# 班主任心理辅导实务（中学版）

BanzhurenXinlifudaoShiwu

吴增强/著

华东师范大学出版社
EAST CHINA NORMAL UNIVERSITY PRESS

**图书在版编目（CIP）数据**

班主任心理辅导实务：中学版/吴增强著. —上海：华东师范大学出版社，2009

ISBN 978－7－5617－7110－5

Ⅰ. 班… Ⅱ. 吴… Ⅲ. 心理卫生—健康教育—中学—师资培训—教材 Ⅳ. G479

中国版本图书馆 CIP 数据核字（2009）第 125101 号

大夏书系·全国中小学班主任培训用书

# 班主任心理辅导实务（中学版）

**著　　者**　吴增强
**策划编辑**　吴法源
**文字编辑**　张万珠
**封面设计**　大象设计
**责任印制**　殷艳红

**出版发行**　华东师范大学出版社
**社　　址**　上海市中山北路 3663 号　邮编 200062
**电　　话**　021－62450163 转各部　行政传真 021－62572105
**网　　址**　**www.ecnupress.com.cn　www.hdsdbook.com.cn**
**市 场 部**　传真 021－62860410　021－62602316
**邮购零售**　电话 021－62869887　021－54340188

**印 刷 者**　北京密兴印刷有限公司
**开　　本**　700×1000　16 开
**印　　张**　15
**字　　数**　248 千字
**版　　次**　2009 年 10 月第一版
**印　　次**　2023 年 11 月第十二次
**书　　号**　ISBN 978－7－5617－7110－5/G·4105
**定　　价**　49.80 元

**出 版 人**　朱杰人

# 目录

目录

目录

目录

目录

# 自　序

班主任对一个人学生时代的影响是不言而喻的。在每个人的学生时代都可能会有一两个记忆特别深刻的班主任老师，在你从朦胧走向成熟的生命历程中，留下他们的教诲。20 多年前，我也曾经做过班主任，我的学生至今还能常常回忆起当年我在他们的成长过程中所给予的帮助，这的确使我感受到做教师的荣耀和精神享受。岁月流逝，20 多年过去了，教育所面临的挑战是前所未有的：一是时代变迁，社会正在发生急剧而深刻的变化，人们的价值观念、思维方式和行为方式发生了巨大的变化；二是年轻学生的变化，他们的身心成长需求比之过去更加趋于多元和多样。当下我们该怎样做班主任？该怎样成为学生的良师益友？该怎样帮助每个学生健康成长？这些的确是重要的教育命题。

班主任是学生的人生导师，承担着“传道、授业、解惑”的使命。其中“解惑”不仅是知识之惑、社会生活之惑，更重要的是心理之惑、成长之惑。班主任心理辅导不是“额外”工作，而是分内工作。

其一，每个学生在成长中都会遇到挫折和压力。处于青少年时期的中学生，身心急剧变化，他们内心的独立性、成人感与日俱增，渴望得到别人的尊重和理解。他们生命力旺盛、精力充沛，希望了解周围的世界，体验生活的快乐。由于缺少生活经验、缺少磨难，有些学生常常在遭遇挫折与压力时缺少心理准备和应付能力，由此而产生各种心理困惑乃至心理障碍。

有一次，我到外地去讲学，为一位患有抑郁症的优秀生（我们暂且称他为“小林”）做了咨询。小林同学一直考班级第一、年级第一，可就是这个“第一名”害了他。为了保住这个第一，他背上了沉重的思想包袱，心理压力越来越大，每到考试前，往往彻夜失眠。在咨询过程中，我发现他头脑里有不少错误想法（在认知疗法中称之为功能失调性思维，或者非理性信念）。例如，“我一想到将来考不取重点大学，心里就很担心”、“我与名人比较，他们太伟大了，而我太渺小了”、“我常常感到很自卑，别的同学比我强”、“我没有什么优点”、“我从来没有失败过，我害怕失败，我认为失败是耻辱”、“我做什么事都要百分之百成功”等等。内心充满自卑、完美主义等歪曲的认知。从小林的班主任那里，我了解到他是一个品学兼优的学生，但却存在比较严重的心理问题。小林的问题通常就不是思想教育工作所能解决的，需要进行心理辅导和心理治疗。

其二，学生成长中的困惑，并不完全来自外界的压力，有时也会来自内心的需求。一位女孩子告诉班主任，她喜欢上了班里的一个男生。结果班主任和她一起看了两部电影和一部小说，启发女孩从作品里寻找答案，女孩子从中得到了不少关于情感的感悟和理解。其实，这位班主任就是在做心理辅导。心理辅导就是在老师的引导下，帮助学生调动其内心的积极力量，解决自己成长中的困惑，提高自己的心理自助能力，促进自己心理健康、人格健全发展。

当然，班主任心理辅导的边界是需要明确的。首先，班主任不是心理医生，班主任不处理学生的心理障碍；其次，班主任不是专职心理辅导老师，一般也不对学生进行心理评估或者心理测验。班主任心理辅导最主要的角色是学生心理健康教育的一级预防员：组织班级心理健康教育活动，了解学生的心理困惑，帮助学生解决成长中的烦恼，对于超过自己专业能力之外的个案，要及时转介给学校心理辅导老师或者医疗机构。虽然本书不少案例是心理辅导老师做的，但他们遇到的这些学生的心理困惑，也是班主任老师常常遇到的，心理辅导老师所采用的辅导方法与技术，同样也是班主任老师可以学习和借鉴的。

心理辅导是一门兼专业性、科学性和艺术性于一体的助人工作，需要进行一定的专业培训，班主任心理辅导也不例外。目前，许多地方加强了班主任心理健康教育的培训力度，这是一个可喜的现象。为了让更多的班主任掌握基本的心理辅导理念、方法和技能，我以中学生成长中的主要心理问题为构架写成本书，每节以案例导入展开分析，并提出相应的辅导建议，力图体现“实务”，供广大班主任老师和心理辅导老师学习参考。

写这本书的另一个缘由和动力，是因为在2008年我参加了班主任国家级远程培训课程的开发。我负责的模块是“班主任与每个学生”。这样一来，在中国教师研修网总编室的组织下，我有幸结识了参与课程编写的全国班主任研究领域的专家，他们对班主任工作的理解和研究给了我不少启示。更重要的是，广大一线班主任的教育案例和教育智慧，深深地打动了我；班主任老师的教育案例是我研究中小学生心理辅导的源头活水。所以，为广大班主任老师写一本书，通过书与班主任老师交流也是我的一份心愿。

本书的出版，得到了华东师大出版社吴法源先生的大力支持，正是他激发了我为班主任写这本书的热情。吴先生对此书寄予厚望，对我提出的要求是，“语言轻松、案例丰富、可用可学、为班主任量身定做”。“语言轻松”不敢说，其余三点我是尽力做了，效果如何还得由广大班主任老师来评论。

本书得以写成，我要感谢书中所有案例的作者，是这些老师的辅导经验和智慧给本书带来了生动的、精彩的案例，给了我启迪和创作的灵感。

希望广大班主任老师和心理辅导老师能够喜欢这本书，也希望大家多提意见，已便加以完善。

吴增强

2009 年 7 月于上海市教育科学研究院

# 第一章

# 班主任心理辅导入门

在人一生的发展历程中，青少年时代是个体身心加速发展的一个特殊时期。在这个时期，不论是个体的智力，还是情感、意志和自我意识等方面，比之童年期都有着一种质的变化，他们往往会有许多内心的冲突与困惑，需要通过心理辅导来加以解决。班主任与学生朝夕相处，陪伴学生顺利走过这段生命历程，是班主任神圣的责任与使命。

本章讨论以下问题：

理解学生内心的疼痛

班主任心理辅导的基本任务

班主任心理辅导的基本方法

# 第一节　理解学生内心的疼痛

从儿童走向成年的过渡期，我们称之为青少年期（或者青春期）。青少年（adolescence）这个术语来自拉丁文“adolescere”，意思是“向成熟发展”。这里的“成熟”，不仅是指生理上的成熟，更重要的是指心智的成熟。伴随着学生身体的迅速生长，他们的心理和思想变化同样是日新月异。认识学生的这种变化是班主任进行教育和辅导的前提。

**【案例】中学生的“另类作文”**

有位初三的学生在作文里写了这么一段：这是一个超疯狂的班，它集所有最特殊的人于一身，无论这些特别之处是好的还是坏的。这个班的男生最顽皮、最懒、最坏……简直一无是处，但这就是我喜欢的、青春期的叛逆。我不在乎我的成绩、结果。我只想快乐一生，这个班给我快乐的回忆。我们经常在一起聊天，在宿舍里聊爱情、性、政治时事，天南地北，无所不谈；我们还抽烟，边抽边吐苦水，把自己的不愉快都消失在这一刻。不交作业，不守纪律，起哄，闹着玩……这一切不仅体现了我们孩子的天性、青年的叛逆，更体现了我们做为人而存在着的苦恼。这个班的女生，文静、美丽、学习认真、凶恶……不好再多作评论，以免被看到，少不了挨一顿揍。唯一可惜的是这些优点分散在26个不同的女生身上。美丽而又愚蠢，学习好的却……唉！青春期的小女生总是有太多美丽的幻想，当她们变成女人，就知道这些是不可能的事。还是现实一点好啊！呵呵！①

这段内心独白虽然在教师看来有点另类，但却非常真实，比较典型地反映了青春期孩子内心的冲突与矛盾。他们渴望自由，渴望在成人世界中占有一席之地，因此他们喜欢叛逆（文中两处使用了“叛逆”）；他们备受学习压力、分数的困扰，年轻旺盛的生命耗在无穷无尽的作业、测验和考试中，因此他们需要宣泄（当然“抽烟吐苦水”不是好办法，需要教师引导）。由于不成熟，缺乏生活历练，他们的思维很容易走极端（文中频繁使用“最”字），这就使他们对男生和女生的评价都不够客观和全面。因此，要理解学生，首先就要了解学生内心的冲突与变化，了解他们内心的需求。

### 动荡的青少年期

埃里克森把人生的发展分为八个阶段，任一阶段的身心发展顺利与否，均与前一阶段的发展有关；前一阶段发展顺利，将有助于后一阶段的发展。在人生的每一阶段，都是发展的“危机与转机”共存。不过，每个阶段的特点各不相同。青少年期的主要冲突是自我认同与角色混乱。具有积极自我认同感的青少年，往往把自己看成是独立的、独特的个体。这个“个体”认为自我是与其他分离的，又是自我统一的，是一个人的需要、动机、反应模式的整合。青少年在自我同一性形成的过程中常常会出现一些不适应问题，心理学上称之为同一性危机，表现在：对自我和自己的生活方式感到困惑，难以认识自己的角色地位，自我评价较低，道德推理不够成熟，难以承担责任，容易冲动而缺乏自制，对父母与教师常有逆反心理等等。



### 教育的两难抉择

当前，一方面，在轰轰烈烈地推进素质教育，推进课程改革，期望学生全面发展；另一方面，功利主义教育影响实实在在，“育分”不“育人”的现象日趋严重。超前教育、拔苗助长，违背儿童身心发展规律的现象日趋蔓延，导致学生精神状态每况愈下。2005 年，我们对上海 4000 多名中小学生生存技能、生活状况和生命态度作了调查后发现：学生的精神状况随

① 引自王晓春：《今天怎样做教师——点评 100 个教育案例》，华东师范大学出版社 2005 年 9 月版，第 108 页。（略有删减）

年级升高而下降。由表 1－1 我们可以看到，学生自我报告精神状态好的，从小学、初中至高中是直线下降，即便是小学也没有过半数；而精神状态差的是直线上升。这种反差发人深省。难怪有人批评当前的教育是“赢在起跑线，输在终点线”，一点也不为过。我认为，即使是在起跑线上，我们也未必占优势。

**表 1-1　学生精神状态的自我报告**

| | 小学四年级 | 小学五年级 | 初中二年级 | 高中二年级 |
|---|---|---|---|---|
| 状态好 | 46.7% | 47.7% | 23.8% | 13.2% |
| 状态一般 | 32.8% | 38.7% | 35.5% | 33.6% |
| 状态差 | 20.5% | 13.6% | 40.6% | 53.2% |





**学会解读青少年**

通过上述调查，我们还发现：随着年龄增长，学生的人生价值取向趋于多元化。

“人生最重要的是什么?”

小学生的排序依次是：健康、安全、成就。

初中生依次是：名望、美貌、安全。

高中生依次是：财产、贞操、权力。

对于这样的调查结果，我们不能作非此即彼的简单化的判断，而应该从社会文化的影响与学生心理发展的需要两方面来分析。从儿童期到青少年期，学生的自我意识发展有一个从客观化自我到主观化自我发展的阶段。儿童期的客观化自我主要表现为：依从权威，往往按照父母或者教师的想法对人对事进行评价和判断，这一时期，儿童迎合成人的附属动机往往在社会交往中占有重要地位。所以，“健康第一，安全第二，成就第三”可能更多反映了教师的选择，而非儿童自己内心的选择。这也恰恰说明在小学阶段，在学校教育力量大于社会影响的时候，是学生行为规范和榜样示范的最佳期。进入青春期，学生的心理将发生很大变化，有心理学家称之为“心理断乳期”，表现为：自我的觉醒和性意识的觉醒。他们比以往任何时候都要关注自己，包括自尊自信、成人感、独立性，以及自己的外部形象。

高中生价值取向更加倾向于世俗化，可能是社会多元文化与价值影响的结果。社会文化多元化，对于学生成长具有两面性。在当前信息社会里，学生通过网络媒体可以获得许多校园之外的信息。这些信息有正面的，也有负面的，它们传递给学生的是多元化的价值观念，像金钱至上、享乐主义、权力腐败等观念会对学生产生较多的负面影响。

类似的还有生命观模糊的问题。调查发现，相当部分的中学生生命观模糊。“你相信人能够死而复生吗?”在样本中，选择不相信的，小学生占绝大多数，初中生占半，而高中生下降至三分之一。见表1-2。

**表1-2　“你相信人能够死而复生吗?”**

| | 小学四年级 | 初中二年级 | 高中二年级 |
|---|---|---|---|
| 不相信 | 86.3% | 50.2% | 38.6% |
| 相信 | 4.9% | 49.8% | 61.4% |

为什么学生书读得越多，反而生命观越模糊了？这说明网络时代给学校教育带来了空前的挑战。这与有些学生迷恋网络死亡游戏，鬼怪恐怖影视、小说不无关系。社会文化多元化使得学生对于许多似是而非、边界模糊的现象与观念，往往缺乏足够的理解与判断力，从而使他们更加迷茫与困惑。可见，培养中学生价值判断与理性选择能力日趋重要。

### 学会进行心灵对话

人的全面发展是其身体、心理与精神层面的和谐发展，因为人是一个完整的生命体，不能随意地将其割裂。班主任作为学生的人生导师，不仅要帮助学生使其道德高尚、品行端正，而且还要促使其心智成熟。这就要求班主任学习心理辅导的理念和方法，以走进学生的内心世界，与学生进行心灵的对话。有一位优秀班主任，她与学生的关系非常融洽，在班里很有亲和力。她有一条经验就是：用目光关注班里的每个学生。她说：“在工作中，我体会到老师与学生的交流十分重要，而交流的着力点在于关注每个学生，同时要让学生感受到老师对他的关注。我坚持做到每天与每位学生有一次交流。我每天注视每一位学生至少10秒钟，它可以让我读出不少讯息：如身体是否舒服、是否有话想和我说、是否遇到挫折了……除了亲切的眼神注视之外，温和而简短的对话、轻轻地拍一下肩膀，都是我与学生交流的方式。”理解是从关注开始的，是班主任老师走进学生心灵的第一步。心理辅导是班主任与学生进行心灵对话的一把钥匙。

## 第二节　班主任心理辅导的基本任务



学校心理健康教育是面向全体学生心智培养的教育活动，班主任在其中占有重要地位。班主任天天与学生打交道，某种意义上班主任是学生心理健康的一级预防员。其实，优秀班主任在工作中常常会自觉或者不自觉地运用心理辅导的原理和方法解决问题。请看下面的案例：

**【案例】世界上最牢固的“桥”**

某班初一时因纪律、学习一团糟而成为全校“闻名”的“乱班”、“差班”。年轻的女班主任经常被气得偷偷掉眼泪，再也不愿担任该班的班主任。初二新学期开学后，学校准备腾出一间教室做电脑室，决定中考后合并掉这个让老师头痛的班级，合并前先让张老师做一下临时班主任。张老师是在一阵稀稀落落的掌声中走上讲台的，这让他有点始料未及。他没想到学生还会鼓掌欢迎他。

“谢谢！”张老师为学生们的掌声所感动，显得有些激动，“从今天起，我就是你们的临时——”话没说完他猛地打住了，“我只是你们聘请的临时工，希望同学们不会过早地喊出‘下课’声。”学生们被老师这一幽默的开场白逗乐了，又是一阵掌声。

难得这些掌声！这是一种信赖、一种期待吗？张老师暗自庆幸：自己这个有着众多荣誉的优秀班主任，刚才却几乎犯了一个常识性的错误！

就这样，张老师在同学们的信赖和期待的掌声中走马上任了。

一天下课后，张老师才走出教室，一个个子挺高、留着学生头的女生追上来问："老师，可以问你一个问题吗？"

"赵州桥是不是世界上最牢固的桥？"

"那可说不准，现代化的很多桥也很牢固呢，如南京长江大桥……"刚刚教了《中国石拱桥》，张老师没有想到"脑筋急转弯"。

"老师，还有一种桥更牢固。"她诡秘地一笑，转身跑了。

这个学生的提问，有点出乎张老师的意料，"我当时怔住了，以这样的神态、这样的语气向我这个刚刚上任的班主任问这样一个问题，我颇感意外。"张老师说。

不过，张老师很快就明白了，她指的不是有形的桥，而是用理解和信任架设的心灵的桥梁，这才是世界上最美丽、最牢固的桥。

这个女生成了班上的临时班长。

没有大刀阔斧的"拨乱反正"，因为张老师身兼三个班的语文教学，他没有更多时间去促膝谈心，"各个击破"。但有一点可以肯定：从第一次掌声响起，他就忘了自己是一个仅有两个多月任期的临时班主任。他让自己的课堂既有积极的思维，也充满轻松愉快的笑声；他把自己对社会、对人生的认识适时地讲给学生们听，却并不强迫他们完全接受；他让举起的教鞭常常悬在半空中，用严、爱交织的眼神代替那代表责备的一击；他还经常利用双休日把学生带出户外，纵情于风轻云淡、秋高气爽的大自然……渐渐地，程凯、程旋学不旷课了；江涛、单建国不再沉湎于电子游戏室了；张承义、陈心峰不再打架生事了；李珍、马彦芳、徐文虎不迟到不早退了……

教师节，班长辛怡代表全班五十名同学把一张精美的"祝您生日快乐"的卡片和一副木刻风铃送到张老师的面前。

自修课下课，张老师揉揉微感困倦的眼睑，刚准备起身走，几个学生敲门走进办公室。

"老师，听说我们班要撤，是真的吗？"班长辛怡盯着老师的眼睛。

"谁说的，没这回事。"

"老师，您会教我们到毕业吗？"

"如果……如果没有特殊原因，我想会的。"

"也不知谁说的，反正大家都在议论了。老师，你跟校长说说不要撤我们班吧，我们会赶上其他班的。"

他们走了，张老师却坐下了。窗外，喧闹的校园开始沉寂下来。隐隐地，一种莫名的情绪涌上心头。

唉！这些学生……他知道，自己在编织谎言。

张老师不忍自揭谎言。但他知道，中考已迫在眉睫，再过五六天，谎言便会被戳穿。那时，自己该如何解释？

这些天，张教师分明感到，每当他走进教室，教室是那么安静——张老师都有点害怕正视下面。

一张字条夹在作业本内："老师，其实一开始你就不必隐瞒我们。谎言，即便是最美丽的，终究是谎言。我们都知道了，您放心，我们正在长大……谢谢！——辛怡。"

张老师的眼睛湿润了。他也终于释然。[①]

多么可爱的学生，多么难得的老师。在短短两个月时间里，一个让老师们头痛的全校"闻名"的"乱班"、"差班"，像换了人似的。是张老师有什么魔法吗？显然不是，是张老师用理解和信任与同学们之间架构起了心灵的桥梁。许多老师一说起纪律差、学习不好的班就头大，谁也不愿意去接，就像是烫手的山芋。要是这些老师都能像张老师那样去理解和信任孩子们，去倾听孩子们的心声，尊重他们，与他们平等相处那该多好啊！这就是班主任的心理辅导。

班主任作为学校心理健康教育的一级预防员，是否等同于专职心理辅导教师？其基本任务是什么？这是必须要明确的问题，否则会产生许多混乱与干扰，影响心理辅导的质量，进而影响学生的心理健康。因此，有必要对心理辅导的基本概念进行讨论。

### 心理辅导的基本概念

"辅导"一词，在英文里对应的术语是"guidance"，有"引导、辅助别人"的意思。张春兴对辅导的定义是：辅导是一个教育的历程，在辅导历程中，受过专业训练的辅导人员，运用其专业知能，协助受辅者了解自己，认识世界，根据其自身条件（如能力、兴趣、经验、需求等），建立有益于个人和社会的生活目标，并使之在教育、职业及人际关系等各方面的发展上，能充分展现其性向，从而获得最佳的生活适应。

张春兴指出辅导有四个特征：其一，辅导是连续不断的历程，人的一

① 本案选自蒋薇美主编：《班主任心理辅导技巧》，上海教育出版社 2007 年 8 月版，第 32—34 页。

生任何阶段均需辅导；其二，辅导是合作和民主式的协助，根据受辅者的需求而辅导，而非强迫式的指导；其三，辅导重视个别差异，旨在配合个人条件，辅其自主，导其自立；其四，辅导的目标是个人与社会兼顾，期使个体在发展中既利于己，也利于人。①

另一个与辅导相关的术语叫“counseling”，一般译作“咨询”，但也有译作“辅导”的，有时两者混用。对于咨询有两种界定：一种是将咨询视为辅导的历程，基本含义同上。另一种是将咨询视为心理治疗过程，即咨询是一个再教育或习惯矫治的历程。在此历程中，受过专业训练的咨询员，运用其专业知能，对生活适应困难或心理失常者给予适当的帮助，使之改正不良习惯，重建人格，从而恢复其健康的人生。

根据学校教育的目标，学校心理辅导可以界定如下：

学校心理辅导，是指教育者运用心理学、教育学、社会学、行为科学乃至临床心理学等多种学科的理论和技术，通过集体辅导、个别辅导、教育教学中的心理辅导以及家庭心理辅导等多种形式，帮助学生自我认识、自我接纳、自我调节，从而充分开发自身潜能，促进其心理健康与人格和谐发展的一种教育活动。②

这个表述有以下几点含义：

（1）学校心理辅导的直接目标是提高全体学生的心理素质，最终目标是促进学生人格的健全发展。

（2）学校心理辅导是帮助学生开发自身潜能、促进其成长发展的自我教育活动，通过他助、互助，培养其自助能力。

（3）学校心理辅导是具有现代教育理念的方法和技术，它不是一种带有指示性的说教，而是耐心细致的聆听和诱导；它不是一种替代，而是一种协助和服务。

（4）学校心理辅导工作应该由教师承担。当然，不同的教师承担的任务是不同的，专职心理辅导教师全面承担学校心理辅导工作计划的实施，对学生（有时也对教师）的心理服务工作，包括个别辅导、小组辅导和心理问题转介等。班主任主要是承担面向班级全体学生的发展性心理辅导，帮助学生解决心理困惑，如，学习困扰、人际关系问题、情绪问题以及青

① 张春兴：《张氏心理学辞典》，上海辞书出版社 1992 年 4 月版，第 292 页。

② 吴增强等：《现代学校心理辅导》，上海科学技术文献出版社 1998 年 5 月版，第 2—5 页。

春期适应问题等。

### 心理辅导、心理咨询、心理治疗

心理辅导、心理咨询和心理治疗是既有联系又有区别的三种心理服务模式。其共同点在于：其一，都是帮助当事人解决心理的问题，使当事人获得认知、情绪和行为的改变；其二，都需要在受助者与助人者之间建立良好的关系；其三，涉及的理论、技术和方法基本相同。因此，许多学者建议，把心理辅导、心理咨询和心理治疗看成是一条线上的不同点，是连续的，而不是割裂的，其间的差异是程度的，而非本质的。

这三者的差异主要表现在服务对象、服务功能、干预方法的侧重点以及服务人员等方面。心理治疗是以心理疾病患者为对象，经由精神医学的治疗计划，达到治愈的目的，主要由精神病医生和临床心理医生来承担。心理咨询是以心理障碍者为对象，主要由临床心理医生和其他心理咨询专业人员来承担。心理辅导是以一般正常人为对象（在学校里以全体学生为对象），通过各种辅导活动，提高其心理素质，促进心理健康，主要由学校心理辅导人员和班主任老师承担。当然，这三者也不是截然分开的，承担心理咨询的专业人员有时也进行心理治疗的工作；学校心理辅导教师有时在处理个案时，也在一定程度上扮演心理咨询者的角色。

### 班主任心理辅导的基本内容

根据学校心理辅导的概念界定，班主任心理辅导基本内容应该着重围绕以下几个方面展开。

1. 帮助学生探索自我

自我意识是人格系统的核心部分，心理辅导的很大一部分任务是帮助青少年认识自我，悦纳自我，发展自尊和自信。一个人的精神面貌和行为方式，与其拥有一个什么样的自我是密切相关的。培养积极的自我认同是青少年辅导的最为重要的任务之一。大量研究和事实表明，自我认同感较好的学生，在学习和生活中能够体验到较强的自尊和自信，热爱生活、充满生命的活力；而自我认同感较差的学生，常常体验到自卑和沮丧，他们常常觉得自己一无是处，觉得自己被人排斥，对于自己的社会角色认识模糊，感到生活没有意义、生命没有价值。因此，辅导旨在帮助学生从朦胧的自我走向理性的自我、同一的自我。在本书第二章中，我们将结合案例讨论学生的自我探索问题，包括自卑心理辅导、自负心理辅导、依赖型人格倾向辅导和完美主义心理辅导。

自卑常常是学生学业挫折、社会适应不良、人际关系紧张的内在心理原因，是一种自我认同危机。分析学生自卑心理的由来，解决学生的自卑心理，是帮助学生进行自我探索、增长自助能力的重要一环。

自负则是自卑的另一个极端，自负的学生往往对自己评价过高，对别人的评价过低。自负的学生因为看不起其他同学，使同学难以接近，也可能会被班级边缘化，而成为“孤家寡人”。

具有依赖型人格倾向的学生，常常会过分在乎别人的评价，这使学生增加了许多沉重的心理负担，抑制了学生的主体能动性。

而完美主义心理，常常会使学生思维方式绝对化，导致行为方式刻板，处理问题缺少弹性，自己给自己制造挫折。它是青少年强迫倾向、抑郁倾向等情绪问题的内在原因。

2. 培养学生健康个性与情绪

学生的个性千差万别，健康的个性品质有助于学生学习、生活和人际交往；而少数学生的个性偏差，例如孤僻、好嫉妒、暴躁冲动等常常会影响学生待人处世。个性特点往往与个体的情绪特点密切联系，如孤僻的学生常常伴有抑郁情绪，好嫉妒的学生常常伴有焦虑情绪。情绪健康是心理健康的显著标志。现代脑科学研究表明，情绪健康不仅有益于身体健康，而且还有益于智力活动和潜能开发。积极的情绪可以促进青少年学习、交往，提高其参加各种活动的效率。学校心理辅导工作中很大一部分的任务，是处理学生的情绪健康问题。

第三章结合案例讨论学生常见的性格与情绪问题，包括孤僻心理辅导、嫉妒心理辅导、焦虑情绪辅导和抑郁情绪辅导。性情孤僻的学生不大引人注意，往往容易被班主任忽视；嫉妒是同学之间竞争和攀比时产生的一种不良心理；学生面临学习、生活和交往的压力，会表现出不同程度的焦虑情绪。值得注意的是，近年来中学生抑郁倾向的发生率，随着他们压力增大而逐年增多，抑郁倾向常常发生在老师心目中的优秀学生身上，班主任尤其要留心这个辅导的死角。

3. 帮助学生突破学习困境

学生在学校的主要任务是学习，许多资料表明，学生心理问题大多与学习有关，例如考试焦虑，因升学压力过重而厌学、弃学，因学业失败而导致各种危机事件（自弃、自残、自杀或伤害他人），以致因学习问题而产生的抑郁、自卑等等。一个称职的教师，不仅要把知识教授给学生，更重要的是培养学生的求知欲望、探究精神、创造力和积极的思维方式。《学习的革命》一书说得好，“儿童的大脑不是填充东西的容器，而是需要被点燃的火把”。如果真正做到这一点，那就是学校教育极大的成功。这就需要教育工作者学习基本的学习理论，并运用理论解决教育教学过程中出现的问题。这对于教师和学生的成长都是有益的。第四章结合案例，具体讨论厌学心理辅导、学习退避心理辅导和学习困难学生辅导。

厌学情绪普遍是学校教育一个不争的事实。导致学生厌学的原因是社会的、学校的和学生个体的。班主任所能做的主要是教育教学行为改进、学生学习动机激发等。

旷课、逃课、拒学都属于学习退避行为，其深层次动机是习得性无能。班主任在心理学理论指导下进行学生辅导，就可以达到事半功倍的效果。

学习困难学生辅导是教育的永恒主题，如何帮助班级里学习落后的学生，正体现了教育的公平，要“一个都不能少”，不让一个学生掉队。运用心理辅导帮助学生走出学习困难，是班主任一项富有挑战性的任务。

4. 帮助学生破解青春期烦恼

在我国的许多学校，性教育、性心理辅导是一个“禁区”，无人问津。然而，随着现代社会的开放，大众传媒特别是互联网的出现，五光十色的信息扑面而来。学校、家庭正面的性教育没有开展，而社会上负面的东西时时刻刻在影响着青少年一代。学校、家庭开展性教育、开展性心理辅导已是刻不容缓了。第五章结合案例讨论青春期体像烦恼辅导、青春期异性交往辅导和性别角色辅导。

体像烦恼是青春期学生特有的“心病”，他们很在乎自己的形象，这表明学生人格的独立性与日俱增；老师应理解他们的成长需求和烦恼。辅导的目的是让学生学会自我悦纳，克服对自己外在形象的非理性想法。

异性交往是青春期学生的必修课，这是青少年成长中必须要经历的过程。目前的学校教育和家庭教育往往不是把它作为一个正面的议题，而是一个负面的议题。因此，老师和家长更多地用“管”、“卡”、“压”的教育方法，封杀学生所谓的“早恋”，而不是跟学生平等地探讨少男少女健康的两性交往。本节将与班主任探讨如何走出青春期教育的误区。

性别角色认同是青少年自我认同的重要部分。青少年的社会化过程要求赋予男孩和女孩不同的性别角色和气质：阳刚之气与阴柔之美。大众传媒的多元化使性别角色的界限变得模糊。我们如何看待男孩的“娘娘腔”和女孩的“假小子”？如何看待性别双性化问题？本节的讨论应该能够给老师和学生以启示。

5. 帮助学生重建积极的行为方式

现代社会，每个人都会在日常生活、学习、工作中面临各种各样的压力与挑战。有关研究表明，青少年主要的压力源有：学习负担、同学关系、师生关系、家庭变故、亲子关系和异性交往等方面。由于青少年不能很好地处理面临的压力，常常会表现出心理紧张、迷茫和反抗。第六章结合案例讨论攻击性行为辅导、逆反心理辅导和创伤后应激辅导。

学生攻击性行为常常是校园暴力事件的源头之一，也是班主任经常遇到的班级事件。过去对待学生攻击性行为的处理，往往采用思想教育加纪律制裁的办法，而忽视对学生内心动机的了解和心理辅导。许多案例表明，心理辅导结合教育可以更加有效地处理学生攻击性行为。

逆反心理表达了青少年内心对成人约束的反抗，或者是对自己尊严和独立性的维护。它具有双重意义：其积极意义在于体现学生的批判、质疑和民主精神，促进教育者反思，改进两代人的沟通和理解；其消极意义在于，容易激化师生之间、亲子之间的矛盾和冲突，容易被班级边缘化，影响学生正常的学习、生活。

近年来，自然灾害、社会恶性事件、校园伤害事故频发，使得危机应对、创伤后应激辅导，成为学校越来越关注的问题。面对因突发灾难事件而导致的亲人、同学等的丧失，如何帮助处于哀伤中的学生度过心理危机，恢复正常的学习和生活，是一个全新的富有挑战性的辅导工作。

6. 帮助学生展现丰富的生活、精彩的生命

青少年是富有理想、富有生气的。他们有着生机勃勃的现在和长长的未来，他们有太多太多的问题要探索，诸如生活的意义、生命的价值等等。同时，由于他们缺少生活经验与磨炼，常常显得比较脆弱、容易动摇。所

有这些精神追求、思维方式和行为方式便是青少年独特的亚文化。青少年亚文化有广义和狭义之分。从广义上说，青少年所表现出的一切文化特征，如青少年所特有的思想观念、思维方式、行为特征、语言风格、衣着打扮等等，都属于青少年亚文化。从狭义上说，它指的是青少年的价值观念及其行为特征。青少年的偶像崇拜、热衷星座、网络迷恋、生死观等等，都是青少年亚文化现象，有其合理性，但更有其非理性、局限性。老师只有了解青少年亚文化，才能走进学生们的心灵，帮助他们健康成长。第七章结合案例讨论青少年成长中三个重要议题：偶像崇拜心理辅导、网络成瘾倾向辅导和自伤、自杀预防与干预。

偶像崇拜是青少年自我表达的心理投射，有其合理性。班主任不应打压、压制学生的内心需要，而要引导，化偶像崇拜为榜样学习。

网络成瘾倾向是近年来学生心理健康的一个突出的问题，也是令老师、家长头痛的教育难题。网络成瘾倾向辅导重在预防，即帮助学生健康地、合理地使用网络，降低网络成瘾的诱发因素，对高危学生进行重点辅导等。

学生自我伤害、自杀等危机事件逐年上升，也是学生心理健康的焦点问题。尽管比例很低，但负面影响很大。学校和班主任的任务是做好对学生自伤、自杀的预防，将这类危机事件消除在萌芽状态。

## 第三节　班主任心理辅导的基本方法

班主任虽不是专业心理辅导工作者，但班主任可以运用心理辅导的基本方法与技术来帮助学生解决其成长中的烦恼。反之，班主任工作中有许多失败的教训，常常就是因为老师违反了心理辅导的原理和方法。请看下面的案例：

**【案例】她为什么又不说了**

王力（化名）的父母在闹离婚。王力非常想取得班主任张老师的帮助。她来到办公室，恰好办公室里只有张老师一个人在批改作业。

看到王力的到来，张老师停下手边的工作，问道："有事吗？"

王力嗫嚅着，不知从何说起。

张老师看看案头的工作又问："到底有什么事？快说啊！"

王力紧张地低着头说："没事，就是来看看老师有什么要吩咐的。"

张老师有点不耐烦了，抬头看看钟，又看看未完成的工作。虽然没说话，但逐客的意思已经非常明显了。

王力看看张老师，深深吸了一口气，鼓足勇气说："我想谈谈家里的事，事情是这样的……"

张老师心想今天看来只能回家再完成手边的工作了。于是就长长吁了一口气，用自以为不易被别人察觉的姿势舒展了一下疲惫的身体，然后把椅子向前拖拖，眼睛很专注地看着王力，示意她说下去。

王力不自觉地向后退了一步，说："我没事了。"转身就冲出了办公室。

深夜，当刚批改完作业的张老师准备睡觉时接到了王力父母的电话：

孩子逃夜了。①

王力的离家出走，张老师虽没有直接的责任，但有间接责任。张老师因为对学生的不在意、不关注、不重视，而错失了帮助学生的最佳机会。班主任爱学生，是体现在一言一行之中的。一个优秀的班主任，懂得如何关注学生，如何重视学生。当学生遭遇父母离异、家庭破碎而深感痛苦之时，班主任应该敏锐洞察，并给予关爱，成为学生的精神导师和心灵的带路人。何况，学生王力是主动来寻求班主任帮助的。张老师看似热情，看似关注，但她不经意中表现出来的不耐烦，“抬头看看钟，又看看未完成的工作”、“长长吁了一口气，用自以为不易被别人察觉的姿势舒展了一下疲惫的身体”，这些非语言的行为，无不在给王力传递一个信息，“我很累了，我对你不感兴趣，你可以走了”。老师的神态、表情、动作，让王力感到了老师对她的不在意、不重视、不喜欢，让她原来仅存的一点希望彻底落空了，她失望了、绝望了。这个案例为我们提供了警示：关注恰恰是心理辅导的基本技巧，不关注会使学生心灵更受伤害。班主任心理辅导需要掌握基本辅导步骤和辅导技术。

### 基本辅导步骤

班主任心理辅导基本步骤包括明确问题行为、收集个案资料、评估分析、确定辅导方案、实施辅导过程、检验辅导效果与随访六个阶段。在辅导的初期，教师与学生必须建立起良好的辅导关系，明确学生具体的问题行为，共同找出目前的困难。接着是进一步了解当事人在其特有的人际关系中更深层次的需求和欲望，并达成一个双方都可以接受的对问题的解释与看法。最后则是确立改变的目标，并计划相应的行动来达到这个目标。辅导的过程因具体问题的不同有长有短。有时，辅导的不同阶段可以在一次会谈中完成；有时，当事人的问题较复杂（如童年创伤的问题），则一个阶段也必须经多次会谈才能完成。②

1. 探讨并明确问题

学生总是带着困难、问题来接受辅导的，有时候还会不太情愿。作为

① 本案选自蒋薇美主编：《班主任心理辅导技巧》，上海教育出版社2007年8月版，第83页。

② 同上书，第146—150页

班主任，你经常要主动去找一些学生进行个别辅导，这时首先要做的是建立起良好的辅导关系。然后在此基础上交流、探讨学生所面临的问题。班主任尽管与学生生活在一起，经常接触学生，与学生比较熟悉，但平时的角色往往是领导者、教育者，与个别辅导所需要的那种平等、同感、支持、促进等有一定的区别，所以班主任应首先与学生建立起一种充满信任、理解、真诚、尊重、宽容、接纳等关系氛围，再共同探讨发生的问题。

这一阶段的基本目标是努力发展出具有信任、诚实与开放的沟通关系，并鼓励学生进行自我检查、自我澄清。具体目标是：①使老师知道学生发生的事以及他的想法与感受；②鼓励学生通过述说个人问题而得到某种程度的情绪宣泄；③鼓励学生通过述说使其对自己的问题有更清楚的认识并理清具体的困扰是什么。

在这个阶段，班主任要将重点放在学生身上，而不是问题上，关键是对方的感受而不是事件的对错，因为你只有理解了他这个人，才能准确地理解发生在他身上的问题。所以这时辅导员更多是以倾听和理解来帮助当事人诉说和宣泄，让当事人充分地进行自我探索，把内心的一切都表达出来。班主任要帮助当事人理清：我的处境如何？我当前的表现对我有何意义？我真正需要改变的是什么？

#### 2. 收集个案资料

个别辅导必须有足够的个案资料，否则无从分析判断，也难以解决个案问题。收集资料同样是个别辅导的基础，要详尽地了解个别辅导对象，需要从多方面入手。资料收集的具体内容如下：

（1）当前状况，包括个人基本资料（如姓名、性别、年龄、住址、出生日期、出生地点、受教育程度等）、身体特征（如体貌特征、健康状况、生理成熟程度、有无生理缺陷、曾患何种疾病等）、心理特征（如情绪稳定性、性格倾向、智力、学习能力、学习动机态度、社会态度倾向、自我观念与价值取向、社交能力等）、在校情况（如各科学习成绩、课外活动兴趣、学科兴趣、师生关系、同学关系、学习有无困难、有无奖惩记录等）等。

（2）家庭背景，如父母的年龄、职业和受教育程度，家庭成员间的相互关系，父母对子女的期望、教育方法，亲子感情，父母自身的举止言谈、文化修养、业余爱好，家庭经济状况等。

（3）个人成长史，主要指个人从小到大的一些主要经历，特别是学习期间有没有遭受过重大事件或者创伤性经历（如亲人亡故、受过虐待、留级、受处分、与老师关系紧张等）。

（4）其他，如学校风气、社区环境、邻居关系、交友情况、亲友关系、上下学的路径等。

收集资料的方法有很多，包括观察、谈话、自述、访问、问卷和心理测试等。以上方法在个别辅导中除了心理测试，班主任都可运用。需要心理测试的学生，可以请专职心理辅导教师来施测。

通过收集资料，班主任对学生的背景、问题的来龙去脉、相互关系等就能有比较全面的认识，从而为下一步的分析诊断奠定基础。

3. 评估分析

这一阶段主要是对问题的详细分析并作出诊断，进而确定辅导的目标。辅导员在与当事人充分探讨问题并掌握了必要的个案资料以后，要根据自己的心理专业知识、社会生活阅历和个别辅导经验，对学生的叙述和所获得的资料进行综合分析，评估学生的心理问题是什么、产生的原因和严重的程度。

学生身上表现出的问题往往不是单一的，如知识基础差、学习技能低、学习态度不端正、社会适应不良和行为问题等可能出现在同一个人身上，究竟哪一个是主要问题和关键因素，作为辅导员必须予以准确判断。从专业角度出发，借助于高质量的诊断量表是很有必要的。班主任如遇到一些难以评估的个案，不要轻易下结论，要请教专业人员。另外，评估后，首先要判断是否属于自己的辅导范围，如自己无力解决，则要考虑转介给专职心理辅导教师或者专业的咨询机构。

为了确保辅导的有效性，深入分析学生问题的产生原因非常重要。同一现象的背后可能有不同的原因，比如厌学，有的学生是因为缺乏意志力，有的同学是因为学习态度不端正，有的是因为懒惰成性，有的则是因为学业经常失败。所以，辅导员要查找出产生问题的真正原因，不仅分析学生自身状况，同时要分析如教师、家长、学校、家庭、大众传媒等外部因素。

4. 确定辅导方案

根据学生问题行为的性质、严重程度及产生原因，班主任要制定出具体的辅导方案，提出辅导的总体设想与阶段目标。确定辅导目标，首先必须注意可行性和有效性。目标的确定要力求恰当，要针对问题的解决，防止目标偏高或偏低。其次，目标的确定要具体。不能含混不清，要将那些可能只是泛泛而谈的目标缩小到特定范围，并转化为具体的可操作的行动。再次，目标的确定应具有可检验性，使其他人能根据辅导后学生的表现来判断辅导是否有效。

能否顺利实现辅导目标，辅导措施的选择和确定起着重要作用。辅导可从学校、家庭两方面入手，围绕当事人的知、情、意、行等各方面，运用各种心理咨询技术进行。一般而言，解决问题的具体措施可有多种选择，例如考试焦虑的个别辅导，可以通过自我暗示来加以调整，也可以通过放松训练来调控自己，还可以采用系统脱敏技术等。究竟哪一种措施最为合适，辅导员应认真进行比较筛选，采取与学生商量的方法，提出多种解决问题的方案，并说明利害得失，让学生自己作出选择，班主任切忌用命令式的方法贯彻自己的意图。

无论是辅导目标的确定还是辅导措施的选定，班主任都要与当事人（有时还要包括家长）共同商议，形成“契约”，因为在辅导进程中，当事人和他们的家长都是可以调动的辅导资源，并可以以此避免一些消极后果的产生。

5. 实施辅导过程

确定个别辅导的目标和措施之后，就要根据辅导方案进行具体的个别辅导和干预，将构思一步步付诸实施。在实施过程中，无论是非理性想法的改变、消极情绪的调整还是不良行为的矫正等，最关键的是要持之以恒、循序渐进，并记录在案。很多辅导员希望能一次成功，实际是不可能的。有些可能表面上改变了，但当事人的内部系统可能还没有变化，以至学生的问题行为会反复出现，如某学生小学一年级有厌学情绪，到了高中阶段还是不肯去学校。从目前班主任撰写的一些个案看，尽管老师们做了很多工作，但收效甚微，很重要的一点就在于缺乏系统性，没有持之以恒。

在实施过程中，班主任还要根据学生的具体表现，不断对学生的行为方式进行适时的强化和再评估，帮助学生及时调整具体的辅导目标和辅导措施。

6. 辅导效果评估与随访

经过一个时期的个别辅导之后，班主任要观察学生此时的行为表现，与学生一起对整个辅导过程进行全面回顾并对照辅导目标进行评估，从而判断实施的辅导是否有效。对辅导效果的评估还能提供机会让学生获得经过一段艰苦努力之后终于达到目标的成功体验，这对学生而言是一种很难得的成长经验。

辅导效果评估可以是对事先共同设定的各项辅导目标进行评估，如比预期好很多、较预期好、在预期之内、较预期差、比预期差很多等，也可以通过相关的心理测试来加以判定，如焦虑指标下降了多少等。

即便辅导取得了较好的效果，班主任也要对学生保持随访，以掌握当事人的发展状况，以便能及时提供适当的后续辅导。追踪随访也有利于辅导效果的巩固、评价以及个别辅导资料的积累和完备。在此过程中，班主任还要鼓励学生把辅导的收获应用到学习和生活中可能遇到的其他困难情境中去，从而扩大辅导效果，促进学生更好、更快地成长。

### 基本辅导技术

根据班主任的工作特点，以下主要介绍在个别辅导过程中常用的四种心理辅导技术。①

#### 1. 行为矫正技术

行为矫正是指通过适当的强化手段，增进学生积极行为的发生，减少并逐渐克服不良行为的一种技术。② 行为矫正技术旨在帮助学生塑造良好行为和改变偏差行为，是教师开展个别辅导时最为常用的心理辅导技术。

行为矫正的过程一般可分为以下五个步骤：

（1）确定目标行为。目标行为就是指需要克服的偏差行为，或者是需要培养的积极行为。辅导老师此时要根据当事人自己叙述的行为状态和平时观察到的该当事人的行为表现，以确定需要矫正（增加或减少）的目标行为。

该环节主要的工作包括：①界定问题：了解当事人的问题行为是什么、有什么特点；②查清当事人的个人发展情况，了解该问题行为是如何习得的，又是如何被巩固的；③确定矫正目标。

---

① 蒋薇美主编：《班主任心理辅导技巧》，上海教育出版社 2007 年 8 月版，第 146—150 页。
② 吴增强主编：《学校心理辅导通论》，上海科技教育出版社 2004 年版，第 250 页。

（2）建立目标行为的基线水平。目标行为确定以后，需要经过一段时间（一般至少三天）的观察，来测定目标行为出现的次数，然后求出每天或者每周的平均值，以此作为目标行为的基线水平。个别辅导的效果好坏将由辅导过程中及结束时目标行为的出现频率与基线水平比较后得出。

（3）选择强化物（方法）。行为改变是通过强化手段获得的，因此选择强化方法是行为矫正技术的关键所在。

强化方法一般有以下几种：

①正强化，指在当事人出现积极的目标行为或克服消极的目标行为时给予奖励，作为奖励的强化物可以包括如学习用品、食品、玩具、小红旗等具体实物，也可以是微笑、抚摸、表扬等精神奖励，还可以是娱乐、上网等活动形式。

②负强化，指通过减少或免除惩罚增进当事人的积极目标行为或克服其消极的目标行为，如撤去处分、减少家庭作业等。

③消退化，即有意地忽视当事人的消极行为，取消对之的强化反应，如冷淡、不理睬、漠视等。

④惩罚化，指当事人出现消极行为时给予惩罚，实质是为了使其感觉不舒服或厌恶，如用橡皮圈弹自己。

（4）实施行为矫正程序。根据矫正计划，具体实施对问题行为的矫正。为了考察行为矫正程序的实际效果，需要对实施期间的目标行为表现做观察和记录，并与先前建立的基线水平进行比较。

（5）效果评估与反馈。按计划实施了行为矫正之后，行为矫正即告结束。这时要根据记录的数据与资料对矫正效果进行评估，安排进一步巩固效果的措施。

2. 认知改变技术

认知一般是指人的认识过程，指一个人对一件事或某对象的认识和看法，包括对自己的看法、对别人的想法、对环境的认识和对事物的见解等等。认知改变技术是指根据人的认知过程影响其情绪和行为的理论假设，通过改变当事人的不良认知，从而调整其情绪和行为的一种心理辅导技术。认知改变技术的辅导目标不仅仅是针对行为、情绪这些外在表现，而且分析当事人的思维活动和应付现实的策略，找出错误的认知，通过改变人的认知过程和由这一过程中所产生的错误观念来纠正本人的适应不良的情绪或行为。例如，某学生一直“认为”自己表现得不够好，连自己的父母也不喜欢他，因此，做什么事都没有信心，很自卑，心情也很不好。认知改变技术的策略，便在于帮助他重新构建认知结构，重新评价自己，重建对自己的信心，更改认为自己“不好”的认知。

认知改变技术一般包括四个环节：

（1）帮助来访者认识情感、行为与认知活动之间的联系。

（2）寻找来访者的负性自动思维，识别非理性思想。如可以通过提问“你觉得上网能带给你什么”、“你是否每天都要和网友保持联系”等来找出网络成瘾者的非理性思维。

（3）帮助来访者改变错误的思维方式、内容，同时发展更适应的思维方式和内容。真实性验证是此时最常用的方法，它是将当事人的负性自动式思维和错误观念看作是一种假设，然后鼓励当事人对其真实性进行检验。例如，某当事人在受到挫折后，认为自己“一事无成”、“别人都看不起我”，非常抑郁。实际上他成功地做过很多事，成绩优良，还曾经做过班干部。通过真实性检验这一过程不仅能帮助当事人认识事实，还能发现自己对事物的认识歪曲和消极片面的态度，从而达到改变错误认知的目的。

（4）练习、巩固，将理性的思维方式与想法进一步运用在学习和日常生活中，使之内化为个体的内在认知结构。

### 3. 情绪调控技术

情绪调控是指有效地调节和控制自己或他人的情绪，使之对个人的行为产生积极影响的过程。当事人往往是带着消极的负面情绪前来寻求帮助的，或者说他的一些问题行为是在某种非理性情绪的影响下产生的，这时辅导老师的首要工作就是帮助当事人调节情绪，使其在理性、冷静的状态中正确面对自己的问题、有效解决自己的问题。

个别辅导中的情绪调控技术包含以下内容：

（1）帮助学生认识、接纳和面对自己的情绪。辅导老师要帮助当事人认识自己的情绪，如哪种情绪是你目前最主要的，与之相应的身体反应是什么？我为什么会有这样的感受？这些情绪与过去的经历有关吗？我准许自己有这样的情绪吗？如果不能，为什么？最后一个问题常常使我们发现，有些感受是我们不愿承认的，因为这样会暴露自己的“弱点”。比如，小张最近几天不太高兴，经过辅导对话，发现是一位同学借东西不还，小张感到很气愤，可是他又不直接表达出来（怕被同学误认为自己“小心眼”），以至造成了自己的情绪困扰。当我们能够了解和接纳自己的情绪时，情绪的困扰差不多已经解决了大半。

（2）引导学生宣泄和恰当地表达情绪。个别辅导的一个主要功能是引导当事人充分宣泄，如上面提到的小张，当他向辅导老师充分表达了对同学借东西不还的不满后，他一下感到自己轻松了很多，以后的辅导进程就变得容易多了。辅导老师在引导当事人充分宣泄的基础上，还应该让当事人学会恰当地表达自己的情绪，其中包括：向自己表达，让自己清楚地认识到目前的情绪状态以及它的来源；向他人表达，能经常与其他人沟通、交流，让他们认识并共享自己的情绪；向环境表达，当你不高兴的时候跑跑步、打打球，或者出去旅游、听音乐会，甚至摔东西，在无人处高喊、哭泣，以上各种形式的情绪表达，都将使个体的不良情绪得到调适。

（3）增加积极情绪体验。任何事情都有积极和消极两个方面，若能从积极的角度看问题，易使人增强信心，振奋斗志，产生乐观的情绪体验。学生之所以带有消极情绪，是由于对人、对己、对事的消极认知评价所致，所以在辅导过程中要正面评价当事人，并鼓励当事人以积极的方式进行评价，以增加自己的积极情绪体验。

（4）帮助当事人学会控制、疏导情绪。让当事人学会自我控制、疏导情绪是情绪调控技术的最终目的，辅导老师应该让当事人掌握调节情绪的各种方法，如代偿转移法、幽默法、放松法、制怒法、升华法等，使当事人善于适时疏导自己的情绪。

4. 积极暗示技术

暗示是指用含蓄或间接的方法，使某种信息在人的心理、生理、行为方面产生影响，从而按照一定的方式行动或接受某种信念与意见。班主任老师通过有针对性的、积极的语言作用，对学生的心理活动施加影响，从而调节其认知、情绪、意志、信心等以消除或减轻问题症状称之为积极暗示技术。

暗示是一种常见的、奇妙的心理现象，人们可以因为它而积极向上、取得意想不到的效果，也可能因为它而消极低沉、无病生起病来。前者是积极暗示的功效，后者则是消极暗示的结果。作为问题学生，不少是由于经常性的自我消极暗示以及周边环境（包括老师、家长、同学等）对他的过多消极暗示所导致的，所以在个别辅导中善于运用积极暗示技术将会取得事半功倍的效果。

暗示的方式是多种多样的，各种信息都能起到暗示作用，如语言、文字、表情、手势等均可作为暗示手段。辅导老师不仅可以施加积极暗示给当事人，还可以教会当事人进行自我积极暗示。如辅导老师对当事人说："讲出来了你现在感到很轻松，是吗?"暗示如果经常与人交流可以缓解紧张状态；"你先复习再做作业的效果就是不一样"，暗示你有学习潜力，只要方法适当，就会取得成功；还有如"真聪明"、"干得好"、"你的意见不错"等等，都会对当事人的信心提升有很大帮助。而自我暗示更是当事人可以经常使用的一种有效方法，如每天对自己说："相信自己能够做到，你就能够做到"、"我觉得健康，我觉得快乐，我觉得成功，我觉得富有，我觉得我的一切都很好"。

一般来说，暗示的语句越简短，就越有效；暗示要用现在时态而不是将来进行时态；在进行积极暗示时，要尽可能以事实为依据，或努力创造出一种让人相信的感觉，坚信它们已经真实存在，这样效果将更有效。

心理辅导技术远不止以上四种，但是对于班主任进行发展性心理辅导，这四种的确是非常需要的基本辅导技能。实践表明，班主任经过专业培训，完全可以掌握这些技能，提高自己的教育能力。

# 第二章

# 自我的心灵探索

学生表现出来的情绪困惑、行为问题、人际关系问题等等，其内心深处的原因是自我的迷离。自我认同感较好的学生，在学习和生活中能够体验到较强的自尊和自信，热爱生活、充满生命的活力；而自我认同感较差的学生，却常常体验到自卑和沮丧，他们常常觉得自己一无是处，觉得自己被人排斥，对于自己的社会角色认识模糊，感到生活没有意义、生命没有价值。因此，心理辅导的宗旨就在于帮助学生从朦胧的自我走向理性的自我、同一的自我。

本章结合案例讨论下列问题：

自卑心理辅导

自负心理辅导

依赖型人格倾向辅导

完美主义心理辅导

## 第一节　自卑心理辅导

每个人都会有自卑的时候，有时自卑可能是激发你改变境遇的动力。精神分析大师阿德勒认为，人生一开始就为克服自卑感而抗争，我们越自卑，寻求优越感的要求越强烈。例如，富兰克林·罗斯福正是因患了小儿麻痹症致残，使他渴望成为20世纪最有影响的人物。但是，在大多数情况下，自卑具有消极意义，特别是在自卑到了几乎绝望的时候，会产生无助感，也就不可能建立优越感。因此，自卑心理是一个重要的辅导课题。以下自卑心理辅导的案例，可以给大家提供启发。

**【案例】走出自卑的阴影**

“我已经很努力了，但还是很差”

萍是个初二女生，长得又高又胖，细细软软的头发薄薄地贴在脑后，在胖胖的脸上，眼睛显得特别小，确实有点其貌不扬。她神情沮丧走进心理辅导室向我诉说：“我已经很努力了，但还是很差。而且学习中遇到问题，我既不敢问同学，更不敢问老师。除了一名留级生外，班上就数我成绩最差了，我真笨。我不想上学，曾经出走过两次，但害怕爸妈责怪爷爷奶奶，就又悄悄地回来了。我每天都担惊受怕，害怕测验，害怕公布成绩，害怕别人因此更瞧不起我。现在我更担心的是升不上初三怎么办。如果留级，我宁可去死，这真是太丢脸了。人们都不喜欢我，连我爸对我都很冷淡。像我这样的人活着还有什么意思呢？还不如跟着爷爷去呢。”①

## “所有人都知道了我是一个成绩差的女孩”

谈话中，我渐渐地发现萍非常敏感，她的郁郁寡欢、孤独与她的思维方式有关。萍说话倒是蛮有条理的。她常常会很快给你一个消极的、听上去似乎很有道理的答案。譬如，她肯定地说：“我能力差，特别笨；我不善于交谈，不像表妹那样能说会道；我外貌不好，不讨人喜欢”、“跟我年龄相近的两个表妹，一个学习成绩好，一个活泼可爱，能歌善舞，我一无是处”、“因为成绩不好，别人都看不起我，是不会愿意和我来往的”等等，这些谈话中包含着一些典型的非理性信念。

随着深入的了解，萍含泪告诉了我一些痛苦的往事，其中有一件事一直压在心里不停地困扰她：

一年级的期末，父母接萍回郊区的家。数学考试得了88分，她担心父亲责骂，便央求来校接她的母亲不要告诉父亲。但在火车上还是被父亲从书包里翻出了测验卷，父亲非常生气，一边威胁要把她推下火车，一边粗暴地把她拖向列车的门口。当时她幼小的心灵中最害怕的倒不是被推下飞驰的火车，使她最难受的是：火车上的人都知道了她是一个成绩差的坏孩子，都看到了爸爸打骂她，真是太丢脸了，可怕极了。以后，她学习成绩每况愈下，看到父亲便害怕，父亲也很少与她说话，父女之间有什么事常通过妈妈来传达。在家里，父亲一回来或家里有人来，她立即躲进自己的阁楼里待着。

父亲的严厉与粗暴留给小女孩心里的是长久的伤痛，自己成绩差、脑子笨的自我标签凝固为她的消极信念。这是萍内心深层次的动机，如何解开她的这个心结是帮助萍走出自卑的关键。





## 挑战消极信念

帮助学生克服消极信念，就需要运用认知改变技术，这个技术源于认知治疗的理论。本案中，我运用了苏格拉底提问法。这是心理辅导中常用的技术，它不是对当事人谈话的正确与错误作出评价和判断，而是通过追问观点的证据

---

① 本案例由魏国玲老师撰写，略作删改，选自吴增强主编：《野百合也有春天——学生心理辅导案例精选》，上海教育出版社2003年3月版，第1—13页。

何在，启发当事人发现原有观点的逻辑问题，进而挑战自己的消极信念。

萍对儿时在火车上被父亲责打的事件记忆犹新，甚至连当时的期考分数都记得一清二楚，这是她心中难以解开的结，我与她的谈话就此切入。

师：童年时一起坐火车的人，你还能认出他们吗？

生：不能。

师：那些人会永远记得一个小女孩在火车上被责骂这件事吗？

生：不一定。

师：即使记得这件事，他们还能认出你吗？

生：可能认不出了。

师：那么你是不是应该一辈子为此抬不起头来呢？

（生无语思考）

师：要是我告诉你，老师小时候也被家人打骂过，是不是你认为老师也是很糟糕的，从此完了呢？

生：当然不会。

师：你想想看，拍完集体照后，拿到照片第一眼你看的是谁？

生：是自己啊。

师：对了，人不会一辈子把别人的经历记在心里。这样一想，你会觉得……

生：好受多了。

通过这段对话，萍意识到“所有的人都知道我是一个成绩差的女孩”的想法是不合理的，是自己给自己套上的精神枷锁。

## 增强自信心

自卑的学生往往觉得自己一无是处，在自我评价和对他人评价上有偏差。有时也可以通过客观地评价他人，达到理性的自我评价，增强自信。萍在数学学习上严重缺乏自信。我与萍进行了下列对话：

师：得100分的同学是不是每次都得100分？

生：有时不是。

师：如果有一次他没得100分，而其他人却在这次测验中得了100分，是不是就证明他的能力比别人差，比别人笨了呢？

生：不一定，因为可能有种种原因的。

师：他可以有原因，你呢？

生：……我一直很差。别人都这么认为的。

师：你还记得我上课时讲过著名数学家苏步青小时候有个绰号叫“数不清”吗？

生：记得。

师：你怎么想？

生：他通过努力奋斗改变了自己，改变了别人对他的看法。

师：每个人都会遇到失败和挫折，如果苏步青也很害怕失败，很在意别人的评价，从此一蹶不振，还能取得今天的成功吗？

生：当然不会。

师：更重要的是每个人都有属于自己的那一份自信，那一份成功。某件事失败并不能说明你永远是失败的；某一种能力不如人并不见得你所有的能力都不如人。我看过你的作业，看得出你是很认真很努力的。其实有不懂的学习内容，你可以问问老师和同学；你们班主任也是一个非常不错的人，是吗？

生：班主任是很好，常常耐心地帮助我和其他同学，只是我担心他们会不理我，看不起我。(她的想法已渐渐开始转变)

师：我也会给你讲一些学习方法的。不过，向同学请教既是一种学习的好方法，也是和同学融洽相处的机会。你试过吗？所有的同学都会拒绝你吗？

生：我试试看。(一个好的想法，好的开端)

## 她变得神采飞扬

接受辅导后，萍感到最大的变化是自己不再害怕上学，不再害怕面对老师、父母、同学了。她对自己的不合理信念有了一定的认识，把僵硬极端的观念逐步转向相对灵活的积极的态度、观念。以后，她顺利地升入了初三，性格逐步变得开朗。观察中见到她与同学相处融洽，与父母特别是父亲交流增多。有时她会兴奋地告诉我，爸爸陪她去新华书店买书了……其间，最宠爱她的祖父去世，她也能比较平静地对待，并告诉我，祖父在世时，她尽力做了陪护。这就是一种合理的思维方式（你不能改变一些事情，但你可以改变你的想法；你无法阻止祖父的离去，但可以在祖父离世前，尽自己所能照顾他)，我为她的改变感到欣慰。毕业后，萍如愿进了一所职校。再见面时发现她变得神采飞扬、热情、开朗、打扮得体，似乎人也变得漂亮起来了，且对目前的自我状况感到满意、自信。

**萍是一位忧郁、悲观的女孩，她觉得自己学习成绩差、长得又笨又难看，觉得自己一无是处，甚至活着没意思。怎么帮助她？心理辅导老师对**

她的过去进行了深入细致的了解和分析。按照精神分析的学说，童年的创伤会隐隐地影响人今后的成长。魏老师找到了女孩童年的痛苦经历，并以此作为切入口，运用认知改变技术，对她的消极想法进行驳斥，层层推进，帮助她建立理性信念，使她从忧郁变向开朗，从自贬走向自信。青少年时期是一个充满心理危机的阶段，面临这些危机，青少年们往往会觉得很无助，辅导目的就在于提高他们的应付能力和自助能力，使他们在克服危机中获得成长。魏老师在本案中表现出一个辅导教师深入细致的工作态度和技能，值得班主任们借鉴和学习。

### 自卑心理成因分析

自卑心理，有时也称自卑感，指的是一种因对自己的能力及某方面的心理品质的评价偏低，而产生的不如别人的一种消极自我信念。自卑强烈的学生常常自我评价偏低，总觉得自己一无是处，缺乏进取精神，行为退缩，孤独离群等，甚至出现自闭、自伤、自杀等极端行为。自卑心理的形成原因是综合性的，有内部因素，也有外部因素。这里主要分析内部心理因素。

1. 自我认同危机

上述案例中的这位女孩有典型的自卑心理。她面临着许多困境：学习困难、害怕考试、没有朋友、自己觉得一无是处、悲观厌世。其实她所遇到的困境的内在心理危机本质上是自我认同的危机。

自我认同（又称自我同一性）是指个人对自己的本质、信仰和一生前后一致的比较完善的意识。具体地说，自我认同感高的个体有以下人格特征：感到自己是一个独立的、独特的、有个性的个体；对自己常常有正向的情感体验，喜欢自己、欣赏自己；对自己的现在和未来有信心；表里同一，很少有双重人格。

自我认同是青少年时期主要的发展任务。埃里克森指出，同一性的形成是青少年人格成熟的重要标志，如果个体在这一时期的同一性危机得不到解决，就会在成长的道路上自我迷离、停滞不前。对于青少年来说，危机的焦点是身份认同的混乱，即“我是谁”的问题。由于青少年的社会角色很难确定，不是成人也不是孩子，因此常常会产生角色混乱。

台湾心理学家张春兴列举了青少年在以下几方面的具体表现：

由于身体上性生理的成熟，使他感到性冲动的压力。由于对性知识的缺乏和社会的禁忌，使他对因性冲动而起的压力与困惑，不知如何处理。由于学校和社会的要求，使他对日益繁重的课业与考试成败的压力，感到苦恼。在求学时只模糊地知道求学成败关系着未来，然而对未来的方向，自己却茫然无知。儿童时期的生活多由父母安排，很多事情的决定都是被动的。可是到了青少年期，很多事情要靠自己做主，而且父母也期望他有能力去选择。而青少年们自己则往往因缺乏价值判断的标准，在选择判断时，感到彷徨无措。

青少年自我认同感的建立与自卑感的形成，往往与以下因素密切相关：

①对自己的身体外貌的认同。对自己身体外貌的不满意常常是学生自卑的来源。

②父母（或老师、亲友）对自己的期待。低期望的父母会影响孩子自我认同感的建立。

③自己以往的成败经验。经常遭遇失败和挫折的学生容易自卑，自我认同感低下。

④对自己目前状况的满意度（如学业成就、人际关系）。自卑的学生往往感到生活没有乐趣。

⑤现实环境的条件和限制（如家庭经济状况）。如，家庭比较困难的学生容易产生自卑心理。

⑥自己对未来的展望。自卑的学生或者自我迷离的学生常常看不到未来的前景和希望。

如果个体在这六个方面达到比较满意、前后一致的程度，我们可以说他的自我同一性已经形成。本节案例中的萍至少在前四个方面存在问题。现实生活中，每个青少年都会面临不同程度的冲突，都会面临不同程度的自我认同上的困惑。当然，大多数青少年通过困惑的解决，可以成功度过危机。而一小部分缺乏自我认同的青少年，自我怀疑、角色混乱、自我形象不良，将会导致情绪失调、行为越轨甚至犯罪等。

2. 性格因素

一般来说，怯弱的性格、抑郁的心境、失败的经历等都会使人产生自卑。性格比较内向的学生在学业失败时比较容易产生自卑，这些学生往往对自己缺少信心，过分夸大自己的不足和学习困难，常常会因成绩不好而感到内疚和羞辱。自卑与自尊是密切联系的。一般来说，自尊心较强的学生在挫折情境中可能会产生两种反应，一种是自强不息，另一种则是自卑。若能正确面对失败，便会坚持努力不息；但若把失败看作是对自尊的威胁，便会产生自卑情绪。

当然，除了个人内在心理因素，还有身体因素和环境因素都是不可忽略的。

### 自卑心理辅导建议

怎样帮助容易自卑的学生？我有以下建议供参考：

1. 改变错误信念，建立客观自我评价

容易自卑的学生都在不同程度上存在错误的信念（或者称非理性信念）。如上例，“我成绩差，别人看不起，太可怕了”，把事物的负面因素无限扩大化；“我已经很努力，但还是很差”，对自己能力看法凝固化，这些都是思维绝对化和片面化的表现。因此，教师要视学生的具体情况，找出他们的错误认知，使其挑战错误信念，建立理性信念。本节案例中萍的自卑心理的打破，便是以改变错误信念为切入口的。

2. 正视挫折，合理归因

学生在学习、生活和社会交往中难免会遇到挫折，怎么让学生从挫折中获取进步的动力，这需要帮助学生合理归因，不要把失败归结于能力不足，而应该归结为努力不够，进而克服自卑心理。有位老师运用周记对学生的自卑心理进行辅导，值得学习。

一位学生在几次模拟考中败下阵来，他就唉声叹气，觉得自己前途渺茫，没有什么出息了。我就在他的《心灵的告白》里抄写下了革命老人徐特立1956年对湖南第一师范学生讲话的一段话：“失败是一种损失，失败后又来一个发愁、着急，不是再加上一层损失吗？这未免太不合算了！我不干这种傻事！一个人走路不小心，摔了一跤，唯一的办法就是爬起来再走。像小孩子们摔了跤就滚地、哭脸，有什么用呢！事情失败了，就只有再干。真正有决心毅力的人，失败每每都是成功之母，愁什么！急什么！”看了这段话后，这位同学在《心灵的告白》中感悟到：“人可以被打败，但不可以被打倒，我不小心摔了几跤，但我会爬起来再走的，并且会走得更稳、更好。”①

3. 自我激励，学会自我欣赏

自我激励是一种积极的心理暗示。也就是在遇到挫折和失败时，要暗示自己：不要紧，下次再来，我一定能成功，或者反复强调自己某方面的

---

① 林小芬：《浅谈初中生自卑心理的周记辅导法》，《中小学心理健康教育》2008年第12期。

天赋和能力，反复强调自己应达到的成功目标以激发斗志。容易自卑的学生，往往在内心缺少自我激励的声音。老师要帮助学生学会发现和赞美自己的长处，肯定自己的价值，帮助学生获得自信，摆脱自卑的阴影。有老师通过设问让学生自我回答，启发他们发现自己的长处，学会欣赏自己：

你最欣赏的自己的外表是……

你最欣赏的自己的性格是……

你最欣赏的自己所做的一件事情是……

你最欣赏的自己对朋友的态度是……

你最欣赏的自己的一次成功是……

你最拿手的事情是……

别人最欣赏你的是……

家人常以你为荣的是……①

4. 教师要有耐心的期待

教师和家长是学生最重要的社会支持，教师要多关心、多支持、多鼓励容易自卑的学生。对那些学生尤其要有耐心的期待。教育家苏霍姆林斯基说："教育，首先是关怀备至地、深思熟虑地、小心翼翼地触及年轻的心灵，在这里谁有细致和耐心，谁就能获得成功。"上述用周记辅导学生自卑心理的林老师的耐心值得大家学习，林老师这样写道：

自卑感的形成有一个过程，其转化也必然服从一定的"序"，需要从认识提高到行为矫正，从外的变化到思想感情转变，特别是坚定信念的形成更需要经过长期锻炼、意志考验才能达到。因此，转化具有渐进性、反复性、长期性的特点。针对学生进步不明显，或收效甚微的情况，教师要不气馁、不谴责、不压制，不能企求几次谈心或几次周记就收到立竿见影的效果，要耐心地在他们的周记中根据具体情况"动之以情，晓之以理"，切不可操之过急。例如，初三时，笔者任教的班上有一位从外校转入的学生，由于其他各门功课成绩平平，语文成绩差而被编入平衡班，由此，他便有了破罐破摔的心理。笔者利用《心灵的告白》同他交流，反复地进行鼓励、疏导。"滴水石穿"，经笔者多次耐心反复地教导，他终于消除了自卑的心

① 杨芷英：《青少年自卑心理的诊治与调适》，《中小学心理健康教育》2003年第5期。

理，形成了积极进取的精神状态，加上他有较高悟性，在中考中，他英语成绩脱颖而出，超过了特快班同学，位居全校榜首。“没有教不好的学生，只有不会教的教师”这句话不无道理。①

林老师的经验给我们的启示是：教师的耐心期待给学生的是一种信念，即遇到困难不要放弃，要永远对自己抱有信心，这样才能调动学生内在的积极力量。





① 林小芬：《浅谈初中生自卑心理的周记辅导法》，《中小学心理健康教育》2008 年第 12 期。

## 第二节 自负心理辅导

自负是学生自我感觉过于优越，不恰当地夸大自己的长处，无视自己不足的非理性自我评价与体验。自负与自卑是学生自我意识发展的两个极端，都是心智不成熟的表现，都需要进行心理辅导。一个聪明漂亮的、学习成绩优秀、能力又强的女孩班干部选举落选了，情绪一落千丈。如何对她进行辅导，请看以下案例。

**【案例】我怎么会落选**

我真的想不通

许玲是个聪明漂亮的女孩，一双眼睛又圆又大，仿佛会说话。不过现在，她气鼓鼓地坐在我的对面，向我抱怨。

生："我郁闷死了，今天班干部选举，真是太不公平了！"

师："哦？你的'不公平'的意思是？"

生："最后的计票结果，我只排第四位，而且我比排第一的张菲少了12票。我怎么也想不通。"

师："这我就奇怪了。不是大家投票选班干部吗？怎么会不公平呢？"

生："我真的想不通我怎么会落选，而且要比别人差好几票。我觉得我比这几个候选人都优秀，论成绩、论能力，他们没有一个比我强的啊。"

师："那你说说你比那几个候选人强在哪？"

生："张菲，还不错，但是她的成绩没我好；陈军，他怎么比我强呢，这个人笨死了；还有丁杰，话都讲不好，怎么能当班干部啊。真是的！"

许玲每提到一个人的时候，就会摇摇头或者撇撇嘴，露出一副不屑的表情。

我笑了笑，问她道："他们能够当选，应该也有些自己的优点，不是吗?"

许玲"哼"了一声说："拉关系呗。我最看不惯这样的人了。"

我让她听听大家的说法，自己好好地总结一下，她很快就摆出了姿态："我才无所谓呢，没选上就没选上呗。谁稀罕啊，我现在还有时间去学习了呢。以后班级有事情也不用找我了，落得清闲。"

许玲走了，看得出来，这是一个优秀而又自负的女生。我有预感，落选班干部这件事在她身上肯定没完。①

## 倾听别人意见

许玲落选以后，在班级里和同学关系发生了变化，她觉得同学都在有意疏远他。她对于班级活动也不热心，大家纷纷批评许玲太自私，班主任老师也批评了她。为此，她情绪很低落。第二次走进了心理辅导室。

师："你是个能力很强的人，不觉得自己可以为班级多做点事情吗?"

生："那他们为什么不选我做班干部呢?"

我们的讨论又一次回到了"班干部落选"上来，许玲对此耿耿于怀。

师："你能说说要做好一个班干部，要有哪些方面的优势呢?"

生："学习成绩要好，要有能力，会说话。"

师："其他还有什么?"

生："人际关系要好。"

师："你说得不错，那对照一下自己，你觉得自己有哪些不足?"

生："我的人缘……是不如张菲。"

师："为什么呢?"

生："也许是我脾气太差吧。"

师："你能举例说明一下吗?"

生："比如我的同桌问我问题，我觉得有些问题很简单，就不想耽误自己的时间，我会说，这么简单的题目你自己好好想想吧。"

---

① 本案例由周波老师撰写，略作删改，选自钟志农等：《高中生心理辅导案例解析》，华东师范大学出版社 2007 年 8 月版，第 186—190 页。

师：“还有其他的吗？”

生：“我做事情很快的，要是我看到别人手脚慢，我就会说你怎么这么笨啊。”

师：“你觉得他们会怎么想？”

生：“他们应该会很不高兴吧。不过这就是我的个性啊。”

师：“那别人会怎么评价你呢？”

生：“他们会觉得我自以为是很了不起吧。”

师：“那你会跟自以为是的人交往吗？”

许玲低下了头，好像明白了什么。

师：“你想听听其他同学对你的评价吗？”

她有些吃惊，瞪大了眼睛望着我。我拿过了一台录音机，放上一盘磁带，然后告诉她：“这是我在你们班录的同学们对你的评价，你想听听吗？”

她犹豫了，然后点了点头。

“许玲，你是我们班能力数一数二的学生。可是，你又很骄傲，骄傲得让我们无法靠近你。”

“许玲，其实那天我是想要投你的票的。但我觉得张菲比你更合适当这个班长，并不是她能力比你强，而是她比你更亲切、更热情，更能和大家打成一片，这不是一个为班级服务的人所需要的个性吗？”

“许玲，咱们俩以前还是同桌，每次我有学习上的疑问，想去问你的时候，我总是很犹豫，因为，你看我的眼神，好像我真的很笨，连这么简单的问题都不会……”

“我很佩服你的学习成绩，不过你真的很骄傲。”

许玲很认真地听着，我心里倒是很紧张，这些话到了许玲心里，会起怎样的作用？





## “我明白了我之所以落选的原因”

几天后，我上完课回到辅导室，门下面塞进了一封信。我一看落款，是许玲写的。

周老师：

首先我要说一声谢谢你，你的帮助，使我能够更好地看清楚自己。班干部选举结果对我来说是一个挺大的打击。我一直觉得自己很优秀，可是却没有得到同学的认可，我不愿意接受这个事实，也不愿意去想这是为什么。现在，我明白了我之所以落选的原因。我是有骄傲的资本，却没有把它逐步当作进一步提高自己的动力，而是沉醉于自己的优秀，骄傲而自负。这种骄傲与自负使我变得不清醒，看不清自己的不足，并且伤害了别人，使我和同学之间的关系越来越疏远……

班干部落选是学生经常会碰到的问题。而许玲的落选，引起她如此强烈的情绪反应，实在是自负心理在作怪。周老师运用倾听、同感、面质等心理辅导技术引导许玲发现了自己的问题：傲慢和自负使自己看不清自己，也看不清别人，更使自己远离同学。用录音让许玲听听同学们对她的评论，通过他人评价的镜子，帮助其进行客观、全面的自我评价。虽然有一定的风险（周老师自己也觉得没有把握），但是一个颇有新意的辅导策略，而且产生了较好的效果。当然，如果事先征求意见，可能更加妥帖。这个案例具有典型性，周老师的辅导经验具有启示性。

**自负心理成因分析**

自负的学生往往是老师、家长心目中的好学生，这些学生聪明、学习成绩优秀、社会活动能力比较强。这些优势在一定的条件下，会滋长学生的自负心理。

其一，父母、老师过多的赞扬和关注，容易使学生产生优越感、变得以自我为中心，缺乏对自己客观的自我评价。有位家长来信求教，她说："女儿14岁，很讨人喜欢，小提琴拉得不错，亲戚朋友都很喜欢她、夸奖她。可就是太自负了。总让人觉得她非常骄傲，瞧不起人。同学们都不爱和她玩，她也不爱搭理人家，有时甚至对成年人都傲慢无礼。请问怎么办?"

通过别人对自己的评价来了解自己，是学生认识自我的一个重要参照系，也就是说别人的评价是自己的一面镜子，这在心理学里叫"镜中自我"。而父母与老师对于青少年来说，就是重要他人，他们的评价对于学生的自我评价形成至关重要。成人的偏爱容易使学生看不到自己的不足，夸大自己的优点，陷入自我评价的盲区。遇到班级评优、评选之类的事，这些学生会认为当选是理所应当的，而没有当选则会引起不良情绪反应。本节案例中的许玲班干部落选时的心理反应就很典型。

其二，过于以自我为中心，缺乏对别人的尊重。自负的学生常常目中无人，唯有自己，夜郎自大。一方面，一个人眼里没有别人，他就无法从别人这面镜子里清楚地认识自己；另一方面，自负的学生一意孤行，也导致自己“众叛亲离”，同学关系紧张。许玲落选的重要原因是在班级里同学人缘比较差。以上家长提到的女生也是同学关系不和谐。

其三，思维方式片面。自负的学生不仅在自我评价上存在偏差，而且思维方式容易片面。因为这些学生思考问题的出发点常常以自我为中心，根据自己的偏向行事，并且常常主观武断，强加于人。如，许玲执意认为，自己班干部落选太不公正，潜台词是怀疑选举有问题。

### 自负心理辅导建议

1. 帮助学生建立客观的自我评价

自负的学生往往是自信过了头，如果矫枉过正，可能会把他们的自信心也打掉，走向另一个极端。有的教师和家长可能会对自负自满的学生说，“你有什么了不起的”、“你不就那么点本事吗”、“你别嘴巴硬，哪天我倒要看看你的真本事”诸如此类的话，这只能起到负面作用。明智的方法是既要充分肯定学生的优点，也不回避他们的缺点和问题。让学生感到有缺点并不可怕，人人都有缺点，可怕的是看不清自己的缺点，到时有可能会犯致命的错误。全面地了解自己不是件容易的事，我们能够认识到的自己常常是浮在水面上的冰山一角，经常仔细聆听别人对自己的看法，有助于深入地了解自己。本节案例中的周老师就是这样循循善诱，引导许玲全面客观地评价自我的。

2. 眼中要有他人，学会欣赏别人

帮助自负的学生克服以自我为中心的倾向，关键是要学会欣赏别人。你要别人尊重自己，首先要尊重他人；你要别人接纳、认同自己，首先要接纳、认同别人。这样个人才能在与他人的社会交往中吸取到有价值的东西，促进自己的成熟与成长。对学生一味赞扬、偏袒，只能助长他们的自负心理。因此，教师要公正地对待每个学生。每个学生身上都有强势之处，同学之间要取长补短。学会欣赏别人，是与同学平等和谐相处的心理基础。

3. 学会承受挫折

自负的学生从小到大往往比较一帆风顺，正因为路走得太顺，滋长了优越感。一旦遇到挫折和失败，情绪会一落千丈。其实挫折对于自负的学生未必是坏事，老师引导得当就是学生成长的契机。许玲落选班干部对于她是一个不小的挫折，但是通过与老师的探讨，她能够比较全面地认识了自己，认识了别人，这就是一分收获、一分成长。

## 第三节　依赖型人格倾向辅导

自负的学生目中无人，很少会有朋友，但是太在乎别人的评价，心理负担会很重，也会活得太累。这种情况往往也出现在老师心目中的好学生的身上。有位学习优秀生仅仅因为美术老师对他的忽视就想转学，经班主任与他几次谈心，发现了两个问题：一是他太在乎老师的关注和评价，心理显得过于脆弱；二是缺乏人际沟通的能力，直到班主任一再鼓动，才去与美术老师沟通，打消了退学的念头。这个例子给人的感觉是这个学生似乎是在为老师而学习，而不是为自己。从心理健康的角度看，这就是依赖型人格倾向的表现。下面案例中的小凡也是属于这类情况。

**【案例】活在别人眼里的好学生**

### 她为什么焦虑

小凡是位高中女生，文静稳重、学习刻苦、成绩优良，但是最近一段时间非常焦虑。在班主任陪同下走进心理辅导室，她向我诉说道："最近一段时间，我每天上课都听不进，自修看不进书，想到考试就害怕，我害怕考试。我已向学校申请免考，但我知道这不是解决问题的方法，所以我还是来找你了。"

她接着又说："以前我一直觉得学习是很快乐的一件事，我可以比别人做得更好。但是现在却不一样了。当我在休息时间看书时，很多同学就会说'你好认真哟'，我很不喜欢听这样的话，我觉得他们似乎在说：'你好笨，付出了这么多的时间，只考了这样的成绩。'我原本对学习充满了热情、期待，所以当其他同学在玩的时候，我能强迫自己不去和他们一起玩，抓紧这一分一秒，但这种种的打击不断而来，我怕自己会对学习失去热情，失去期待。现在的我不知怎么回事，当我看到其他同学做的内容或复习的内容和我的不一样时，我就会想：哎呀，他们看的资料我都没有看过，时间来不及了，我复习不完了。想到这些，我就会很不平静，感到自己复习花了很多时间，结果好像什么都没有复习。”

“我觉得他人的一举一动对我的触动很大，也许有时这与我无关。我很佩服那些‘走自己的路，让别人去说吧’的人。我甚至在食堂吃饭的时候，都一直东张西望，注意这个人，看看那个人。”

小凡把自己的学习成绩定位很高，也总希望自己能够做得更好。过分追求完美的她，害怕不尽如人意的成绩会挫伤自己的信心。于是她为自己设立的参照物永远是别人，同时把对自己的认识也完全建立在别人对自己的看法和评价上，很少有对自己的独立的评价，对自己缺乏了解和信心。综合分析小凡的情况，基本可以确定她是由于缺乏对自己的了解，自信不足而造成了学习焦虑。要从根本上解决问题，还得帮助小凡从“活在别人的眼睛里”走出来，让她真正了解自己，合理定位，重建自信，只有这样才能使她真正走出心理阴影。①

## 专注自我：一种积极的思维

为了扭转小凡原来的思维，变为积极的思维，我要求小凡进行六个方面的训练：

1. 请停止对自己使用消极否定的词语。当你和别人说话时，你肯定要考虑使用什么样的词语，那么你对待自己至少要像你对待至交那样友好和宽容。要承认自己的不完美，人总会犯错误和有弱点。

2. 请将行为和人区分开来。尽管你会做出一些不能令自己满意的事，但是你并不愚蠢。诚如尽管你可能做过什么不好的事，但是你并不坏一样。

3. 要为你所做的好事情表扬自己。你在选择可以表扬的事情时不要太严格，至少你每天都要给自己一个表扬。或者当你无法发现值得表扬的事情时，你也要为曾努力去做过而表扬自己。

---

① 本案例由沈慧老师撰写，选自吴增强主编：《野百合也有春天——学生心理辅导案例精选》，上海教育出版社 2003 年 7 月版，第 235—237 页。

4. 将至今感到自责和拒绝自己的所有事情和想法列出一个表。然后看看表上有哪些错误和弱点是你能够根除的。同时我也提醒她：有些错误和弱点本身是你无法根除的。

5. 至少要将你的十个积极的特点和行为方式列在纸上。这些特点和行为方式也不必是与众不同的。每天通读一遍这张表，再随时添上新特点。

6. 每天要读一遍下面的这段文字。我和小凡共同制定了一个宣言：

我是一个有尊严的人。无论我做什么，也丝毫改变不了这一点。

我能够努力去做得好一些，但是我不可能什么都懂。错误和不如意并不意味着我是一个坏人或一无是处。

我对自己也像对别人一样友好。没有理由对待自己比对待他人更坏。因此，我心里想的是积极的事物，我也会告诉别人，我所想的事物也会有益于别人。

有些事情的发生我自己也不满意。不过我对此什么也改变不了。我现在拥有的唯一东西就是这一时刻。如果不满意的事情发生了，我也得承认它，因为它能提醒我，我并不能决定一切。我唯一能改变的东西就是我此刻的感觉。我决定着，自己如何去感觉。我坚信：If I think I can，I can!

我是自己生活中最重要的人，因为我决定着自己的生活。无论我做什么，我都将承认和接受自己。

经过一个月的训练后，小凡说：我发现自己对事情的看法有些改变，天不再永远是灰黑色的了。

## 我对高三的学习满怀信心

暑假就要来临了，将近半年的咨询工作就要告一段落了。小凡愉快地告诉我，现在她心情非常好，“我想，应该说，我必须以一直积极的态度去面对作业或者考试，我想让自己的付出有价值。我不想让自己既不痛快，又没有一点收获。”“我很能调整自己的心情，我对自己的高三学习已经满怀信心了。”而且她告诉我现在她已经成为学校礼仪队的成员，在学校的一些重大场合上都会见到她的身影。

**学生生活在班级群体之中，难免要与人比较，在比较中发现的不足，比较具有积极意义，但是不合理的比较常常具有消极意义。过分在意别人的评价，会使人的自尊心越来越低，自我形象越来越模糊，自信心越来越**

不足。把命运交给别人，你就失去了自己。相信自己便能真诚地对待自己，相信自己便能坦然地面对挫折。

沈老师在对小凡同学辅导中值得肯定的：一是判断问题到位。对小凡焦虑情绪原因的分析，聚焦到“她活在别人眼里”，我认为是比较到位的。过分在乎别人的评价实质上是依赖型人格倾向的表现，一般常常为老师所忽视。二是辅导方法运用到位。对过于专注别人评价的学生辅导的一个关键策略是，通过专注自我化消极思维为积极思维。当然，要完全使学生建立这种积极信念，还有许多辅导工作要做。事实上，沈老师的辅导工作远不止案例中提到的六条，但学生的变化使老师看到了辅导成功的希望。这个案例的成功给我们的另一个启示是：学生内心蕴藏着积极的资源，辅导的艺术就在于如何开发这些资源，化学生的消极信念为积极信念。沈老师为班主任老师提供了范例。

**什么叫依赖型人格倾向**

依赖及依恋的情感是普遍存在的，对他人某种程度的依赖对个体来说是适应，但是过分的依赖可能就会产生心理问题。所谓依赖型人格，是指对亲近与归属有过分的渴求，这种渴求是强迫的、盲目的、非理性的。他们宁愿放弃自己的个人喜好和观点，只要能得到别人的肯定，就心满意足了。这种处世方式使得他越来越懒惰、脆弱，缺乏自主性和创造性。精神分析大师霍妮在分析依赖型人格时指出，这种类型的人通常有以下几个特点：①深感自己软弱无助，当要自己拿主意时，便感到一筹莫展，像一只迷失了港湾的小船。②理所当然地认为别人比自己优秀，比自己有吸引力，比自己更高明。③无意识地倾向于以别人的看法来评价自己。

依赖型人格主要表现有：

①在没有得到他人的建议和保证之前，对日常事物不能作出决策。

②无助感。让别人为自己作出重要决定，如在何处生活，该选择什么职业等。

③被遗弃感。明知他人错了，也随声附和，害怕被别人遗弃。

④无独立性，很难单独展开计划或做事。

⑤过度容忍，为讨好他人甘愿做低下的或自己不愿做的事。

⑥独处时有不适和无助感，或竭尽全力以逃避孤独。

⑦当亲密的关系中止时感到无助或崩溃。

⑧经常因有遭人遗弃的念头而受到折磨。

⑨很容易因未得到赞许或遭到批评而受到伤害。①

青少年处于心理发展快速期，人格尚未定型，真正有依赖型人格障碍者极少。但是存在依赖型人格倾向的有一定比例。依赖型人格倾向具体表现为：生活难以独立，缺乏自信，不论大事小事都需要家长、老师、同学帮助，遇事优柔寡断，缺乏判断、决断能力，总是依赖别人为自己作出决策。例如，在生活中，就是购买一件小小的物品，也要找人参谋。在学习中，从不相信自己能够取得好成绩，甚至做作业时，也要将答案与别的同学对一下，才能放心。

### 依赖型人格倾向成因分析

有关研究表明，依赖型人格倾向的形成有遗传生理因素，但主要是环境因素。

1. 生理因素

人们观察到，一些婴儿在出生时就表现出了害怕、孤独和忧郁的气质，这些气质特点既赢得了父母更多的关心和保护，也因为得到了父母更多的关心和保护而持续存在并有所发展。人们还观察到，依赖型人格障碍者多有内胚层体形（肥胖、笨重）和外胚层体形（瘦小、虚弱）。这些观察结果提示依赖人格障碍可能具有一定的生物学基础。

2. 环境因素

一是早期抚养不周。由于依赖型人格障碍者不论是重要决定还是普通决定都依赖于他人，这就导致他们有一种不合常理的被抛弃的恐惧。一般认为，这种对被抛弃的恐惧来自于早期的抚养环境。婴儿出生时都要依赖他人提供食物、保护以及照顾，儿童社会化的一部分就是学会怎样独立生活。有学者认为，如果这个过程被干扰，比如父母去世或者照料者对他们忽视或者拒绝提供照顾，都会使得儿童在被抛弃的恐惧里长大，从而逐步形成依赖型人格。

二是过度保护。当孩子不能应付环境压力时，父母应该提供相应的支

① 李遵清：《解析依赖性人格障碍》，《家庭医学》2006 年第 10 期。

持和帮助以增加孩子的生存机会。但是，父母因为考虑到“安全”而不让孩子试着去面对环境压力，或无视孩子已经具备应付环境压力的生理、心理基础，仍然一味地包办代替等，便属于过度保护。过度保护是一种非理性的“疼爱孩子”，其结果是剥夺了孩子发展能力的机会，使他们应付环境压力的能力不随年龄的增长而增长。“能力发展滞后于年龄发展”使孩子们极容易图方便寻求父母的支持和帮助，而父母一味地过度保护就会把依赖性植入孩子的行为模式。

三是社会角色偏见。由于依赖型人格倾向者多见于女性，曾有学者推断，依赖型人格障碍源于女性固有的依赖倾向。这种观点因有明显的性别歧视一直受到女权运动者的反对。跨文化研究发现，女性的依赖性是文化赋予的而非性别所固有；进一步的研究还发现，如果一个人接受了社会所赋予他的依赖性社会角色，他便会有依赖性行为，甚至还可能发展成为依赖型人格障碍。①

**依赖型人格倾向辅导建议**

依赖型人格障碍者需要专业的心理治疗。而对依赖型人格倾向学生的辅导，我提出以下建议供参考：

1. 帮助学生树立自信心

具有依赖型人格倾向的学生普遍具有不自信的弱点。只有充分自信才能彻底地改正依赖于他人的习惯。有专家建议可以分以下两步来树立自信心：

第一步，消除记忆中的挫折经历。具有依赖型人格的人之所以缺乏自信、自我意识低下，与其童年时期受到的挫折经历有关。比如，父母、长辈或老师可能都对其说过“你真笨，什么也不会做”、“ 瞧你笨手笨脚的，让我来做吧”等等。可以把类似的话都整理出来，然后用理性去推翻这些定论。也可以告知其所有的亲人和朋友，让他们改用热情的、鼓励的话来激励他。

第二步，重建勇气、学会自立。人们只有鼓起勇气去做某件事，才会

① 何克等：《依赖型人格障碍的表现、形成和治疗》，《贵州师范大学学报》（自然科学版）2001 年第 1 期。

因为这件事的成功而树立起自信。老师可以鼓励学生选择一些以前没有做过的事情来做。如独自一人参加一项娱乐活动或到附近的景点做短途旅行等。还可以规定每周有一天的“自主日”。在这一天中，凡事都要由自己做主，不可以依赖他人。只要坚持锻炼自主意识，学生就一定可以重拾勇气、学会自立，并矫正依赖他人的习惯。①

2. 重建理性的认知

帮助学生建立以下的信念：

（1）能力是可塑的，是能够在克服困难的活动中形成和发展的，关键在于自己努力行动。

（2）依赖行为有“利”也有弊：依赖虽然省事轻松，却使自己失去了发展能力的机会；能依赖别人虽然是一种“福”，却体验不到成就感；克服困难不仅能发展自己的能力，而且还能够体验到依赖者所不能体验的、十分激动人心的“成就”感。

（3）只要你勇敢地参与到成长的活动中，你就不仅能体验到成长的幸福，还能不断地摆脱“认为自己无能和缺乏各种能力的痛苦体验”。

（4）学会评价自己的长处和短处。

（5）自我激励，为自己每天取得的进步喝彩。在本节案例里，沈老师要求小凡大声朗读“宣言”，就是通过自我积极暗示进行自我激励。

① 吕淑云：《如何矫正依赖型人格》，《心理保健》2009 年第 3 期。

## 第四节　完美主义心理辅导

完美主义与追求完美是两个不同的概念。追求完美是一种积极向上、不断进取的品质，它认为人与事物的发展没有终点、没有十全十美；而完美主义是一种极端化的思维方式，表现出对己对人对事十分苛求，是许多心理障碍的思想根源。下面是一个比较典型的完美主义辅导案例。

**【案例】我得了强迫症吗**

### 我总是想把物品归类

J是某重点中学的高二的学生干部，是一个梳着童花式发型、长着一双大眼、聪慧可爱、性格娴静的少女。初次来心理咨询室时，不见了平时工作时的那份自信，而是带着更多的焦虑和腼腆。女孩进门便说："老师，我得了强迫症，在我眼前所见到的每一件东西，我都有想把它归类的念头。在家里由于我不断地整理，不仅占用了我许多宝贵的学习时间，更重要的是，影响了全家正常的生活，父母常因为我的整理而使他们找不到所要用的东西。我为此感到很难过。"乍一听，似乎觉得J同学有强迫意念和强迫行为。但经过几次心理辅导后发现，在其强迫意念和强迫行为的背后却隐藏着另一个实质性的心理问题。①

① 本案例由倪京风老师撰写，略作删改，选自吴增强主编：《野百合也有春天——学生心理辅导案例精选》，上海教育出版社2003年3月版，第27—32页。

## 寻找强迫归类的象征意义

我没有就事论事地去解决J同学的强迫倾向问题，而是试图从J同学的成长经历中找到强迫归类的象征意义。小J从小学到初中都是优秀学生和学生干部，一切都看似那样的顺利和完美。可实际上小J也为此付出了许多艰辛，在她内心深处已深刻地形成了做事认真刻板和力求做得最好的习惯(完美主义的萌芽)。进入高中后，在面临新的学习生活和新的人际交往时，情况却发生了变化。来自于各初中校的佼佼者汇聚在一起，要在重点校中保持优秀的位置，却不是一件容易的事。刚进高中时，她与班上四个女生相处得很好，形成了一个小团体，不久小团体经常发生争论，小J首先从这个五人组合中游离了出来，心里有一种被人排斥的感觉。由此小J的自我优势感开始发生了动摇。

小J问我："老师，你说我到底是不是一个好学生?"

我连忙回答："是，而且肯定是，你现在不就是班中的学生干部吗？而且你的学习成绩又好，又那么懂事，像你这样的学生称不上好学生，那就没有好学生了。"

"那么为什么我不能得到所有学生的认可和接纳？你知道吗，一个人若不能得到同学的接纳和认可是多么的孤独和让人不可接受。"

"你能不能跟我讲一讲孤独的感受。"

"你看，桌上的那支笔放着多孤单，它应该进入笔筒或是笔袋里和其他笔放在一起。"

她对孤独的解释一下子让我怔住了，很少有人将单个放置的笔形容成孤单。我紧紧抓住这一信息，凭着一个心理辅导老师的直觉，判断出在其背后一定蕴藏着其他含义。





## 解开完美主义情结

小J强迫归类倾向缘于完美主义情结：一向自我感觉很好，由被小团体排斥产生挫折感，进而得出错误的信念——"我是一个各方面都不错的学生，应该得到所有人的认可，别人应该向我靠拢，否则我很失败、很孤独"。

如何解开小J的完美主义情结是本案的关键所在。我运用一张双向心理图，帮助小J进行换位思考：

师："让我来给你看一张图，你能告诉我图上画的是什么?"

她接过图看了一会儿后，对我说："这是一个年轻漂亮的姑娘。"

师："请你再仔细看看，究竟是一个什么图案。"

生："噢！我看出来了，它既是一位少女又是一位老太太。"

师："这是一张心理学上称之为少女像与老太像相互转换的双向图，一张同样的图会使我们看出两个不同的图案，你知道这是为什么吗？其实这是由于我们站的角度不同，我们的知觉程度不同，从而使我们得出了不同结论。"

生："老师，你是不是想要告诉我，对于同一个人，由于人们各自以自己的观点来看待，会得出不同的评价，是吗？"

我点了点头。

她接着说："看来，我不可能得到每个人的接纳和认可，一个人从一个小团体到另一个小团体是很正常的事，其实小团体也是互动的。"

师："你很聪明，能明白这点，我觉得是一大进步，我要向你祝贺。"

她笑了。

师："让我们一起来做一个游戏，好吗？在我们的桌上放着许多东西，现在让我们来比赛，看谁摆设得最漂亮。"

过了一会儿，我们都完成了物品摆设，进入物品摆设欣赏。看到面前的物品有的单个放置，有的成群放置，错落有序，小 J 禁不住发出了感叹："物品摆设不仅仅局限于一种放置，有的单个物品不一定要归入某一类中才显出其美丽，只要物品摆放恰当，照样能释放出巨大的魅力。"

从小 J 自述的强迫归类现象，到解开她的完美主义情结，倪老师给我们展示了心理辅导老师的专业素养。从学生的种种困惑表象中，由表及里地聚焦问题，找到深层次的错误信念是有效辅导的关键。倪老师除了与小 J 面质外，还运用了双向图帮助她进行换位思考，重新认识自我。双向图给小 J 的启发是，同一个事物从不同的角度看结果是不同的，不同的人看待自己也应该如此。可见，要求班上每个同学都喜欢自己，这个要求过于苛刻，完美主义扭曲了自我评价，自己应该重新进行自我审视和定位。

### 完美主义的心理学解读

1. 两种完美主义

有学者将完美主义分为正常的和神经质的。正常的完美主义，又称为适应性完美主义，这类人会积极追求成就，能够从辛勤的付出中获得成功的满足，并能够依据环境及个人条件来设立合理的目标。而神经质完美主义，又称为适应不良完美主义，这类人会强烈害怕失败，没有任何事情可以让其感到满意，无法从成就中获得满足。大多数临床心理学家都将完美主义看作一种消极信念。早在20世纪初，珍妮特就指出，强迫型人格患者有一种内在的不完美感，总感到自己的行为没有达到自己的要求。五六十年代霍尼、霍伦德等人将完美主义视作一种精神病理学概念。1980年，美国精神病学会制订的《心理障碍诊断统计手册（DSM-Ⅲ）》把完美主义作为强迫形人格障碍的诊断标准之一。

2. 完美主义的形成

大多数心理学家相信完美主义是习得的，主要来自童年期与父母的互动关系。帕特观察到，完美主义者常常以为："如果我过去表现得再完美一些，父母是会爱我的。"他们在成年以后还会努力追求达到某种完美，以得到奖赏，即父母的爱。哈马切克认为神经质的完美主义产生于两种童年期的情绪环境，一种是父母从不赞同或者表扬不一致，这样子女就不知道如何取悦父母；另一种是父母有条件地表示赞同，即只在子女做得完全正确时才给予表扬。赖斯等人的研究指出，神经质的完美主义者较之于正常的完美主义者，更容易认为父母较少鼓励自己。

布拉特从客体关系的角度分析了神经质完美主义的形成。他认为这种完美主义者有严重的自我批评倾向，这是因为他们的父母曾过分左右他们的行为，并阻止他们自信、有个性的行为。这种与父母客体关系的不断重复就形成了一种内化的自我批评，导致了抑郁。斯托比建议把"父母的冷漠/拒绝"和"过度保护"结合起来命名为"无情控制"，它与完美主义总分相关，并且母亲比父亲更有影响力。阿布拉德等发现那些父母对其持有成绩目标的儿童比那些父母对其持有学习目标的儿童更可能表现出神经质的完美主义。

总体看来，父母的不当教养方式可能是造成子女完美主义的重要原因，尤其是父母对子女的过分干涉保护、严厉惩罚及冷漠拒绝。

3. 完美主义对心理健康的影响

完美主义和许多心理障碍及心身疾病有密切关系，如进食障碍、抑郁、强迫症、焦虑、惊恐发作、周期性头疼、性功能障碍、酒依赖、强迫型人格障碍、吗啡成瘾、儿童腹痛、溃疡性结肠炎等。

休伊特等人研究了完美主义、应激和抑郁之间的关系，发现应激事件和抑郁在那些完美主义倾向高于一般水平的被试中有明显的相关。布拉特等人把抑郁分成两个维度：一个是依赖型，即怕被抛弃、无助感、依赖别人以得到爱、保护和营养；另一个是自我批评型，即感到自卑、无价值、内疚、经常批评自己。他的研究表明：完美主义总是与自我批评型抑郁显著相关，而且担心错误和行动的疑虑分量表与之相关更明显。休伊特等认为，完美主义容易产生失败、焦虑、愤怒、无助、失望的感觉，这些感觉与抑郁和自杀观念关系密切。①

**完美主义心理辅导建议**

完美主义常常存在于老师认为优秀的学生之中，如何从学生面临的成长困扰中发现这种消极信念，以及如何帮助学生告别完美主义，建立积极的自我信念，是班主任心理辅导一个富有挑战的课题。我提出如下建议供参考：

1. 改变学生绝对化的思维方式

完美主义者存在的两种心理歪曲：一是教条地认为消极事件将来还会同时出现；二是饱受“应该”原则的折磨：应该更好、应该不生气、应该与众不同。帕特认为，“完美主义者为自己树立了高得不能实现的目标，于是不断地被现实与目标之间的差距所挫败”。他们持绝对化的思维方式，好走极端，要么成功、要么失败，要么正确、要么错误。改变学生的完美主义倾向，关键是改变他们错误的思维方式。本节案例中的倪老师正是运用了认知改变技术，帮助小凡走出了完美主义的误区。

无独有偶，有一次，我到外地去讲学，为一位患有抑郁症的优秀生（我们暂且称他为“小林”）做了心理辅导。小林同学一直考班级第一、年级第一，可就是这个“第一名”害了他。为了保住这个第一，他背上了沉重的思想包袱，心理压力越来越大，每到考试前，往往彻夜失眠。在咨询过程中，我发现他头脑里有不少错误想法（在认知疗法中称之为功能失调性思维，或者非理性信念）。例如，“我一想到将来考不取重点大学，心里

① 方新等：《完美主义心理研究》，《中国心理卫生杂志》2007 年第 3 期。

就很担心”、“我与名人比较，他们太伟大了，而我太渺小了”、“我常常感到很自卑，别的同学比我强”、“我没有什么优点”、“我从来没有失败过，我害怕失败，我认为失败是耻辱”、“我做什么事都要有 100% 的成功”等等，内心充满自卑、完美主义等歪曲的认知。我从班主任那里了解到小林是一个品学兼优的学生，但是却存在比较严重的心理问题。以下是我们的两段对话：

第一段话，针对“我与名人比较，他们太伟大了，而我太渺小了”的消极信念。

师：你为什么要和名人比较？

生：我很崇拜他们，我看了许多名人传记，希望长大后也能像他们那样有成就。

师：你有这样的志向很好。你认为你的比较合理吗？

（生无语，若有所思）

师：你看过哪些名人传记？

生：拿破仑、爱因斯坦、爱迪生……

师：他们像你这样的年龄时有成就吗？

生：没有。

师：你的比较有问题吗？

生：看来我的比较的确不恰当。

第二段话，针对“我做什么事都要有 100% 的成功”。

师：你能不能找到一个 100% 成功、从来没有失败过的企业家、科学家或者历史名人？

生：（他不好意思地摸摸头）看来找不到。

师；既然找不到，为什么你还沉浸在这个死胡同里？

生：老师，我是不是自寻烦恼？

师：对，这个烦恼叫完美主义。

生：哦，我明白了。

2. 提高应对挫折的能力

具有完美主义倾向的学生，往往害怕失败，把失败的后果无限放大。人要允许自己失败，做好失败的心理准备。在学习中要重视过程，不要太在乎结果。过于看重结果的学生一般对外界的评价比较敏感，他们相信成功或者失败是判断人的能力的依据，所以他们极力避免显示自己的能力不足，学习时容易患得患失。而重视过程的学生关心自己能力的提高甚于对自身能力的评价，他们更相信成就状况是促进自身能力增长的机遇，把困难看作是一种挑战性的学习机会，能够以积极的态度和行动解决困难。

3. 改进家庭教养因素

（1）改进家长对孩子的期望。Missildine 等认为，父母对儿童的高期望是儿童完美主义产生的根源，如果父母只在孩子表现完美时才给予赞赏，儿童就会习得完美主义倾向，这种倾向的本质是有条件的自我价值感或“关联的自我价值感”。他们在遭到他人消极评价时往往会产生强烈的无助和绝望感。这个观点源自罗杰斯的价值条件作用，他认为，凡不能满足父母期望的儿童都会体验到慢性的无助感，并且这种无助感会导致他们对强加于自身的高标准无能为力，而有条件的自我价值感，会增强无助感的发展。

（2）家长的榜样示范。Babdura 认为，儿童的完美主义倾向是通过模仿父母而发展起来的。由于儿童对父母都有一种理想化的观念，无论其父母是否是完美主义者，都会把父母视为“完美的人”，并希望通过自己的努力而成为像父母一样“完美的人”。因此，家长要避免在孩子面前表现出完美主义倾向。

（3）家长保持情绪健康。Barret 等人认为，父母的焦虑情绪会影响孩子形成完美主义。一方面，父母的焦虑特征会使他们过分关注子女的错误和消极面，子女为了避免错误以满足父母的要求就会发展完美主义倾向；另一方面，父母的焦虑特征又会使他们过分保护子女以避免子女犯错误，他们常常教育子女“当心犯错误”，提醒子女一旦犯错误时他人可能给予消极评价，甚至威胁子女如果犯错误会受到怎样的惩罚。这种抚养方式会导致子女的完美主义倾向，其目的是为了避免犯错误，从而免遭各种可能的惩罚。①

---

① 王敬群等：《完美主义发展的模型综述》，《心理与行为研究》2005 年第 4 期。

# 第三章

# 健康的个性与情绪

健康的个性品质是学生学习、生活和人际交往的心理基础。孤僻、好嫉妒、暴躁冲动等不良性格常常会影响学生的健康成长。个性特点往往与个体情绪特点密切联系，如孤僻的学生常常伴有抑郁情绪，好嫉妒的学生常常伴有焦虑情绪。情绪健康是心理健康的显著标志，学校心理辅导的一项重要任务，是处理学生的情绪健康问题。

本章结合案例讨论以下问题：

孤僻心理辅导

焦虑情绪辅导

嫉妒心理辅导

抑郁情绪辅导

# 第一节　孤僻心理辅导

性格孤僻的学生常常不为班主任老师关注，因为他们在班上孤独离群，却不大惹是生非。他们外表的平静并不能代表内心的安宁，其实他们更加需要老师的心理关怀。以下案例中的庆庆就是这样一个沉默寡言、性情孤僻的学生，怎么走进他的内心，让他开口说话，班主任还真费了一番脑筋。

**【案例】投石问路**

### 不爱说话的庆庆

最近一段时间，庆庆的表现有些反常，他显然是碰到了什么不顺心的事情，本来就落落寡合，现在更是郁郁寡欢了。他上课时经常会发呆，课后的作业也不认真做，几门学科的测验成绩都明显下滑。庆庆一定是有什么事情在心里，这是我的初步判断。我找班里的同学了解情况，可是他们都摇头，“不知道，庆庆从来不跟我们说”，他们回答我。我没有办法，只好直接找庆庆。我把庆庆叫到办公室，请他坐下来。庆庆坐在我的对面，眼睑低垂，面无表情。

我问：“庆庆，最近有什么事儿吗？”庆庆摇摇头。我一点都不急躁，“没关系的，告诉老师，老师说不定可以帮你呢”。庆庆还是摇摇头。我问：“那你最近这段时间怎么成绩下降很厉害？上课也走神？”庆庆低头不语。“家里有什么事吗？”我试探着问。庆庆摇摇头。“同学之间有什么不愉快？”庆庆又摇摇头。“老师批评你了？”庆庆还是摇摇头。“那究竟是怎么回事，你倒是说话呀！”我有点急了。“老师，我没事。”庆庆终于说了几个字。我不说话了，我也沉默下来，眼睛一直看着庆庆，心里说，小子，你倒挺厉害的，牙关很紧啊！庆庆抬眼看一下我，复又低下头去，低垂着眼帘，脸上的表情丝毫不变。就这样对峙了几十秒钟，我忍不住了，我对庆庆说："你先回去吧，要是有什么事一定得跟老师讲啊！"庆庆仍旧低着头，他站起来，转身就走。

庆庆把自己的心封闭得紧紧的，别人很难进入。内向性格的学生从外表来看，不像外向性格的学生那样有大起大伏的变化。但是外向型的人苦恼来得快，去得也快；内向的人就不同了，他的苦恼郁积在心里，无法轻易发泄出去，如果没有别人的关心，他们会愈加地孤僻。

我开始有意识地关注庆庆的行为，并且交给和庆庆坐在一起的同学一个任务，随时向我汇报庆庆的情况。初次交锋的失败让我不得不重视庆庆这个对手。①

## 我是个可怜的鼻涕虫

美术课的老师让每一名学生选择一个最能表现自己的动物，把它画下来，并加以文字说明。我把学生们的作业本要过来，一本一本地看，孩子们的想象力很丰富，绘画的天分也很高，我不由得为美术课老师的创意击节叫好！偶然间翻到一本作业，上面画的竟是一个传说中的鼻涕虫，鼻涕虫细致生动，纤毫毕现，旁边只有一句话：我是一只可怜的鼻涕虫。我查看前面的名字，赫然是庆庆！

庆庆平日不言不语，他的内心世界却是多么丰富多彩啊！只可惜，这个色彩一大半是灰色的。庆庆一如既往地沉默，从外表根本看不出什么，我的"小密探"也提供不了什么有价值的情报。庆庆的问题仍在，表现依旧没什么起色。我考虑再三，终于决定主动出击。

## 谁拿了数学试卷

几天之后开运动会，运动场上高潮迭起，喊声震天，其他同学都在看台上为运动员加油，我却注意到庆庆很快就从看台上一个人孤独地往教室方向走了。我叫过来一名拉拉队员，悄悄对他说，你到教室里拿两个杯子

① 引自万玮《班主任兵法》，华东师范大学出版社2004年10月版，第102—108页。

给参加比赛的同学装点水来，顺便看看教室里有没有人，在干什么。好的，拉拉队员飞也似的去了。

过了一会儿，那个拉拉队员回来了，他告诉我，庆庆在教室里，正在看动漫书呢。庆庆喜欢动漫，这我是知道的，要不然，他怎么会把那个鼻涕虫画得那么逼真呢。只是，平时我是不允许他们把动漫书带到教室里来看的，因为不良的动漫书实在太多，一旦放开，良莠不齐的书都来了，不好管理。难怪庆庆会偷偷摸摸抓紧时间回教室看。应该说，庆庆不愿意参加集体活动让我很气恼，但是这一次，我倒要感谢他，他的行为给我提供了一个机会，我要好好利用一下。

运动会结束之后，我马上回到办公室，把刚刚改完的一叠试卷藏起来。然后，我到教室里，把班长叫出来，对她说，“老师今天早上刚刚改完的数学试卷不见了，丢失的时间就是在运动会期间，你去调查一下，刚才运动会期间有谁离开过操场”。班长答应一声，进了教室，过了一会儿，跑来告诉我，一共只有两个人，其中一个是回教室装水的，他还说是老师您让他来的。我点点头，“是的，还有一个呢?”“还有一个是庆庆，他不肯说他回来干什么。”“好吧，你帮我叫庆庆到我办公室来一下。”我说。

我在办公室里摆开阵势，等着庆庆。第一次的交锋因为准备不充分，败下阵来，这次可就不一样了。庆庆进来之后，我指着已经放好的椅子，对他说，坐。庆庆坐下来，他还是低垂着脑袋，不说话。我在心里哼了一声，小子，又来了。我也不说话，眼睛却一眨不眨地盯着庆庆。庆庆被我看得有些毛，他忍不住问：“老师，什么事?”终于开口了，我心里说，不好意思，今天可得委屈一下你了。

我遂不再绕弯，而是单刀直入，“数学试卷是你拿的吧?”我问。“什么数学试卷?”庆庆有点丈二和尚摸不着头脑。“今天开运动会的时候老师刚刚改完的数学试卷放在桌上不见了。”我话说得很少，逼着庆庆多说话。“那怎么就是我拿的?”庆庆果然有点急了。“老师调查过了，一共只有两个人离开过操场，一个是老师让他回来拿水的，还有一个……”我故意不说，目光炯炯看着庆庆。

被人冤枉的滋味是不好受的，我了解庆庆的感受。庆庆的气恼明显写到了脸上，他想分辩什么，可最终又没有说出来，憋了半天，说出一句话，“反正不是我拿的!”“不是你拿的那是谁拿的?”我咄咄逼人。“我不知道”，庆庆说。“你能有什么证据证明不是你拿的吗?”我问。“我不能证明，但反正不是我拿的。”庆庆说得非常坚定。“那么试卷难道会自己飞走?”我毫不退让。庆庆突然抬起眼睛，有点恼怒地问:“老师，你有什么证据证明是我拿的?”

庆庆很少这样直视着别人说话，看来这次他是真的被逼急了。

“老师为什么认为是你拿的?你这个问题问得好!我接下来就告诉你，你要是觉得老师说得不对，可以反驳。”我看着庆庆，一字一句地说。

“首先，拿试卷的人得有作案时间，具备这个时间的人只有两个，你是其中一个。其次得有作案动机，那个人为什么要拿试卷?他如果考试成绩很好，怎么会拿试卷呢?他还巴不得老师早一点把试卷发下来呢。因此，他一定是考试成绩不好的人，这样，老师找不到试卷，就不会把成绩登到家校联系册上去了。你说是不是?你这次考试自己感觉怎么样?”我看着庆庆。

庆庆摇摇头。“对了!”我接着说，“这次考试一共有五个人不及格，你就是其中之一。因此，具备作案时间和动机的只有你一个，换你做老师，你会怀疑谁?”我目光如炬，侃侃而言，这种感觉真是太好了，一雪前次失利之耻。庆庆的问题我其实早有预料，早就在心里准备好怎么回答了，欲加之罪，又何患无辞?

庆庆被我这番话说得张口结舌，他做梦也没有想到一项莫须有的罪名就这么突如其来地加到自己的头上。蝼蚁尚且偷生，庆庆岂甘束手就擒?“我肯定没有拿!”庆庆一口咬定。

“你说这个话是没有用的。”我轻轻地说，“任何人做这件事情都不会承认的，现在所有的证据都证明是你拿的，你自己又拿不出证据，你把这个事情交给别人去评理，你可以想得到别人会怎么看这件事!”

看着无话可说的庆庆，我乘胜追击，“你回教室干什么?”我问。庆庆不说话。“你看，你说不出来吧?”我得意地说，“别人都在操场上看运动会，你却一个人偷偷回教室。好了，你把试卷拿出来，老师就原谅你。”

庆庆的脸有些扭曲了，他的内心极度地不平静，我看到有泪珠在庆庆的眼眶中打滚。极少有人受到这种不白之冤的时候仍然能在内心保持平静，更何况是庆庆这样的少年?我的内心早已不忍了，可是，好不容易今天让庆庆说了这么多超过前面一学期总和的话，我岂能就此罢手，而前功尽弃?

我当然要趁热打铁。痛苦虽然难熬，可也是一贴良药。我要让庆庆再痛苦一些。

“庆庆，人人都会有一念之差，犯了错误不可怕，可怕的是一错再错，错上加错。你要想清楚……”

我说这话的时候一直看着庆庆，庆庆的眼泪本来就在打滚，我的这番话如同催泪弹一样，庆庆的眼泪霎时夺眶而出，泪飞顿作倾盆雨。“老师，你冤枉我！”庆庆的这声呐喊带着哭腔，却发自肺腑，他接着叫道，“我没有拿试卷，我真的没有拿。”

我不再说话，只是静静地看着庆庆。庆庆泪如泉涌，我递过去一张纸巾，庆庆接了过去，哭得却更厉害了。今天的冤屈显然触动了他内心更多的苦楚与郁闷，哭的动力源源不断，一哭未平，一哭又起。

内向的人平时一直压抑自己的情感，很少有这样痛快淋漓的发泄机会，男孩哭吧不是罪，哭能消除心中的负累。庆庆哭得越彻底，他的心灵也就会越纯净。

办公室里有其他老师进来，看到庆庆哭得这么伤心，想劝劝他，被我用手势制止了。我不能让别人破坏我的计划。哭是一种很好的解决问题的方法，以前我观察过三四岁的小孩子，发现当他们受了委屈，或是闹情绪，大人最担心的就是不哭，不哭那个情绪会一直在，最快最好的解决问题的方法就是让他哭出来，小孩子一旦哭出来，问题就解决了一大半。

也许是觉得哭的滋味很不错，庆庆竟没有停歇的意思，我已经递过去四五张纸巾了，泪还没有止住。看起来，庆庆已经不单单为今天受冤枉而哭了，哭的时候，他在想什么呢？严厉的爸爸、遥远的妈妈，还是失信的朋友？

“哭什么呢？”庆庆的情绪平静下来之后，我问他。那个时候，办公室里已经没有其他老师了，只剩下我们两个人，我们面对面地坐着，空气静静的。庆庆的眼睑又低垂下来，神态有一些安详，我的眼光已柔和了，我们俩都若有所思。

“没什么。”庆庆低声说，“老师，试卷真的不是我拿的，我发誓。”哭过一场之后，庆庆似乎又恢复了以往的冷静，心情也不那么急躁了。

“老师相信你说的话，试卷不是你拿的。”我看着庆庆，一字一句地说。庆庆抬起头，脸上有一丝意外的表情。我接着说：“也许老师放在了另外的地方，也许是别的老师拿走了。老师不了解你，老师错怪你了。”

我的话语平常，可在这种时候，这样的话却能量巨大。庆庆的眼眶里又无声地流出两行泪来。我把椅子朝庆庆挪了挪，用纸巾轻轻擦去他脸上的泪痕。“究竟是什么事闷在心底，能不能跟老师说一说？”我轻声地问。

“老师，我已经好了。”庆庆的回答异常简洁。

## 他还是不愿意讲出实情

庆庆还是不愿意讲出实情，也许，那是他心里的秘密吧。我也不能指望只凭一次谈话就让别人说出所有的秘密。庆庆是个内向的孩子，要得到他的信任，需要我长期的努力。可是，至少，庆庆告诉我，他已经好了。我应该满意了。

我放庆庆走了，我从不做没有结果的努力，今天这场战役耗时颇多，我的精力也折腾得差不多了。

接下来的几天，庆庆果然有了明显的改进，不管是上课还是作业都认真多了。有时候班级里一些值日的活儿还抢着去干，在我和他的眼神对话中，我也能感受到他对我的感激之情。在周末的周记本上，我也不忘记给庆庆分析了为什么他会遭受怀疑的原因是因为他的内向、不与人沟通以及独来独往。我希望他能改变自我，成为大家的好朋友，老师的好学生，同时再一次地确认了我对他的信任。

我扔出去一块石头，原来是想探探路，没想到这块石头却激起庆庆心中的巨大波澜。现在，庆庆心中的包袱算是卸下了，我的心里却有了包袱。为了防止弄巧成拙，那次的数学试卷我最终没敢再拿出来，乘着没人的时候，我悄悄作了处理。庆庆要是知道了真相，他会怎么看我呢？

班主任老师处理这个案例值得肯定之处：

1. 性格内向的学生受到关注，说明班主任老师班级工作有全局观。从案例的叙述看，庆庆的性格的确有些内向，这样的学生由于平时在班级里不闹事，往往不为班主任所注意，容易成为班主任工作的盲区。而班主任老师观察学生比较细致，发现最近一段时间庆庆的反应异常，觉得有必要去了解。班主任的细致和敏感可以使得工作有个提前量，“防患于未然”。

2. 以让庆庆“开口说话”为切入点，是一个不错的选择（但是设局的方法颇有争议）。从效果来看，客观上让庆庆压抑的情绪得到了一定宣泄，这对他后来的变化发生了影响。引导学生负面的情绪释放是一种心理辅导技术，班主任老师无形中使用的方法达到了这样的效果。

值得商榷之处：

1. 老师没有真正找到学生“不说话”的原因，缺少与学生心灵沟通的方法。措施与效果之间缺少有说服力的解释，为什么庆庆会发生变化？仅仅让他大哭就能够达到如此迅速的变化？他内心到底有什么话？班主任也没有问出来，案例中没有更多交代，使读者陷于云雾之中。

2. “设局”的误区和风险。设局的风险性要远远大于教育性。设局的前提本身就违反教育伦理：一是欺骗（或者说是“善意的谎言”），对于一个自卑的、缺少安全感、认为世态炎凉的青少年来说，更加具有风险性。欺骗一旦被识破，会加剧他对别人的不信任，会产生更为负面的看法。二是违反我们对学生的积极期待和人文关怀，设局是把学生当作对手，关注的焦点是：我怎么制服你。另外，不能把情境创设和设局相提并论，其本质区别在于创设教育情境一般不允许违反伦理精神。

这个案例的背后又引发许多深层次的问题需要我们去思考。怎么看待教育效果？教育方法运用除了追求有效，是否更应该遵循伦理？如何聆听学生的心声，开启学生的心灵？等等。

改进的建议：

如何深入了解庆庆的内心世界？既是本案的瓶颈，也是解题的关键所在。我以为首先是要获得庆庆的信任，而信任的前提是真诚和尊重。这需要班主任在平时对庆庆的表现细心观察，在交往中让学生感受到真诚和尊重，而不是急于解决他开口说话的问题，更不能设局逼他开口。其次，可以从庆庆的文字性材料、自述性材料中，找到解读他内心的密码。一般来说，学生的周记、日记、作品，以及网上聊天和 QQ 等，都是最真实的材料，可以从中获得学生许多内心的思想。例如，庆庆画的自画像标明“我是一只可怜的鼻涕虫”，这幅画是他内心真实的写照。班主任如果与他从这幅画展开对话，可能会有不一样的效果。再次，可以从家长、同学、邻居等处，了解庆庆过去的经历，个人的经历、家庭背景等情况往往是影响其当下和今后成长的重要因素，这是解读学生心灵的基础。上述三点是个别心理辅导的基本技术，需要培训与指导。当然，许多优秀班主任本身就具有这样的功力。

### 孤僻心理成因分析

学生孤僻的原因有：

（1）性格过度内向。过度内向的学生，往往不愿意与别人多说话，喜欢沉浸在自己的世界里。内心的平静，对人的心理健康是非常重要的，这使我们可以静静地思考生活中许多深层次的问题，从而更好地进行人际相处。但是过于封闭、不与别人交往的内向，常常会引起抑郁情绪，影响个体的心理健康和社会功能。

（2）缺少安全感和信任感。有些孤僻的学生可能由于自己经历了负性生活事件，对同学缺少信任感，与同学交往缺少安全感。有位高中的女学生说，自己“感觉跟同学交往好像随时可能被欺骗”。她举了两个例子：一个是高一上学期，有一次过生日，一位相处得比较好的同学说要送她礼物，她很期待，但后来却没有收到，因为那位同学太忙，没有给她买，她觉得这是一种欺骗。还有一个例子是初三快中考的时候，她觉得压力很大，心情特别郁闷，就跟一位同学说了，但这位同学却将她的这种心情说给别人听，结果自己让别人笑话了。这两件事都是小事，但让她觉得不安全、被欺骗。这个女孩把两次偶然事件推而广之，觉得自己跟班里同学交往基本上没有安全感，特别是在涉及那些比较隐秘的事时，所以她选择了孤独与沉默。①

（3）自尊得不到满足。自尊是青少年内心最重要的需求之一。引起学生自尊心受损的情况有许多。如，身体异常，羞于见人。由于身体某些方面的异常特征（如五官、手、脚异常等）常常遭人嘲笑，自尊心很受伤害，故不愿与同学多交往。再如，学业时常失败，没有成就感，没有勇气面对现实；又如，家庭社会经济地位低，自觉低人一等。

### 孤僻心理辅导建议

学生孤僻心理的辅导建议有：

（1）正视现实，树立自尊和自信心。如对身体有缺陷的学生，可以鼓励他们扬长避短，发展多种多样的兴趣和特长，转移他们的注意力，不再将注意力集中在自己的身体缺陷上。老师要为他们提供展示其长处的机会，使他们在成功的体验中提高自尊与自信。有位班主任的经验值得我们学习，他这样写道：

我班有一个学生，左腿残疾，上课从不举手发言，总觉得自己处处不如人。但他心地善良，凡帮助过他的人，他总感激不尽，自己也实心实意

① 陈尤红：《高中生孤独心理个案研究》，《文教资料》2005 年第 29 期。

地帮助别人。我在“善待他人”的主题班会上引导学生列举了他很多善待他人的事例，要求同学们向他学习。他还擅长绘画，在“喜迎澳门回归”书画比赛中，在镇里得了一等奖。我及时表扬他想象丰富，并启发他正确认识自我，发现自身的闪光点，使其感到自己并不是什么都不行，只要努力，别人做不到的，自己也会做到。从此，他的自信心增强了，性格也不再孤僻、内向了。①

(2) 多与同学交往，增强对集体的归属感。老师要鼓励学生参加学校、班级以及小组的各种活动，让他们学习如何与别人交往。如，利用学生的兴趣或特长来鼓励他参与活动，若对美术特别有兴趣，就让他给缺少美术爱好者的小组担任黑板报美术顾问，和同学们一起出黑板报。利用这样的小团体消除他的紧张不安，让他感受到被别人需要、受别人肯定的快乐，这将有助于他在社交上继续进步。老师也可以请班级同学合作，运用社会性强化（称赞和认真倾听）来鼓励他在集体活动中发挥长处，从容自如地表现自己，这样可以增强学生对班级的归属感，克服孤僻心理。

(3) 学会与别人交谈。一般说来，性格孤僻的学生不爱说话，尽管有时他们对某一事情特别关心，但也不愿主动开口。因此，老师在与之相处交谈时，要主动启发诱导，要善于选择话题。只要说话的内容触及到他的兴奋点，他是能够敞开心扉与教师交谈的。如有的性格孤僻的学生喜欢体育或文学、美术，有的学生喜欢看动漫书等，老师若以这类话题作为交谈的切入点，就很容易将谈话深入进行下去，还能为以后的进一步交往奠定基础。

(4) 向父母了解学生情况，确定学生的孤僻是情境性的还是持久性的。如属后者，最好请心理医生诊断治疗。

---

① 邵泽禹：《学生性格孤僻怎么办》，《安徽教育》2000 年第 10 期。

## 第二节　焦虑情绪辅导

焦虑（anxiety）是由紧张、不安、忧虑、担心、恐惧等感受交织而成的复杂情绪状态。焦虑大多是因为遭遇到威胁和内心冲突而引起的，不过这些威胁一般是想象成分多于真实成分，焦虑中的人往往夸大威胁的严重性。它可以是正常的，也可以是病态的；它可以是偶尔发生的，也可以是持续存在的。考试焦虑是学生常见的情绪问题，以下就是一个考试焦虑辅导案例。

**【案例】在试卷面前我的脑子一片空白**

### 老师，我有救吗

爱莉是一名初三的女生，近来备受考试的折磨。“老师，我现在一拿到试卷（练习卷），脑子里就一片空白，这是一种什么病？有救吗？”这是爱莉见到我说的第一句话。我细细地咀嚼着她这句话的意思，等待她做出进一步的解释。

“真的，我现在心里很乱，很烦，心里很着急，但又不知如何是好。”爱莉接着对我说，“初三毕业考试考完后，得知自己的总分在班内排名为第十五名，不太满意，又听同学说毕业考的成绩很容易拿高分，因此，对自己的学习能力产生了怀疑。”

“初三模拟考后，我拿了成绩回家，我妈知道后并不满意，因为我的小学同学（现就读于家乡的一所普通中学）在这次模拟考试中总分比我高，而小学毕业时她的成绩在我下面，因此，我母亲认为我还不够努力，甚至埋怨我现在就读的学校，认为当年花了这么多钱有点不值得。这件事对我的打击很大，我开始怀疑起自己的学习能力，自信心受到了很大的挫伤。”①

## 考试焦虑的认知改变

负面情绪的背后往往有消极信念的支持。认知改变技术就是辅导者协助当事人，找到困扰自己的负性想法和信念（情境中即时冒出的负性想法称为负性自动思维，而其深层次的信念称为核心信念）。它是考试焦虑辅导的主要方法之一。

我设计了三个阶段的治疗步骤，一是找出烦人事件，找到“考试焦虑”的自动想法和核心信念；二是通过各种手段来消除这种消极的信念，从而消除由此而带来的负性情绪和行为；三是实施取利去弊策略，让她获得自我帮助，以理性的我来提醒、暗示、战胜情感的我，通过对非理性观念的面质，使爱莉懂得：分数不是万能的，光靠盲目地自我加压是无效的，只有很好地把握自己，调整好自己的心态，才能取得理想的成绩。我与爱莉进行了下面的对话：

师：你很想把书读好，是吗？

爱莉：是的，我如果情绪不紧张的话，可能会学得很好，假如没有发生这些不开心的事，我对自己还是很有信心的。

师：请你把这些不开心的事再详细地讲一遍，好吗？

爱莉：好的。最近情绪一直很紧张，做什么事都没有信心，老是担心自己不如其他同学，考试考不好，一拿到试卷脑子里就一片空白。我现在很有点无所适从，不知该怎么办。如果不参加今年的中考，父母亲会怎么想，万一明年再考不上，那就真的完了。一想到这些，我的心里就很困惑、很紧张。

师：你的这些不开心其实都跟你的错误观念有关，现在我们一起来整理一下你的这些不合理想法：①成绩没考好肯定是自己没有努力；②如果自己真的努力了，还是没有考到较为理想的成绩，那么就是自己的智商出了问题，我的脑子有问题；③父母亲花了不少的努力让我读书，如果我考不好的话，就对不起我的父母亲了；④小学的时候成绩很好，读中学时应

---

① 本案例由何纪明老师撰写，选自吴增强主编：《野百合也有春天——学生案例辅导精选》，上海教育出版社2003年3月版，第246页。

该也能考到好成绩；⑤我进了这样一所好的中学，如果不能再考上县级重点高中的话，那太没有面子了，也对不起父母亲为我出的择校费。

这些都是你之所以产生“考试焦虑”自动想法的错误观念，如果你能把这些东西统统消除掉，那么，你的不开心就会随风而去，你说是不是？接下来，我想给你一些增强自信的办法，让你自己帮助自己，克服内心的困境，战胜自己，好不好？

爱莉：那再好不过了。

师：第一，你要相信自己，你能在这所中学里顺利地读到初三，这本身就说明你的智商不低，你的脑子没有问题。第二，你要知道，考试成绩受多方面的影响，努力程度只是其中的一个因素而已，不能把它绝对化，你现在这么紧张，正说明你的努力程度已经很高了。第三，小孩子不要去想大人的事，不要把读书看成是孝敬长辈的事，父母亲供你读书是他们应尽的义务，不必为此而产生压力，所以上面分析的你的第三点和第五点不合理想法就显得多余了，也可以说是不攻自破。第四，以你现在的学习状况（班级第十五名）来看，完全可以说明你是一个学习成绩很好的中学生，因此非常有力地证明了你的所谓“小学学习成绩好进中学后也应该成绩好”的错误想法。综上所述，只要你能把这些办法用到你的生活中，通过自我暗示、自我鼓励、自我安慰等自助式的心理调节，我想你一定能走出目前的困境，我坚信你一定能战胜自己。

## 我宁做鸡头，也不做凤尾

7月3日，是初三学生进行中考的第一天。那天晚上，她打电话给我，说能把考题做完，心里并不像想象中的紧张，只是上午的语文考试有点紧张，最后的作文没有写完。她还说，中考的感觉跟平时的小测验没什么两样。我听了以后，心里有说不出的高兴，这充分说明了她已战胜了自己，她的自我暗示、自我鼓励、自我安慰已经在起作用了，同时也说明她的非理性观念正在被转变，这是一个好兆头。

中考结束后，她又来电，告诉我她的中考成绩，她竟然考到了454.5分，真不容易！现在她正在家里安度暑假，并以高分昂首挺胸地进入普通高中（因为她的这个分数离县级重点高中的最低分数线只差7分），她也欣然接受了这个事实。“我宁做鸡头，也不做凤尾！”这是她留给我的一句话，也是我对她的一份美好祝愿！

由于沉重的学习压力而引起的考试焦虑，是当前中学生主要的心理问题之一。本案的女中学生的问题，就是由害怕考试而引起的焦虑情绪反应。何老师运用认知改变技术，根据当事人主述情况进行深入分析，找到了她的一些错误信念（核心信念和中间信念）：如果得不到好分数，那一定是我没有努力；父母亲对我这么关心，如果学习成绩不好，那就对不起他们了；我努力了，但没有取得应有的好分数，而其他同学却能得到好分数，这只能说明自己太笨等等。并且制定了三项干预措施，调节当事人的情绪，帮助当事人克服非理性想法，建立理性信念，通过积极的自我暗示、自我鼓励，最终帮助学生克服了考试焦虑，中考取得了优良成绩。

应该说这个案例是比较成功的，但还有可以改进之处：在协助爱莉挑战其消极信念时，启发性、开放性的发问还不多，似乎讲道理的痕迹比较重。这样往往是学生被动接受老师的意见，而不是学生主动感悟到自己的问题。

**焦虑和焦虑症**

焦虑与焦虑症是不是一回事？这是一个容易混淆的问题。在临床心理学中，它们是两种不同性质的焦虑状态。

焦虑称为正常焦虑情绪状态，它是指一种预期即将面临威胁性处境时的紧张、恐惧和不愉快的情绪反应，具有警戒性的适应反应。正常人在生活经验中几乎都有过这种经历和体验。

焦虑症称为病理性焦虑状态，与正常焦虑状态不同，常常会对未来并不存在的某种威胁或危险，作出无现实根据的过度紧张和恐惧反应，有时甚至有终日发作性提心吊胆的痛苦体验。焦虑症持续时间很长，如不积极治疗，几周几月甚至数年难以痊愈。根据临床症状可分为广泛性焦虑和惊恐发作。

广泛性焦虑（generalized anxiety），又称为慢性焦虑症，是临床主要类型，约占焦虑症的60%—85%。常缺乏明确具体的对象和固定内容，但患者表现出恐惧、紧张、易怒、不安，注意力、记忆力降低，还包括躯体症状和植物神经性神经功能亢进，如头痛、肌肉紧张、震颤、睡眠不佳，有噩梦、心悸、面色潮红或苍白、尿急尿频、呼吸加快、月经不调等。

惊恐发作（panic attack），又称急性焦虑症，与上者相比，本症更多见于青年或中年男性。患者表现出强烈恐惧，犹如死亡降临，因而无法自控。

同时还伴有植物性神经功能障碍，如心悸、心跳、出汗、发抖、面色苍白、心闷心痛等，症状一般持续数十分钟到两个小时，可反复发作。[①]

青少年的焦虑大多是非病理性焦虑，一般的考试焦虑、社交焦虑等都属于正常焦虑状态。刘贤臣等人应用 Zung's 焦虑自评量表（SAS）对 2464 名 13—22 岁的青少年学生进行测查，结果发现 16% 的青少年有不同程度的焦虑状态，其中轻度和中重度分别是 12.22% 和 3.78%，男性 17 岁年龄组发生率最高（21.89%），20 岁组最低（3.8%），18 岁开始呈下降趋势。女性 16 岁组最高（21.89%），21 岁组最低（3.39%），17 岁开始下降。可见，14—17 岁之间的青少年焦虑状态的发生率较高。[②]

### 焦虑障碍成因分析

焦虑障碍的形成与个体的素质、所处的环境均有密切的关系。

（1）气质特征。具有行为抑制气质特征者从小就对新奇和（或）不熟悉的情境表现出显著的害羞、害怕和退缩倾向，这种气质特征是有遗传基础的。有研究报道，有行为抑制气质的儿童发生焦虑障碍或抑郁障碍的风险较高。

（2）遗传因素。学生焦虑有家族聚集性。父母患有焦虑障碍、抑郁障碍、社交恐惧症、广场恐惧症的，其子女发生率高。父母患焦虑障碍，其子女焦虑障碍发生率是父母正常的子女的两倍。有研究报道，5 -羟色胺转运体基因与儿童内化性（指焦虑、抑郁、退缩等行为）问题有关。

（3）家庭教养方式。不良的教养方式也是儿童青少年焦虑的病因之一。例如，父母经常约束孩子的自主性，对孩子的理解、接纳不够，而对孩子的指导、强制和否定较多都会导致孩子出现焦虑障碍。甚至在遇到需要抉择的问题时，父母也采取包办代替的方式，对孩子保护过度，这导致孩子感到世界是危险的，这会减弱孩子探索的主动性和能力。另外，焦虑倾向与儿童早期的依恋模式有关。如果婴儿期的依恋模式为不安全型依恋，则在儿童青少年时期容易发生焦虑障碍。

① 余展飞等：《现代心理卫生科学理论与实践》，世界图书出版公司 2000 年 6 月版，第 444—446 页。

② 刘贤臣等：《2464 名青少年焦虑自评量表测查结果分析》，《中国心理卫生杂志》1997 年第 2 期。

（4）应激事件。焦虑发作常与应激有关，如考试失败、父母生病等。其实，这些应激因素在正常儿中也很常见，不是焦虑障碍发生的必然因素，应激因素仅仅是在上述易感气质基础上起了促发作用而已。[①]

**焦虑情绪辅导建议**

目前，绝大多数青少年的焦虑情绪，不是由于个体内部深层的人格障碍造成的，而是因为他们受到外界的压力太大，越是到了初三、高三毕业年级，他们承受的压力越大。对于这些青少年的焦虑情绪，主要辅导策略是减少压力源和自我调节。而对于极少数确诊为焦虑症的青少年，则应该转介到医院心理门诊，进行必要的药物治疗和心理治疗。

1. 创设宽松的环境，减少心理压力

这要从家庭和学校两方面着手进行。

家长方面，首先，不要把自己不切实际的期望和要求强加于孩子身上，过高的期望可能会使孩子产生无助、沮丧、焦虑的感觉。家长要尊重孩子的意愿和能力，尽量不要在学习成绩、课外补习和兴趣培养方面提出过分的、主观的要求。其次，父母要注意营造温馨、融洽的家庭气氛，开展良好的亲子沟通，给孩子更多的心理安全感。

学校方面，要以素质教育的要求，全面评价学生，克服以分取人的单一评价观，建立多元评价的观念，发现每个学生的优势。学校不要人为制造紧张气氛给学生带来过重的升学压力。

2. 培养适应能力，提高应付水平

减少外部压力源仅仅是一个外部措施，这对学生来说是比较被动的。每个人在日常生活、学习和工作中都会遇到压力，帮助学生学会面对和处理压力的方法和技能，提高其适应环境的能力，是更积极主动的辅导策略。

3. 降低焦虑水平

对于焦虑情绪干预，直接降低焦虑水平以恢复情绪的平衡，是最为直接和有效的策略，它至少可以在短期内减少个体的痛苦体验和不安心境。常用的方法有：

---

① 苏林雁：《儿童青少年焦虑障碍》，《新医学》2007 年第 4 期。

支持性辅导。学生焦虑情绪的一个重要原因是对已经发生的事情的危害过于担心，对将要发生的事情的不利方面过分担忧。比如，代表班级和学校参加比赛失利，认为自己辜负了同学和老师的期望，他们心里一定会责备或者怪罪自己，或担心某些同学会笑话自己，从而产生焦虑反应。再如，不管自己学习怎样、考试准备得怎样，一到考试就担心自己考不好，担心父母和老师批评自己等。针对这类担忧的心理，家长和教师可以帮助学生进行分析和解释，提供情绪支持和鼓励，以消除或者减少他们的担忧，增强学生的信心和勇气，从而降低焦虑情绪。

认知改变。青少年的认知发展水平还不成熟，对事情的认识不全面、不完整，尤其是对于某些和自己密切相关的事件的认识，往往比较片面或极端，对于自己的应付能力也容易估计过低。针对这类问题，可以应用理性情绪法，帮助他们找到自己的思维盲点，克服非理性想法（本节案例采用了此法）。

松弛训练。这种方法运用比较广泛，它是利用身心相互影响、相互作用的原理，直接针对焦虑症状和表现而实施的。紧张情绪往往与躯体反应紧密联系，如果身体放松了，情绪也会自然而然得到放松，这样就可以降低焦虑水平。松弛训练可以通过心理暗示、主观想象、肌肉放松等手段达到身体的放松，从而缓解焦虑情绪。

另外，让学生多参加体育活动、文娱活动、外出旅游等，也可以降低其焦虑情绪。

## 第三节　嫉妒心理辅导

嫉妒是一种自私、气量狭窄、不能容忍他人的负面心理状况，大多数的班主任都有可能会遇到好嫉妒的学生。嫉妒不但破坏自己的情绪，还会使人心态失衡，失去正常的判断力，破坏人际关系。

**【案例】走出嫉妒的怪圈**

### 嫉妒让我变得无耻

初三学生小张原来学习成绩一直在班级名列前茅，最近成绩排名下滑，心情很不好，开始对成绩优秀的学生产生妒忌之心。

他主动找我请求帮助，诉说他的烦恼：在小学时，我的成绩非常好，老师常常夸我，甚至常常在校会上表扬我；贫困的父母更是为我感动，也常常在邻里亲戚面前夸奖我。我走到哪儿，称赞就随之而来。那时，我觉得自己就如同“圣人”那样的完美。后来，以较优异的成绩考到了二中，光初一的新生就有800名，我的初考成绩在班级排第3位。这让我很是失落。报名那天，我就快乐不起来，因为，在小学，我总是班级的第一，而现在，却只是班级的第3名，在年级是第46名。这种失落的心绪持续的时间很长。于是，我在不快乐中努力学习了一个月，月考成绩出来了，我在班级排名第4，在年级排名第58。这让我的心理一下子失去了平衡。莫名其妙地，看到成绩比我好的同学，就生气，感觉是他们让我感到不快乐，使我没有了从前优异的成绩。这种无形的压力压得我抬不起头，过去的优越感不复存在，极其自信的我变得无限忧伤、压抑、烦恼和痛苦。

初二后我感到压力越来越大，以至整天心神不宁，注意力不集中，晚上失眠。由于无法正常有效地学习，有些功课已在班级排到了倒数几位。而另外一种更可怕的心理产生了，我不想看到成绩比我好的同学，因为，我一见到他们，我就会一整天地不高兴，生闷气。我还特别希望那些成绩比我好的同学，家里会有什么不幸而影响学习。接下来，我做的事情是为人所不齿的，我常常在张三面前讲李四的坏话，在李四面前诽谤张三，我总是喜欢捕风捉影，搬弄是非。而他们，都无暇顾及我，他们总是很认真地学习，这让我更加地不快乐，更没有心思学习。我现在为自己的心理与行为感到可耻，希望能通过老师的帮助，让我化解妒忌心理，让我能专心地学习。①

## 自信的人不会嫉妒

小张的嫉妒是由于好胜心过强，但因成绩波动而没有调整好心态，使得自己嫉妒心理越来越严重，以至于影响了学习和同学关系。但可喜的是他已经意识到嫉妒是一种对身心发展有危害，并会严重影响他学习的不良心理，只是不知怎样调整自己的心理。针对小张的具体情况，我采用了三种辅导策略：

（1）换位思考法。“假如是你取得了成绩、得到了表扬，别的同学对你不满或者怨恨，对你进行诽谤，你心中会有什么感受?”并适时引导他认识：他们取得好成绩，为班级争得了荣誉，为我们树立了榜样。我们应为他们感到高兴，并且应该向他们学习。通过引导他进行换位思考，收到了意想不到的效果，较有效地帮助他摆脱了苦闷和妒忌心理。当他有妒忌心理在作怪时，就换位思考一下，这样心里就不痛苦了，甚至还能分享他们的快乐。

（2）发挥自我优势。引导他学会全面地认识自己，既看到自己的长处，又正视自己的差距，扬长避短，发挥并开拓自身的潜能，不断提高自己，力求成绩有所进步。并让他认识到：目前成绩退步，是因为他没有完全看到自己的优点，把自己看得一无是处，感觉什么都不如别人，更没法把心思放在学习上，因为他把精力放在妒忌他人上，于己于人都是有百害无一利的，只有傻瓜才做这种傻事。目前最重要的是要学会欣赏自己。请求科任老师配合：对于他的点滴进步，给予肯定，让他重新树立自信心，因为自

① 引自周福峤等：《化解学生妒忌心理》，《教师新概念》2006年第34期。

信的人是不会妒忌的。

(3) 提高心理承受力。目前学习竞争非常激烈，成绩难免有进有退，如果不能提高自己的心理承受能力，一旦遇到挫折就很容易一蹶不振，沉沦下去。张某的根本问题就在于：看不得自己成绩的退步（其实初一时，只是正常的波动，谈不上是退步），成绩退步了，他担心老师失望、父母伤心、同学看不起，给了自己过大的压力。希望他能提高进行自我调节、自我保护的能力，不断地总结学习的经验，不断地改造学习方法，体验自己一丝一毫进步的快乐，淡化因退步或成绩波动带来的痛苦。

通过近一个月的跟踪辅导，小张基本上化解了妒忌心理，学习也进入了一个良性的状态。

小张同学嫉妒心理的化解，心理老师的辅导可圈可点。其中以换位思考切入，动摇其错误想法，学会正确评价自己，提高承受挫折能力都很有针对性。让他感悟到真正自信的人、内心强大的人不会妒忌，是更深层次的辅导目标，可能不是一次咨询就能解决的。

**嫉妒心理成因分析**

好嫉妒的心理形成原因是多种多样的，有性格因素、自我评价、应付方式、环境因素等。

(1) 自小养成气量狭窄，以及不能宽容别人的性格。这种性格的学生容易主观片面，他们待人处世的准则往往以自我为中心，一般不太考虑别人的想法和感受。

(2) 家长态度、行为的影响。父亲或母亲常在孩子面前有嫉妒他人的表现，潜移默化，使孩子在不知不觉中形成了嫉妒心理。

(3) 学习竞争压力大，成绩落后，担心受到教师、同学冷落，感到自己的优势地位丧失。上例中的小张是个典型，小张原来学习成绩优秀，因成绩下滑感到压力，故对超过他的同学很嫉妒。

(4) 由于先天不足或后天表现不及别人，造成自卑感而引起嫉妒。并不是自卑的学生都好嫉妒，有的学生自尊心很强，遇到挫折以后会变得自卑，这时就容易产生嫉妒心理。如果自己因表现不及其他同学，得不到老师的表扬，无形中会嫉妒老师经常表扬的同学。

### 嫉妒心理辅导建议

综合上述案例，对好嫉妒学生的辅导建议有：

（1）要帮助学生认清嫉妒心理的危害。嫉妒心理是一种于人有害、于己不利的心理问题。妒忌者常常处心积虑、耗费心机去算计别人，消耗了不少才智和精力；妒忌他人的优越性，内心会很痛苦。以下这段文字把嫉妒的危害描写得惟妙惟肖：

一到下雨天，雨伞就得到主人的重用，因此，它过得很快活。可好景不长，雨衣得到了重用，雨伞感到非常失落，对雨衣的态度很快由羡慕变成了妒忌。一天，雨衣刚工作完，就舒舒服服地躺在一边睡起觉来。雨伞觉得这是个大好的机会，于是就来到雨衣旁，用伞头把雨衣扎了个大洞。干完了这一切，它满意地回到了角落。又是一个雨天，主人把雨衣拿出来，发现有个破洞很心疼。他于是就用剪刀，从雨伞上剪下来一块布，缝在雨衣上。因为主人的手巧，补丁变成了一朵美丽的花，雨衣比以前更漂亮了。而雨伞却被丢在了垃圾箱中哭泣。妒忌者的痛苦比任何痛苦都大，因为他既要为自己的不幸而痛苦，又要为别人的幸福而痛苦。①

（2）要培养宽阔的胸怀。首先是宽容，宽以待人，包容不同的观点，对别人不要吹毛求疵；其次是虚心向别人学习，“三人行，必有我师”，多看别人的优点，少看别人的缺点就不容易妒忌。

有位学生写信给某杂志心理栏目老师：我最好的朋友和我一起参加班长竞选，我赢了，他成了副班长。而且在各方面我好像总是胜他一筹，他也好像在暗暗和我竞争。在近期的一次他非常重视的考试中，我的成绩也比他好，同学们都比较喜欢我。因此，他很伤心。有一次，他对我说他很妒忌我，我不知道该对他说什么好。

老师回答：你的朋友对你说他妒忌你，说明他很真实。你现在最重要的是理解你的朋友，他只是想做得比你更好。你要经常给他一些关键性的帮助。比如，对一件事情，你是怎么想的、怎么做的，你要告诉他，还要和他一起研究怎样做更好。这样既能帮助朋友提高，自己也会进步。只有共同进步的友谊才会地久天长。②

---

① 马春梅：《妒忌》，《班主任之友》2006 年第 3 期。

② 《山西教育》2007 年第 11 期。

这位老师引导得很好，用宽容和理解来化解好朋友的嫉妒，对自己也是一次心理修炼。

（3）要学会换位思考。在本节的案例中，心理老师比较成功地使用了这个方法。当别人妒忌你时，你会是什么感受？通过同理心培养，可以使学生设身处地为对方考虑，反思自己的嫉妒心理。

（4）要学会合理竞争。合理的竞争不是打击别人抬高自己，而应该是双赢的竞争、公平的竞争。一位老师在对学生进行妒忌心辅导时，讲了唐代大诗人李白和杜甫的故事，启发她应该与其妒忌对象成为好朋友。对话如下：

师：依我看，你也有比张丽好的地方，说不定张丽也很羡慕你呢？

生：（脸上露出怀疑的神情）真的吗？

师：我看你们完全可以成为朋友，互相学习，互相竞争。听说唐代大诗人李白和杜甫交往的故事吗？他们两个英雄惺惺相惜，结下了深厚的友谊，两个人在切磋交流中，写诗水平都提高了，成为一代“诗仙”和“诗圣”。

生：老师，我与张丽真的能成为好朋友吗？

师：“世上无难事，只怕有心人”，你试着与她交往，我想你们肯定能成为好朋友。你现在对他还有妒忌心吗？

生：您这样一讲，我对她的感觉好多了，我不应该有妒忌心。

（5）提高自身能力和信心。本节案例已用此法。好妒忌的学生往往内心虚弱、底气不足。引导学生专注于自身能力的提高，将会降低其妒忌心理。

（6）教师要公正地关心每个学生，满足学生被尊重、被关心、被人喜爱的需求。有位学者曾说：“嫉妒的孩子通常都是确信没有人爱他们，也没有人会爱他们。”所以要让他们感受到自己也是能讨人喜爱的。

## 第四节　抑郁情绪辅导

抑郁是一种心境持续低迷的状态，是青少年较常见的情绪障碍。青少年抑郁潜在影响其心理健康、学业成就、人际关系以及家庭、同伴等支持系统。虽然青少年抑郁障碍的发生率比较低，但是由于后果比较严重，而且抑郁倾向的学生占有相当比例，应该引起老师足够的重视。

由于不少班主任缺乏心理健康常识，不了解有关抑郁的基本概念，更不知道如何识别抑郁症状。因此，在如何帮助有抑郁倾向的学生时，老师往往显得束手无策，有时反而加重了学生抑郁症状。以下就是这样一个案例。

**【案例】她怎样成为抑郁症的**

心里有话没处说

小霞（化名）18岁，曾被几所知名医院定义为抑郁症。她是个很朴实的农村女孩，也是个品学兼优的学生。上初中时，曾经获得中日友好书法大赛银奖，学习成绩一直排在全年级前三，中考位列全市前十名。乡亲们都说，这孩子，将来一定很有出息，一定能干大事！当时很多学校争着抢她，而她的父亲为她选择了某市某省级重点中学。

一个农村的孩子进了省级重点中学，按说是很高兴的事情。可小霞却怎么也开心不起来。班里城市里的孩子多，而自己却来自农村。那些孩子穿名牌，进饭店，可自己呢，就几件过时廉价的衣服，兜里少得可怜的零花钱，还经常被那些城市孩子嘲笑。小霞暗暗发誓，一定要用学习成绩来证明自己。工夫不负有心人。在期中考试中，小霞名列全年级第七。小霞想，我成绩这么好，老师和同学一定会接纳我。可半个月过去了，老师没有过多地关注她，同学的嘲笑声依然还在继续。也曾经想过各种办法想让自己融入到同学中，她心里很失落，也很压抑。她多想有个人能和她说说话啊，可没有人理会她。周日回到家里，很少见到父母，只有70岁的奶奶，她总会扑到奶奶怀里哭啊哭啊，可奶奶永远只是那句话：娃呀，别哭！哭啥呢？可怜的小霞，心里有太多太多的话，她该去给谁说呢？①

## 小霞变了

慢慢地，小霞变了，变得更加孤僻了。她说，曾经有一个月，她的嘴除了吃饭，就再也没有别的用途！上课也听不进去，作业也不想做了，失眠、焦虑也开始伴随她度过每一个夜晚。同时，她学会了上网玩游戏，向老师撒谎说身体不舒服而去附近书城，一待就是多半天！

这样的日子持续了两个多月，小霞经常想起自己曾经的优秀、父母的辛苦，她再也不能过这样的日子了！可她该找谁呢？这时候，小霞想到了班主任老师。于是她给班主任写了一封信，在信里，小霞谈了她的困惑、她的迷惘，希望班主任能帮她解开心里的结。可让她万万没想到的是，这封信，成了她噩梦的开始。

## 该把她往哪里送

看了小霞的信后，老师给小霞的父母打了一个电话，告诉她父母：你的孩子有心理问题，建议找专业的心理医生治疗。老实巴交的父母慌了，当天带小霞到某大学附属医院心理专家门诊。小霞怎么也想不到事情结果居然是这样，可也只能乖乖地随父母走到医生面前，但对医生的提问一概不回答。她父母根据老师提供的素材说了她的“病症”。10分钟不到，医生下了结论：抑郁症，建议住院治疗。她父母也觉得住院不好，医生就给了开了很多的药，价值1000元。小霞说，那天天气很好，可她的世界却是一片黑暗。跟学校请了假，小霞回到了生她养她的家，心情好了很多，开的药基本没吃。没有了嘲笑，没有了学习的压力，有了父母的关心，有了儿时伙伴的陪伴，小霞开朗了很多。

---

① 案例引自www. wyanghu. com（2007），略作删改。

### 沉迷网络

过完春节后，小霞的父母害怕孩子耽搁了课程，就把她送到了学校，小霞很争气，经过半个学期的努力，又回到了全年级的前20名。可在班主任心里，这孩子有心理问题，说不定哪天发作了，出了问题怎么办啊。于是乎，连威胁带劝告，让小霞的父母给孩子转学校。万般无奈之下，父母只好把孩子转到了县高中。环境的差异让小霞难以接受，于是，网络成了她心灵的寄托，经常在网吧一待就是一天。别人都说，这孩子着魔了，而父母把这一切都归罪于网络，所以就坚决禁止小霞去网吧。有一次，父亲看她又想去网吧，就拦着她，可小霞为了上网，居然跪到了父亲的面前。可怜的父亲看着曾经乖巧优秀的孩子变成这样，心碎了，恳求女儿别再去网吧，可这时候的小霞怎么能听得进去，一向坚强的父亲在这时候老泪纵横，跪在了女儿的面前。3个小时的跪啊，还是没能阻止女儿再次走进网吧，走进虚幻的网络世界。

不甘心自己女儿就这样被废的父亲找到了某市精神卫生中心，专家在简单询问病情之后，开了10副中药。还信誓旦旦地说，放心吧，包治好，先吃中药，如果不行的话，就用针灸，还有电疗。办法多的是！

这次治疗最终宣告失败！半个月后，小霞又被送到了某医院，诊断依然是抑郁症！依然是吃药！依然是打针，依然是回家，依然是上网。

假如小霞的父母能多关心关心孩子，多陪孩子说说话，那小霞还能成抑郁症吗？

假如在小霞遇到困惑的时候，班主任老师能和孩子好好谈谈，打开孩子的心结，小霞能成抑郁症吗？

这是一个失败的案例，读起来令人心情沉重。一个品学兼优的学生怎么会变得抑郁？这个案例没有给我们带来正面的经验，但带来不少教训，同样是有教育价值的：

其一，小霞从农村学校进入城市省重点中学，本身就有一个环境适应问题，其中最重要的是心理适应。班级同学的接纳、认同对她至关重要。尽管她很努力，但还是常常受到同学的嘲笑。假如班主任能够及时发现问题，主动关心她，并让更多的同学关心她，小霞的情绪低落就可以避免。

其二，小霞敞开心扉，向班主任诉说心里的苦恼，班主任没有做进一步了解，而是“果断”地将她推给医院。这说明班主任缺乏心理健康基本常识，缺乏对抑郁基本症状的了解。

其三，班主任执意要小霞转学，有些不可思议。小霞回到学校，学习成绩上升到年级第20名，表明她心理状态正常。为什么还要转学？班主任理由是怕她哪天出问题。恰恰是这种冷酷的推托，让小霞心里越来越感到世态炎凉，陷于绝望，更加抑郁。

其四，真正诊断为抑郁症者，药物治疗是必须的。心理障碍的治疗，药物治疗是主要方法之一，当然配合以心理治疗效果会更好。问题在于小霞是否真正确诊为抑郁症，其程度又如何？案例中没有交代。

## 青少年抑郁状况

有关调查表明，青少年抑郁在青春期的中期和晚期发生率最高。在美国，青少年抑郁的患病率为0.4%—8.3%，其中重度抑郁的终生患病率为15%到20%，与成年人的终生患病率相当。成年期抑郁往往是从青少年期开始的。国内的调查表明，青少年抑郁的患病率为有6%—7%，与美国相当。Brent和Birmaher（2002）指出，青少年抑郁是一种慢性的、周期性的、严重的和致命的心理疾病，需要得到医学的和专门的治疗。如果没有专业的帮助，复发的可能性是很大的。两年内，将有40%的患者会复发，五年内会增加到72%。更重要的是，青少年抑郁常常引发自杀，是15—24岁青少年死亡的主要原因（John McCarthy，et al 2008）。大多数抑郁的青少年报告出现自杀观念，在有自杀观念者中，有16%—30%出现自杀行为。①

## 抑郁成因分析

一般认为，抑郁产生的原因与以下因素有关：

1. 生物性因素

遗传因素。家族史中患情感性障碍的，产生抑郁的比例比较高。最好的基因和心境障碍的有关证据来自于双生子研究（twin studies）。McGuffin等（2003）的研究发现，如果双生子之一患有某种心境障碍，那么同卵双生子患某种心境障碍的几率要比异卵双生子高2—3倍。

Kendler等（1993）通过一项对于女性双生子的大样本调查，估计重度抑郁障碍的遗传几率为41%—46%。

抑郁症的遗传存在性别差异，女性为40%，而男性要低得多。

神经递质系统。研究表明，在抑郁症患者体内5—羟色胺水平比较低，

① 徐辉等：《浅析青少年抑郁问题》，《社会心理科学》2004年第3期；孙丽君等：《青少年抑郁干预研究新进展》，《现代预防医学》2008年第20期。

但只是和其他神经递质相比而言。5—羟色胺最基本的作用是调节我们的情感反应。当我们体内5—羟色胺水平比较低的时候，我们会更加冲动，情绪也更容易波动。当5—羟色胺水平比较低的时候，其他神经递质变化范围就比较大，处于失调状态，从而导致心境的不稳定，包括抑郁状态。

2. 社会心理因素

大约60%—80%的抑郁症形成因素可以归结于心理体验。而且大部分这样的体验对于不同的患者来说是不一样的。本节案例中小霞抑郁情绪的形成，很大程度是因为社会心理因素。

应激性生活事件。在所有的心理障碍产生过程中，应激和创伤都是最重要的心理学因素之一。通过对随机人群样本的调查发现，严重的生活事件与抑郁症发病有显著的关系。重大的生活应激总是在所有类型的抑郁症之前发生（Brown，1994），如人际关系紧张、学习困难、工作压力、家庭变故、意外事故、躯体疾病等不良生活事件等都有可能引发抑郁。刘贤臣（1991）的调查还发现，与青少年学生抑郁相关的因素有，睡眠没有规律、学习生活不满意、生活事件多、健康自评差、体育活动少等；近一年的生活事件和抑郁情绪的发生成正比，依次为人际关系、学习压力、家庭事件等。

性格因素。如性格内向、过于自卑，或者不良的认知模式、非理性思维，都会对抑郁发生作用。

**抑郁情绪辅导建议**

青少年抑郁情绪辅导重在预防，提出以下建议供参考：

1. 学会识别抑郁症状

本节案例，就是因为班主任不知道怎么识别抑郁症状，没有采取积极的预防措施，而加剧了当事人的抑郁情绪。青少年抑郁症状识别指标如下：

①注意力不集中，记忆力下降；
②学习成绩显著下降；
③自我评价低；
④持续情绪低落；
⑤人际关系紧张；
⑥对喜欢的活动丧失兴趣；
⑦生活、饮食、睡眠习惯改变；

⑧躯体症状；

⑨反复出现轻生念头。

如果日常观察有学生同时满足上述指标5条以上，并且持续时间比较长（2周以上），老师应该建议学生去医院就诊。

2. 建立良好的社会支持系统

亲子关系、同伴关系和师生关系是青少年主要的人际关系。良好的人际关系可以在青少年面临压力事件时，为其提供不同的支持、安慰，有效地避免抑郁情绪的发生。本节案例中的小霞，就是因为缺少良好的社会支持而形成了抑郁情绪。

3. 客观地评价事实

在相同的情境下，有的人情绪平静，有的人抑郁沮丧，这可能就是因对情境的不同评价造成的。家长和教师要帮助青少年能够客观地评价自我、评价别人、评价生活中发生的事件，尤其要纠正非理性想法。

4. 调整个体的期望

过高的期望会引起较高的压力，由此容易使人产生抑郁情绪。这就不仅要求家长和教师对青少年抱有适当的、与之能力相适应的期望，而且也要求青少年本人对自己要有适当的期望。

5. 保持良好的心态

经常保持愉悦、平和、乐观的心态，会使人变得积极开朗、挫折承受力得到增强，这将减少青少年抑郁的产生。

青少年抑郁症的矫治是一项专业性比较强的工作，它需要运用专门的心理治疗技术和药物治疗，应该在临床心理学家和心理医生的指导下进行。对抑郁的心理治疗一般采用认知治疗比较多，包括理性情绪疗法和贝克认知治疗，这两种疗法的效果都不错。

药物疗法目前已经出现第三代新型抗郁药剂。第一代抗郁剂如丙咪嗪和单胺氧化酶等，由于副作用较大，现在临床已较少应用。第二代以阿米替林、多虑平为代表的三环类抗郁剂，是目前临床常用的抗郁药物，效果不错。第三代以麦普替林为代表的四环类抗郁剂，效果好、副作用少，但价格较高。特别要注意的是，应该在医生指导下进行药物治疗。

# 第四章

# 突破学习困境

学习心理辅导是学校心理辅导的重要内容，学生表现出来的情绪、行为问题大多与学习有关。例如，因升学压力过重而使学生厌学、逃学；因学业失败而导致学生焦虑、抑郁、自卑等等。成功的课堂教学不仅教给学生系统的知识，更重要的是能培养学生积极的学习心态、科学的思维方式。帮助学生突破学习困境，是班主任心理辅导的主要任务之一。

本章结合案例讨论下列问题：

厌学心理辅导

学习退避心理辅导

学习困难学生辅导

## 第一节　厌学心理辅导

在当前功利主义教育的体系下，升学压力大，学生厌学是一个比较普遍的现象。我曾经在《中学生阅读》开设过学生心理专栏，经常收到学生心理求助的信。许多学生都反映了学习没有积极性、畏学、厌学。以下是其中的一封：

吴老师：

您好！我是一名高二的学生，现在对学习提不起丝毫的兴趣，觉得一点儿也学不进去，上课的时候不想听，课后也不想写作业，一到考试前我就紧张，想打退堂鼓。这种状态使我很担心，我觉得再这样下去，不仅对不起自己，也对不起父母，越想心里越觉得难受，因为这个问题总是让我感到有一块大石头压在心上，使我觉得连呼吸都困难。

学生的个性差异千差万别，有的学生性格刚烈“吃软不吃硬”，有的学生性格黏黏糊糊“吃硬不吃软”。万老师有次接了一个怀孕女班主任卢老师的班，就遇到了一个“吃硬不吃软”的学生吴圣。万老师采用“历苦知甜”法，帮助学生克服厌学心理。请看案例：

**【案例】我是不是太残忍了**

英语老师说你最差

期中考试的前一周，要举行英语的词汇考试。这天，英语老师告诉我，她已经把词汇表都发下去了，并且模拟考了几次，大部分人都很好，但是有几个人还是不及格，而明天就要正式考试了。是哪几个人？我说，你把他们的名单给我，今天晚上是我晚自修，我亲自来督促他们背默。晚自修开始的时候，我特意关照这几个人，今天一定要到我这儿来过关，不过关别想回去睡觉。我特意走到吴圣桌前，提醒他，好好背，英语老师说你最差了！晚自修快结束的时候，其他几个人都陆续到我这里来背，也都过关了，唯独吴圣没有来。我问吴圣，你背好了没有？吴圣抬起头，有气无力地说，快了。

晚自修结束之后，我把吴圣带到了办公室里。令我十分震惊的是，经过这么长时间的复习，他居然只能背出五分之一的单词。我有点着急，大声地对他说，其实英语单词也很容易背的呀，只要会读，根据音节很自然就能把它拼出来了。来，你把“木匠”这个词读一下。出乎我意料之外的事情发生了，吴圣张了张嘴，居然读不出来。我连忙又让他读其他几个单词，不是不会读就是读错。我大怒，你……你这半学期都在学什么？啊？吴圣像一条死鱼一样笔直地坐在那里，脸色凝重，一句话也不说。想到明天就要考试了，而他居然是这种状态，看来我今天得陪他到很晚，而我本来还有事……我气得发昏，抬起脚，恨不得踹他一下，最终克制住自己，只是踹倒了旁边的一把椅子。吴圣吓得一哆嗦。我咬着牙低声说，今天你就甭想回去睡觉了，你就在这儿背吧，也别用什么方法了，就死记硬背，什么时候背熟了什么时候再回去。我陪你。

吴圣一直背到夜里十一点多。因为生活部的老师也要休息了，她们打电话来，我只能让吴圣回去。吴圣没有完全背出来，而我，也确实累了。我恨恨地对收拾书本的吴圣说，你等着看好了，明天要是默不及格，你就没好日子过了！①

## 他吃硬不吃软

我开始体会到卢老师那句“他吃硬不吃软”的话的含义来。英语老师很年轻，没什么经验，相对又比较软弱一些，而我也太大意了，以至于让这吴圣一个多月没学什么东西居然还神气活现的！吴圣第二天的英语词汇考试不出意料地只考了四十多分。他能考这分数已经不错了，我估计至少

① 引自万玮：《班主任兵法》，华东师范大学出版社2004年10月版，第43页。

有三十分是昨晚突击的结果。再看到我，吴圣便马上低下头，像士兵看见长官一样两腿并拢，两手贴紧大腿两侧。我怨恨地看着他，有着一肚子的气却没地方撒。

我在办公室里反思。吴圣的智商是不低的，但是非常地懒，学习怕吃苦。碰到要背诵的东西非常头疼，不肯下苦工夫去背。看来这段时间我对他的策略是失误的，不承认不行，实践是检验真理的唯一标准，我有点轻敌了，没想到这小子还有点难啃。我决定改变战略战术。

我把吴圣叫到办公室，向他宣布，以后每次语文和英语学科要背、要默的内容都要到我这儿来过关。告诉你一个好消息，我抚摸着他的脑袋说，从今天起，我就是你的秘书了，要做什么事，我会提醒你的。啊？吴圣张大了嘴。在他的眼里，我的笑都是不怀好意的。没办法呀，你老人家记性不好，总是要忘事，只好我辛苦了。你的级别不低啊，年级组长给你做秘书。呵呵。我拍拍他的肩膀。从此每天见到吴圣，我第一件事要问他，作业做了没有，书背了没有。我这个秘书就像一只苍蝇、蚊子一样，整天在吴圣的耳边嗡嗡嗡地叫唤。

有一次，我在班级里和学生说笑，大家聊得很开心，言谈正欢之时，吴圣乐颠颠地跑过来想插进话题，马上就撞见我转过来的一副冰冷的面孔。我这脸孔本来还是轻松的，但是转过来的时候就变了。作业做了吧？我问。做完了，吴圣似乎底气挺足。书背了吗？我接着问。今天老师没有布置背诵的内容，吴圣的回答还有点得意。那就考一考你以前背过的，我自有对策，把书拿过来，老规矩，背错一个字抄一遍。老师，让我再去看一看，吴圣赶忙跑回去。有过这么几次乘兴而来、败兴而归的经验之后，吴圣也就只能远远地看着我们说笑了。

吴圣像掉进了冰窟一样，即使在我心情晴朗的时候，我看着吴圣的面孔也是“霜满天”的。吴圣在我这个秘书面前不得不毕恭毕敬、规规矩矩。到后来，吴圣本来正和同学说笑，一看到我进教室，马上停止说笑，装出一副端庄的样子。

## 历苦知甜

吴圣的成绩有了大幅度的提高，尤其是英语与语文的默写，以前常常是不及格，现在已经消灭红灯，还得过几次满分。为了表现自己，班上的重活像打水扫地什么的吴圣常常抢着干。我看到了，也只是面无表情地点一点头，一句话都不说。有一次，我开全校的公开课，吴圣非常积极，他的发言使得听课的老师也情不自禁地点点头。下课之后，对于他的“超水准发挥”，我一句表扬的话都没有。

我是不是太残忍了？其间，我也这样地问自己。有时，看到吴圣可怜的样子，我也生起恻隐之心。但是一想到那晚的情景，一想到如果我现在弦一松，将来就有可能又要陪他背书到晚上11点多钟的痛苦，我就克制住了。我要坚持下去。就这样，吴圣度过了痛苦的半个学期。期末考试吴圣考得特别好，语文得了78分，其他学科的成绩都在80分以上。吴圣的爸爸打电话来，特别表达了对我的感谢。在电话里，他说，我们家吴圣，别的老师都不怕，就怕你万老师，你说的话比任何人的都管用。你要对他严格一点，我们家吴圣就交给你了。

以上案例中班主任采用“历苦知甜”法，解决了吴圣同学学习不认真、作业不交、默写经常不及格等问题。在案例中，我们看见了该班主任的爱心、恒心、耐心和苦心，他针对吴圣同学“吃硬不吃软”的特点，实施恩威并举，成为他的“秘书”。每天见到吴圣同学，第一件事要问他，作业做了没有，书背了没有。就像一只苍蝇、蚊子一样，整天在吴圣同学的耳边嗡嗡地叫唤，最终使其成绩大幅提高。许多老师也采用过类似的“盯”的策略，但没有成效。该案例中我们看到了该班主任不仅仅是“盯”，而且也有“盯”的艺术：根据他学习怕吃苦，不肯下苦工夫去背的情况，充当他的“秘书”；在“盯”的期间，采用一副冰冷的面孔、不表扬等手段，使他感受到老师的威严。其实，万老师采用的方法也是符合心理辅导原理的：

一是适度加压。对于学习来说，过重的压力是心理负担，没有压力也会使学生学习怠惰。吴圣学习懒散、松垮，没有一定的压力，难以激发其学习动机。

二是采用非强化方法。既不表扬，也不批评，而是故意“冷淡”、“漠视”，使其增加学习的紧迫感。这个案例的成功提示我们：方法没有好坏之分，关键是是否适合，心理辅导常常是“一把钥匙开一把锁”。

### 厌学心理透视

厌学一般是指学生对学校的学习生活失去兴趣，产生厌倦情绪，持冷漠态度乃至厌恶逃避的心理状态及其在行为方式上的不良表现。厌学的主要特征是学生对学习毫无兴趣，视学习为负担，把学习看作一件痛苦的事情，不能从事正常的学习活动，经常逃学或旷课，严重的导致辍学。中国青少年研究中心与北京师范大学教育系曾在全国做过中小学生学习与发展的大型调查，发现因“喜欢学习”而上学的初、高中生仅为10.7%和4.3%。厌学的直接后果是学生的学习效率下降，学业不良，进而拒学、逃学和弃学，严重影响学生的健康成长。有学者认为，厌学心理是逐步形成的，一般要经过四个阶段，即焦虑阶段、怀疑阶段、恐惧阶段和自卑阶段。①

焦虑阶段是指学生由于没有实现预定的目标而产生冷淡和焦虑意识。这里预定目标不仅仅体现在学习的终极目标，比如考试的成绩上，还体现在学生在校的学习生活中，比如希望自己在课堂上得到老师和同学的尊重；在回答老师提问时，希望得到老师的肯定；做作业时，希望自己能够顺利地完成等。当这些目标没有能够实现时，人在心理上就会产生焦虑的意识，产生不安的情绪。但这时学生对学习仍有信心，而且适度的焦虑会对人产生一定的压力，而适度的压力又会转化为努力学习的动力，对学习还是有好处的，能促使学生努力去改变这种状态，从而获得学习上的不断进步。但焦虑程度过重，或不断地、频繁地产生焦虑，则会使学生的学习心理进入到第二个阶段，即怀疑阶段。学生对学习的怀疑阶段是指学生由于在学习上多次失败，对自己或老师设定的学习目标常常不能实现，进而对自己的学习能力产生怀疑，觉得自己似乎不是一块学习的“料子”，但对学习仍未完全丧失信心。

怀疑阶段的显著特征是学生在学习上遭遇多次失败和挫折，而每一次失败和挫折都会引起学生的情绪波动，一方面怀疑自己的学习能力有问题，失去学习的动力和兴趣；另一方面，也会产生一些如不满、冷淡和敌视等不良心理。这时，如果有学习成功的机会出现，学生的学习信心、自信心又会增加。但如果经过努力却仍然不断地失败，则学生的学习心理会进入第三个阶段，即恐惧阶段。

学生对学习的恐惧阶段，是指学生在学习上产生了明显的障碍，真的

---

① 阮为文：《学生厌学心理的产生过程及其预防转化对策》，《太原大学教育学院学报》2007年第4期。

怀疑自己的学习能力，从而对学习产生恐惧心理。表现为上课听不懂、对学习毫无兴趣、一听到学习就头痛等。在恐惧阶段，学生的内心上会伴随着想逃避学习的心理发生。当学生内心产生恐惧而又无法逃避学习时，学生的心理就会进入到第四个阶段，即自卑阶段。

学生对学习上的自卑阶段，是指学生把学习上的失败，全部归结于自己学习能力低下，以至于彻底失去了学习信心。常言道，最大的悲哀莫过于心死，学生彻底失去了学习信心，就等于是学习上“心死”了。学生一旦产生这种学习上的“心死”的自卑心理，则不但学习学不好，而且会影响到学生的整个学校生活，使其整个学校生活笼罩在自卑的心理阴影之中。

需要说明的是，并不是每个厌学的学生都会经历这四个阶段，因为每个学生的学习经历是不同的，引发厌学的原因也是不同的。但是这至少说明厌学不是天生的，是在学生的学习生活中逐步形成的。

**厌学心理辅导建议**

针对一般厌学的学生，要根据其不同的厌学原因采取有针对性的辅导措施。

学生厌学的原因很多，有外部的和内部的。外部因素非班主任所能改变的，暂且不论。从学生内部因素考虑，大致可以分为：心理压力大而导致的倦怠型厌学；经常学业失败而引起的自卑型厌学；心智不成熟、学习适应困难而引起的适应不良型厌学等。

1. 对于倦怠型厌学的学生辅导。这些学生中不乏老师心目中的好学生。第一，要为他们进行心理减压的辅导，教会他们放松身心的方法；第二，要让他们辩证地看待压力，压力是进步的动力，压力具有双重性，要用积极的眼光看压力，把压力看作是对自己的挑战与机遇；第三，专注于自己的学习，不要总是与别人比较。不恰当的社会比较，会破坏自己的心态，分散自己的注意力。人的精力和时间是有限的，成功的人往往能够集中精力专注于自己的学习与工作。

2. 对于自卑型厌学的学生辅导。关键在于提高他们的自我效能感。教师要传递给学生这样的信念：一要永远对自己抱有信心，永不放弃，尤其在遇到挫折与困难时，不要轻易地放弃，丧失信心；二要相信每个人的能力都是可塑的、变化的、发展的。一个人对于自己的能力产生思维定式，把自己的能力凝固化是不可取的，这样容易自卑，遇到困难就会认为自己

“江郎才尽”。

3. 对于适应不良型厌学的学生辅导。老师要培养他们良好的生活习惯和学习习惯，增强其独立性和责任心，使其逐渐学会对自己的事负责。要合理运用奖励惩罚，激励他们努力学习。教师实施奖励惩罚要注意以下原则（这些原则也适用其他学生）：

（1）淡化奖赏的外部控制作用。如果奖赏仅仅是为了让学生得到奖赏物，则会使奖赏成为外部控制手段，反而会抑制他们对学习的兴趣。奖赏不是目的，而是辅助性评价，给予奖赏意味着对个人学有成效的肯定。教师过多依靠控制性奖赏会引发学生的消极动机模式。例如，教师强调分数的重要性，对于学业优良学生可能会增加其心理压力，引起考试焦虑；而对于学业中下学生可能会增加其厌倦情绪和退避行为。这时的分数对学生就是一种外部控制手段，常常与他们的主观抉择相冲突，容易引起他们的反感。

（2）奖赏要与学生实际付出的努力相一致，使他们感到自己无愧于接受这种奖赏。如果对他们解决了一些过分容易的任务而大大地奖赏，不但不会提高他们的自信，反而会引起他们的自卑，因为这样常会被同伴认为是无能的标志。恰如其分的奖励，能够转化为学生的自我奖励，从而能持久地激励其学习。

（3）应该建立一套明确的奖励办法。凡符合规则的行为可获得奖励，教师具体实施时，切忌凭自己情绪波动变更奖励办法。否则，就会使奖励变得毫无原则、随心所欲，奖励成了教师的“私有财物”。

（4）奖励方式要适应学生的年龄特征，对低年级学生而言，一颗红星、一包饼干的奖励可能比加分更有效，而高年级学生则会觉得在学期末的总评分中加分较有价值。低年级学生更喜欢有形的实物强化，而高年级学生更希望无形的奖励，如获得自由活动的时间、去图书馆、做自己爱干的事等等。

（5）奖励要以精神奖励为主，物质奖励为辅。对学生来说，社会性强化（微笑、关切的目光、赞赏）始终是重要的，特别是伴有感情色彩的鼓励和赞扬，还可以加强师生之间的情感联系。

（6）合理使用惩罚。惩罚是与奖励相对的概念，是用不愉快的事件（或刺激）抑制或消除个体不适当行为的发生。比如，学生上课随便讲话，教师的批评可以抑制这种违纪行为的发生。但若惩罚不当，非但不能改正学生的错误行为，反而会强化这种行为。如教师对学生不交作业处以罚站、罚抄等惩罚，可能会使学生产生对立情绪，使他们更加不愿做作业。教师在课堂里实施惩罚也要注意：

①惩罚应“就事论事”，避免翻“老账”，要避免过多地涉及学生个人过去的经历。因为，惩罚是对某人某些事件的后果，而不应是裁定某人的命运。

②切忌把惩罚作为教师报复泄愤的手段。研究表明，学生能迅速区别公正的或武断的，或根据错误评估事件所作为的惩罚。

③切忌体罚学生。惩罚大致有两种：一种是施加某种痛苦厌恶的刺激（如体罚、训斥），另一种是取消某种喜爱的刺激（如取消娱乐活动等）。班杜拉认为，常使用体罚或变相的体罚是为侵犯行为提供示范。此外，体罚有辱学生人格，往往会使学生产生对立情绪。

④坚持正面教育为主。斯金纳主张，教师应通过奖励来强化学生的积极行为，抑制或消退其不良行为。用我们的话来说，就是要坚持以正面教育为主。杜克（D. L. Duke）说过一段耐人寻味的话：“可以十分有把握地说，关于学校中惩罚的使用，问题多于答案。看来，没有一个惩罚对于所有学生都是普遍有效的。一般地因行为问题增多而采取的对策也就是增加惩罚的严厉程度——并不总能证明是一种有效的方法。”①

① 《简明国际教育百科全书（教学）》（上），教育科学出版社1990年版。

## 第二节　学习退避行为辅导

退避行为是个体面临困难或者挫折情境时的一种逃避现实的消极的应付方式。学习退避行为有多种表现，如不交作业、旷课、拒学、弃学等等。同时，它也是厌学心理的典型行为反应。下面我们着重讨论拒学的案例和辅导策略。

**【案例】我不想上学了**

今天不知道明天的事

历历是个初二男生，学习成绩很差，有次期中考试数学只得了2分(百分制)。历历在小学学习就不理想。5年级时，小学老师为班级的学生做过智力测试，结果显示历历的智商为70。老师对历历的母亲说过，他以后学习会有问题。初中预备年级，母亲又带历历在某所心理咨询中心做过智力测试，结果显示智商还是70。而且历历自己也知道了自己头脑不灵这样一个测试结果。由于长期学业不良，临近期末大考，他干脆不想上学了。急得他母亲上学校来找班主任向我求助，我作为心理辅导老师便接下了对历历的辅导。经过与历历多次谈话和家访。发现历历有下列几个主要问题：

①学习失败，使其对学习丧失信心。他认为自己“即使考上了高中，还是考不上大学”。

②对老师有偏见。“数学老师总是批评我，我就不听他的”。有一次数学老师说：“班级后20名的学生，以后就教你们1+1=?”

③生活漫无目标、自我迷茫。活一天算一天，今天不知道明天的事。①

### 退一步进两步

历历拒学在家，我不是直接规劝他上学（临近寒假）。一方面对其消极信念进行面质，另一方面，帮助他妥善安排在家期间的学习与活动。

针对历历的想法，我与历历进行了下列对话：

师：你这几天不上学，都在做什么？

生：早上起床看电视，傍晚与人去飙车。

师：“飙车？每天总是重复，有什么好玩的。”

生：“我们是比赛。”

师：“你是想获胜吗？”

生：“是的。”（希望得到别人的肯定）

师：“那为什么在学习的问题上选择放弃？而不想赢呢？”

生：“即使考上了高中，考不上大学怎么办呢？还不是一样无用。”

师：“你还没考上高中，怎么知道自己无法考上大学？再说当你上了高中，文凭高一级，选择职业的范围也宽一些，就更容易找到自己喜欢的工作，你说呢？你要对自己有信心。否则你还没有与别人征战，自己就把自己打下来了。你学过力学吧？（历历点头）这就像力学的同方向力相加，你更近成功；反方向力相减，你离成功距离越大。”

### 订一份行为契约

历历在家期间，为了让他不荒废学业，引发其上学动机。我与他商定了一份行为契约：

甲方（计划执行者）：历历　乙方（计划检查者）：乔老师

内容：

1. 从今天直到下个星期见到老师前，每天按时完成寒假作业。

2. 如有一天少完成寒假作业，就少骑车半小时。如果当天还是没少骑车，就在第二天不许骑车。

3. 每天骑车时间不超过2小时。如果超过时间，就在第二天不许骑车。

---

① 本案例由乔岩老师撰写，略作删改，选自吴增强主编：《野百合也有春天——学生心理辅导案例精选》，上海教育出版社2003年3月版，第212—222页。

4. 每天到学校打篮球1小时。否则减少当天看电视2小时。

5. 如果每天都按时完成作业，就在见到老师后奖励可以自由支配一天。

行动会带来情绪、态度的变化。历历履行了自己的诺言，得到了我的好评，“你是个信守承诺的人”，满足了他的“希望得到关注和认可”的心理需要，也为我们建立良好的咨询关系起到了积极的作用。同时打篮球需要与他人合作，也使他感受到与同伴在一起的快乐。

……

开学了，历历回到了学校，精神面貌有了变化，有了朝气。说话、行动也比以前有力。历历对自己有信心了，认为自己的头脑挺好的。上课能做到不与同学说话，即使偶尔说一两句，老师指出来，他也肯听，认为是自己错了。同时，他也开始乐于与同学交往，有时会与其他的同学一起打篮球，与别人一起合作，开学后带两三个同学到自己家里玩过。但有时上课还会睡觉，作业还是经常错。

这个案例给我们的启示是：面对拒学的学生，辅导老师没有轻视他、放弃他，而是在深入了解当事人情况的前提下，找到了辅导的突破口：历历的自尊心很强，非常希望得到别人的关注、认可和尊重。教师就从这里入手，对他倾注了极大的关注，并以自己的真诚去换取他的信任。辅导老师坚持尊重、理解、真诚的原则，相互之间建立了良好的咨询关系。在此基础上，辅导老师运用认知改变、行为契约等方法改变历历的认知和行为，取得了初步的辅导成效。

### 拒学现象面面观

有关学生拒学问题，目前在称谓和界定上仍存在争议。早在1932年，美国的Broadwin就提出，不上学的儿童主要由逃学（也称怠学）行为引发，并将这类问题归于神经症的一种类型。1941年，Johnson提出，由儿童分离焦虑引发的拒绝上学实际上是恐惧心理的作用，并首先提出学校恐惧症，特指那些对学校特定环境产生异常恐惧并强烈拒绝上学的儿童，认为其属于儿童情绪障碍的一种类型。20世纪50年代，有一些教育界学者提出拒绝上学的概念，定义那些由于心理因素造成的不上学行为，其基本背景仍是儿童与母亲的分离焦虑和对学校的恐惧。因此，这类拒绝上学与逃学有了本质的区别，后者指伴有品性问题和反社会特征的不上学行为，而拒绝上学并无明显反社会行为。20世纪80年代以来，拒绝上学之称谓在日本应用得尤为广泛，以致日本学者称“拒绝上学症”（又称不登校）是日本本土文化的独特现象。在日本文部科学省（相当于我国的教育部）每年出版的青少年白皮书中，“不登校”被视作最严重和最受关注的青少年行为问题之一，而且近年来发病率递增趋势十分显著。

拒绝上学症较学校恐惧症在发生的年龄和本质上有很大区别，前者多发生于幼儿和小学阶段儿童，主要由适应困难和恐惧情绪所导致；后者则多发生于青春期（小学高年级至高中甚至大学）以后的学生。拒绝上学行为包含了厌学、独立意识、违拗和对立情绪等因素，与学校恐惧症可以是连续体或独立发生，即学校恐惧症持续至青春期也可转化为拒绝上学症。

拒绝上学症发病年龄有3个高峰，且与发生原因密切相关：3—7岁为第1高峰，大都与入托、入学时与父母分离而产生的焦虑有关；9—12岁为第2高峰，主要与学习压力过大、人际关系冲突、更换学校或班级等因素有关；13岁以后更倾向违拗性抵触上学，主要原因包括学习困难、在校遭受欺负羞辱、学绩挫败、家庭问题、心身症、友谊危机、师生冲突、厌学、情绪障碍等。

拒学症尚缺乏权威的流行病学资料，日本2002年度的调查结果是：小学为1/280，中学为1/37。有资料推测，学校恐惧症在儿童群体中发生率约为1%。学校恐惧症或拒绝上学症可发生于各种智力水平的儿童，低年龄组中女性多见，高年龄组似乎男性多见，发病率与儿童的家庭经济和社会地位无关。我国目前尚无此症的流行病学资料。①

学生拒绝上学按其程度等级可分为：①威胁或哀求父母不上学；②早上反复出现回避上学的行为；③早上反复“耍赖”，要求父母陪同上学；④偶尔不上学或缺课；⑤反复交替出现不上学、缺课；⑥在某一学期某一阶段完全不上学；⑦完全长期休学在家。

拒学有不同阶段的表现特征：①不想上学阶段。有可能诉说头痛、腹痛、发热，无精打采、疲劳、食欲下降、上学迟到早退、缺课增多、周末只待在家里等。②拒绝上学阶段。早晨起床延迟，每周不去上学时间超过一半，开始明显讨厌上学，与家人吵架或违拗行为增多，甚至出现攻击暴力行为。③在家休息阶段。此期儿童自得其乐地待在家里，干自己喜欢的

① 静进：《儿童青少年厌学和拒绝上学现状分析》，《中国学校卫生》2007年第10期。

事情，不多外出，身体疲劳减轻，昼夜颠倒，白天睡觉，晚上熬夜。④试上学阶段。在家就显得开心，提到上学仍显焦虑，也能够外出，开始关注同学或学校的事情，开始尝试去学校，但容易疲劳，缺课或迟到仍多见。⑤上学稳定阶段。容易疲劳，因小事激动或焦虑，仍时有缺课和迟到表现。

**学习退避行为动机分析**

研究发现，学习退避行为的内在心理因素是“习得性无能”。所谓习得性无能（Learned Helplessness）是指，个人经历了失败与挫折后，面临问题时产生的无能为力的心理状态。习得性无能这一术语最初是由塞利格曼（Seligman，1967）在研究动物行为时提出的。他发现，当动物因无法避免有害或不快的情境而获得失败经验时，会对日后应付特定事物的能力起破坏性效应。

学生的习得性无能主要表现在人际交往和学习两个方面。

1. 社交习得性无能

格茨和德威克（Goetz，Dweck，1980）研究了社会拒绝情境下的习得性无能。研究者在问卷中提出一系列假设的社会情境，要求被试对每个假设中的不同拒绝作出反应。如，“假如你家旁边搬来一个新邻居，新来的女孩或男孩不喜欢你，这是什么原因?”等等。三周以后，观察每个被试在一定情境下面临同伴拒绝时的表现和反应。研究结果发现：

①习得性无能儿童比其他儿童在拒绝以后表现出更多消极行为，他们中的39%有社交退缩。②习得性无能儿童比其他儿童面临困难时，更缺乏新的策略，更喜欢重复无效策略，或放弃有效策略。

从社会动机模式分析，习得性无能儿童认为社会归因或个人归因是固定不变的，他们常采用获得社会归因判断的操作目标，为了避免社会归因的否定判断，故采取退避行为。而自主性儿童认为社会归因是可以改变的，常采取增长社会能力的学习目标，表现出社交自主的行为。

2. 学业习得性无能

学业习得性无能主要表现在：认知上怀疑自己的学习能力，觉得自己难以应付课堂学习任务；情感上心灰意懒、自暴自弃，害怕学业失败，并由此产生高焦虑或其他消极情感；行为上逃避学习。例如，选择容易的作业，回避困难的作业，抄袭别人作业乃至逃课逃学等等。学业不良学生的习得性无能不是一朝一夕形成的，而是个体在经常性的学习失败情境中习得的行为方式。其动机过程大致由两条途径发展：一是失败的信息引起消极的情感体验。因为经常失败招致教师、家长更多的批评抱怨，由此感到灰心、沮丧，并严重损害个人的自尊和自信，为了维持自尊便会产生消极的防御机制，其主要表现形式之一就是逃避学习。二是失败的信息通过归因影响自我信念的确立，进而构成消极的自我概念。大量研究表明学业不良学生在成就归因上存在归因障碍。

卡尔（Carr，1991）的报告指出，低成就学生在成败归因倾向上更多的是外部因素或者不可控因素。这些学生身上有种“被支配”的经历，相信自己的生活是被外部力量控制着，结果是由机会和运气决定的，自己是无能为力的。在能力倾向上，他们不认为自己的能力、知识和策略方法可以有效地支持学习。这些归因障碍深深地影响学业不良学生的自我概念，容易形成实体理论倾向的自我信念，他们自认为难以由个人意志控制自己行动，缺乏执著精神，表现出消极应付学习的行为方式。相反，学业高成就学生从自身寻找力量和动力，内部的可控的归因促进积极的自尊、自我信念和动机水平。另外，个人的情感体验与信念、自尊是交互影响的，构成动机过程的内循环，不愉快、消沉、沮丧的负性情感会削弱自信和自尊，同样，消极的信念、低自尊又会促使个人在失败面前灰心丧气。①

### 学习退避行为辅导建议

针对拒学的学生，有下列辅导建议供参考：

（1）不宜过分催促上学，或每天都问“今天上学去好吗”等，更不宜打骂、斥责、体罚和强逼送学校。平时要多听孩子叙述，各方面的话题均可。要让孩子做些家务活，争取每天按时起床、吃饭和入睡。要布置一些简单的家庭作业，即使孩子不做也不要责备。本章第一个案例中针对历历的拒学，乔老师就是采用这个策略。

（2）父母要常打电话回来问候，侧面了解孩子在家干什么，但不做过多干涉。也可以带领孩子逛街或在征得同意后领到学校附近观察，并听孩

① 吴增强：《当代青少年心理辅导》，上海科学技术文献出版社2003年1月版，第222页。

子讲在学校的事情。当提出可以回学校时，家长不妨陪去几趟。父母要避免说有关学校、教师和同学消极意义的话，并且要注意自己保持快乐、安详的情绪，否则家长的不良情绪或表情易引起儿童的焦虑与不安。

（3）拒学在家期间，学生有异常心理状况，如过分焦虑、抑郁等，或者拒绝上学时间超过4个月，家长就应该带孩子去医院看心理门诊，不可拖延，以免耽误病情。

针对一般学习退避行为，重点是解决这些学生内心的习得性无能。具体提出如下建议：

（1）重视过程，不要太看重结果。心理学研究表明，过于看重结果的学生一般对外界的评价比较敏感，他们相信成功或者失败是判断人的能力的依据，所以他们极力避免显示自己的能力不足，学习时容易患得患失。而重视过程的学生关心自己能力的提高甚于对自身能力的评价，他们更相信成就状况是促进自身能力增长的机遇，失败和挫折可以帮助自己调整策略，并使自己获得新的学习技能。前者称之为表现目标取向，后者称之为自主目标取向。这两种成就目标取向不同的学生在学习任务面前的反应是明显不同的：表现目标取向学生把困难和失败看作是对自身能力的一种威胁，尽量回避困难；自主目标取向学生把困难看作是一种挑战性的学习机会，能够以积极的态度和行动解决困难。

（2）对于失败情境要合理归因。把失败归因于能力不足，容易使人产生自卑自弃心理。因此对于失败情境能力归因倾向的学生要加以引导，转向努力的归因。

（3）强化自我评价，淡化他人评价。以自我为参照的评价，可以发现自己的进步与问题，尤其对于学习落后的学生来说，自我评价比与他人比较可能更具有激励作用。

## 第三节　学习困难学生辅导

近百年来，学习困难一直是学校心理学关注的一个研究领域。教育学、心理学、神经生理学、社会学等许多领域的研究者，从不同的角度对学习困难学生进行了研究。例如，20 世纪初，美国医学界人士对儿童的阅读障碍、失语症以及脑功能损伤进行了研究，这引发了而后从学习障碍（Learning Disability，简称为 LD）的概念出发，研究学习困难学生问题。前苏联教育科学院院士巴班斯基于20 世纪 60 年代，对学生学业不良的原因进行了大规模的调查，从学业不良的概念出发，进入学习困难的研究领域。这两个概念是目前世界上学习困难学生研究的主流概念。而从教育实践看，学习困难学生的教育又是班主任老师经常面临的难题。

**【案例】你真听懂了吗**

宁宁成绩比较差，但上课很“认真”，每次老师问他听懂了吗，他都说听得懂，但是回家做作业却总是不会做，经常第二天早上来抄别人的作业。针对这个情况，我对他进行了辅导。

师：宁宁，最近听同学说，你每天早上都很早到学校来了，大家都很佩服你呢。你每天这么早到学校来做些什么？

生：来做作业。

师：做作业？前一天为什么没有完成呢？

生：有很多作业不会做，只好早晨来问同学。

师：那同学应该都帮你讲清楚了。来，你把这一题做一下，并说说解题思路（当场让他做前一天作业中的习题）。

生：老师，我不会做……

师：你有没有想过自己不会做题目的原因？

生：我也不知道。每次老师上课时讲的我都能听懂呀！

师：都听懂了？那老师课堂上布置的练习你都会做吗？

生：有些不大会做。

师：上课前有没有预习过课本中的例题和概念？

生：没有。

师：那我们现在来看看昨天学的内容，你看看哪些地方不懂？

生：我不知道。

从表面看，宁宁天天抄作业，似乎学习态度不认真，其背后的实质是学习能力与方法的问题。如果老师对宁宁的学习态度横加批评，就会引起宁宁的反感和对抗。因此，应该着重对其进行学习方法指导。具体有：

(1) 鼓励他从预习着手，查漏补缺，带着疑问听课。

(2) 鼓励他上课做笔记，课后多复习，发现问题，在老师同学的帮助下及时补上。

(3) 使用强化策略，先降低作业难度，如果宁宁完成作业，就给予奖励，并鼓励其向更难的题目挑战；此外进行认知能力训练。①

这个案例虽然没有写到结尾，不知道辅导效果如何。但老师从学生学习过程中思考其学习障碍，而不是简单化地归结为不用功、不努力，辅导的思路是对头的。提出的辅导措施也很有操作性。当然，如果能够从学习策略、自我监控角度进行训练，可能更为有效，这就需要专业力量的指导。

### 学业不良与学习障碍

如前所说，学业不良学生，这是前苏联教育界常用的一个术语，指的是学习成绩低下的学生。学业不良的确定与评价的参照系有关，根据不同的评价标准，学业不良可分为相对学业不良、绝对学业不良和成绩不足三种类型。②

---

① 本案例由王霞、金婷婷老师撰写，选自胡晓华：《学生心理辅导案例精选》，浙江教育出版社 2005 年 7 月版，第 143 页。

② 钱在森等：《学习困难学生教育的理论和实践》，上海科技教育出版社 1995 年 6 月版，第 5—6 页。

（1）相对学业不良。即以一特定群体的平均成绩作为参照标准，明显低于平均水平的为相对学业不良。按照这种方法，每一所学校、每一个班级都可以区分出比例大致相同的学业不良学生。这种界定的缺陷在于，学业不良的划分，随着班级情境变化而变化，一个学生在重点中学是“学业不良”，而到了普通中学就可能不属于“学业不良”。这种人为划分很不合理，总要打击一部分学生的学习积极性。

（2）绝对学业不良。以规定的教学目标作为评价的参照标准，达不到教学目标者为绝对学业不良。这里的目标，是指各年级、各门学科领域可以期望学生达到的水平。这种界定虽比相对学业不良合理些，但也不是没有问题。关键在于基本标准（目标）如何定，一般认为，有三种目标：

一是最大限度目标（maximum standard）或乐观值（optimistic value），就像用9秒钟跑完100米那样。人的能力是有限的，该目标近似于“极限学力”的概念。

二是中间目标（medium standard）或最优值（most littely value）。这是教师和学生均期望通过努力达到的最恰当的水准。

三是最小限度目标（minimum standard）或悲观值（pessimistic value）。在教学过程中，只要未达到最小限度目标，就不能进入教学的下一个过程。因此，凡未达到最低限度目标的学生，原则上都得实施辅导或干预。

可见，绝对学业不良学生的划分与确定的目标本身是否妥当有关。换言之，若目标定得过高，将会出现许多学业不良儿童；若目标定得过低，则又会减少许多“学业不良”儿童。因此，目标水准的确定，成了左右“学业不良”儿童发生率的关键因素。另外，立足于绝对学业不良观，并没有对每一个学生的个人因素及条件作充分的考虑。在这种观点的背后潜藏着这样一个观念，即把一切儿童的学习能力和条件一律视为同等的。

（3）成绩不足。以个人的能力水平为评价的参照标准。如果学生的实际学业成绩，明显低于从其能力来看应达到的水平，这种现象称为成绩不足。例如，某学生的智力水平在该年龄段中属较高水平，而实际学习成绩呈中下水平，可认为是成绩不足。这种界定着眼于每个儿童固有的潜在能力，从每个儿童个人自身中去寻求问题的答案，比较符合尊重儿童个性的教育精神。

学习障碍“是指这样一个异质群体，这些人在获取和利用聆听、说话、阅读、书写、推理和数学能力方面，表现出显著的困难，这些异常起因于个人内在因素，一般认为是中枢神经系统功能失调。虽然某种学习障碍也可能伴随其他障碍（如知觉损伤、智能不足、社会和情绪困扰），但学习障碍并非由这些因素造成的。”①

对学习障碍定义的几点说明：

（1）学习困难的表现症状，侧重于心理过程的异常。具体包括学业性障碍（如阅读、书写、拼字、计算等）和发展性障碍（如注意、记忆、推理和视动协调等）。上述学习障碍的定义比较具体，便于诊断分析。但对鉴别的要求较高，需要相应的鉴别各种障碍的工具。

（2）学习困难的原因，强调个体内部因素，特别是神经生理方面的（主要指中枢神经系统功能失调）。上述两个定义都侧重于从病因学的角度，寻求对学习困难现象在神经病学方面的解释。也就是说，是由于神经生理的问题影响脑的功能，造成学习障碍。但迄今为止，中枢神经系统功能障碍说，尚未得到有力的证据支持。针对这类不足，盖尔斯（Goles，1987）提出了“相互作用理论”，认为学习困难的原因是由于个体与其所处的社会环境相互作用的结果，包括建构知识、态度、价值和动机取向。在学校和家庭都有这种相互作用发展。有的学者认为，相互作用论用来解释一般的学习问题比特殊的学习困难更有效，它更适用于低成就学生，而不是儿童。

（3）在各种学习障碍的定义中，都竭力把学习障碍与学业不良加以区分。因为造成学业不良的，有可能是学习障碍引起的，也有可能是学生动机和态度的问题。我认为这两者是包含关系，学业不良概念中可以包含学习障碍概念。

**学习困难学生心理特点**

学习困难学生一般心理特点包括神经心理、认知心理、情绪与动机，以及心理健康等方面。这里着重介绍认知特点与情绪、动机特点。

1. 认知特点

——注意缺陷。相当一部分学习困难学生有注意缺陷，尤其是在选择性注意方面，他们在上课时很难把注意力集中到老师的讲课内容上，容易

---

① 钟启泉：《差生心理与教育》，上海教育出版社1994年12月版，第5项。

受外界干扰，注意力分散。

——记忆缺陷。短时记忆容量较一般学生低，记忆效果差。长时记忆信息编码困难，影响其形成系统的知识结构。

——元认知水平低。元认知的英文叫 metacognition，又译为反省认知，是描述人对自己认知过程的自我意识和自我调节、监控的术语。这一术语最初是由弗雷威尔（Flawell，1976）提出，它强调信息加工过程中个人的主观意识。元认知对整个加工过程起着控制执行的作用，是影响个体能否有效地加工信息、解决问题的关键。我们的研究也表明学习困难学生的元认知技能明显不及其他学生。学习困难学生在对自己学习过程中问题与错误的监控，以及对自己学习结果的评估等四个项目上，同学习优、中等生存在明显差异。

2. 情绪与动机特点

学习困难学生同一般学生相比，他们存在更多的情意障碍，诸如成就期望很低，学习上缺乏胜任感、好奇心，懒散成性。他们容易产生归因偏差，常常把失败归之于能力不足，因而自卑自弃，畏学、厌学乃至逃学等等。①

学习困难按照不同的学科领域可以分为阅读困难、写作困难和数学困难等。从学习困难的研究领域的发展来看，越来越关注学科领域学习困难的研究和干预，这使研究和干预更加精细化和有针对性。以阅读和数学为例：

（1）阅读困难

国外拼音文字阅读障碍的临床特点为：学生没有智力发展迟滞，但到了应学会阅读的年龄（学龄）不会阅读，主要是认读、拼读准确性差和/或理解困难。表现为字母、单词分辨、读音准确性差，再认困难、拼读、拼写错误、朗读不流畅，常常出现省略、停顿、歪曲、添加或替代，不能默读，读完后不能理解、回忆所读内容；短语、音节划分不准确，阅读速度慢、重读同一行或跳行等。

汉语儿童阅读技能障碍的临床表现形式大致相似，但因单音节象形文字特点而有所不同，主要为汉字形-音、形-义解码识别的准确性、速度障碍

① 胡兴宏、吴增强等编：《学习困难学生的特点和成因探索》，上海科技教育出版社 1993 年版，第 194—206 页。

和/或词句阅读理解困难，此外，凡是需要阅读技能参与的日常生活和作业均明显受累。①

（2）数学学习困难

——视觉—空间能力不足。其语文智商高于操作智商，有适当的数的观念和数学的基本知识。其数学上的错误是数目字书写不清楚，算术排列组合不正确，去除法计算时不会使用“零”错位，数目序列颠倒写（如38写成83），省略小数点等符号（由于注意力不足），计算方式错误（该用乘法的用加法，无法自发地核对与审查自己的计算过程和答案），有些有视觉活动的困难，而难以在墙上挂图或挂时钟，写字方向有问题等等。

——数学逻辑能力不足。这类儿童非语文概念和内在语言不足，虽然他们的计算结果往往正确，但其计算能力是机械式的，他们不知道要采用何种方法计算，要从哪里开始算起。他们对时间、金钱和测量的理解不足，由于他们难以理解算术的基本概念和运算方法，因此，计算机对他们并无多大帮助。他们的推理能力欠佳，必须依靠应用题中的提示字句来解题，没有提示字句就不会做应用题。

——数学概念不足。他们因语文理解问题而形成数学障碍，他们很难了解符号和数学术语（例如，百分比、小数、分数等），不会做算术应用题，特别是应用题的文句中没有提示及字句时。

——成绩不足，这类学生的语言智商和非语言智商之间并无显著差距，不过成就测验成绩偏低。其数学错误包括计算结果与过程的错误、九九乘法表学习困难、阅读障碍，并有实际生活上的数学问题等等。②

## 学习困难学生干预概览

### 1. 学习策略训练

学习困难儿童学习策略方面的干预主要集中在自我管理训练、基于PASS理论的学习策略训练和合作性问题—解决团队训练。

自我管理训练，是指主动的学习者在对影响学习的各种因素及其关系的认识基础上（亦即在元认知的基础上），对学习活动进行调节和控制，以便达到一定学习目标的过程。瑟洛认为，学习策略有两种基本成分：一种

① 杨志伟：《儿童学习障碍临床诊断与评估》，《中国临床心理学杂志》1999年第3期。

② 杨坤堂等：《学习障碍儿童》，（台）五南出版公司1995年8月版，第358—363页。

是基本策略，即学习者对学习内容的领会和记忆策略；另一种是辅助性策略，即学习者为了维持学习活动的正常进行，而采用的诸如学习计划与安排、学习过程的自我监控等策略。在一般情况下，大多数学习困难儿童具备基本学习策略，而缺乏辅助性学习策略，他们在学习过程中往往不会制定计划，自我管理能力欠缺。研究表明，学习困难儿童的潜能与实际表现之间的差距，主要是因为他们不会使用有效的学习策略，如果提高其学习策略使用水平，培养他们的自我管理能力、认知策略，其学习状况是能够改变的。

基于 PASS 理论的学习策略。PASS 理论认为，计划、注意、同时性加工和继时性加工是认知过程的 4 个环节。注意是同时性加工和继时性加工的定向与维持，同时性加工和继时性加工是信息编码的执行过程，计划对认知过程起着监控、评价与调节的作用。这 4 个环节既相互独立又相互联系，在人的智力活动中共同发挥作用。纳格里尔瑞等人的研究发现，PASS 的每一个过程与数学或其他学科的成绩密切相关。其他许多研究也表明，儿童的 PASS 构建过程与特定干预方法的有效性有关，如纳格里尔瑞等发现，学生都不同程度地受益于基于 PASS 理论的干预方法，如果干预方法符合学习困难儿童的认知特点，干预效果会更好。克罗斯伯格等还运用基于 PASS 理论的干预方法研究 PASS 过程同数学学习成绩之间的关系，结果发现，数学学习困难学生在计划方面有欠缺，如果对该类儿童进行特殊的干预，将会取得较好的效果。但是克罗斯伯格等的研究结果并没有证明以往研究的结论，他的解释是，该研究没有像以往研究那样更注重计划过程的干预。克罗斯伯格的这个解释如成立则表明，运用 PASS 理论对学习困难儿童的认知过程进行特殊干预会促进儿童的学习。但是，这种解释是否合理还需要实证研究的支持。

合作性问题—解决团队训练。约瑟夫指出，合作性问题—解决团队训练可以有效地解决儿童的学习困难，提高他们的学习成绩。合作性问题—解决团队主要是采用合作性的、集体讨论式的干预方法，讨论可能的解决方案，以帮助学习困难儿童解决学习方面的问题。合作性问题—解决团队至少包含两个学生，每个成员必须是自愿参加的，在整个讨论过程中，每个成员要积极合作，参与讨论。他认为，合作性问题—解决团队实施过程包括 9 个步骤：设定目标、分析任务要求、集体讨论、选择策略、设计数据收集方法、实施策略、监控过程、评价结果、修改策略。

2. 课堂策略教学

这是教师运用多种多样的教学方法，满足学习困难学生独特的学习需要的一种课堂教学策略。兰姆等认为，策略教学法的运用要基于3个原则：

①给予儿童练习具体策略的机会。

②在练习过程中，应给予明确的指导。

③教师要把练习结果反馈给儿童。

根据这3个原则，他们对学习困难学生进行了12周的适应新情境的策略训练，结果表明学生的适应策略、阅读能力和智商有了明显的提高。佟月华也提出了相类似的原则，她认为，运用策略教学可以帮助学习困难学生学会如何学习，具体步骤为：

①由教师根据学生需要选择相应的学习策略。

②教师对学习困难生进行简短集中的课程传授并向学生讲解有关的策略步骤。

③让学生练习使用。

④回到正常学习中学习并运用这些策略。

策略教学要进行如下的内容：知识的内在逻辑、日常测验、重复练习、有计划的复习、任务的分解和综合、指导性提问和回答问题、任务难度的控制、现代科技的使用、教师示范解决问题的过程和方法、小组教学、提醒学生使用策略等。

3. 认知—行为训练

认知—行为训练是人们在安全环境下表达想法和感情的重要技术。认知—行为训练对于改善学习困难儿童的不良行为起着重要的作用。王岚运用心理指导技术，借鉴“认知—行为”训练的干预模式，编制了《学生学习指导手册》，以计划、执行、检查、补救、总结和反馈为训练内容指导学生改进学习方法，也取得了一定的教育效果。

陈学锋等也提出了一种建立在现代认知理论基础上综合性学习困难儿童干预训练方法，训练内容包括认知能力训练、运动能力训练和个人与社会能力训练。训练步骤分为：小集体训练、编教案、实施训练、评价与反馈4个方面。结果发现，干预效果是令人满意的，而且家长的教育观念也随着孩子的训练发生了积极的变化。

4. 综合干预

综合干预是将个体干预、家庭干预、学校干预结合起来进行干预。现有的文献表明，医学系统对学习困难学生综合干预做得比教育系统活跃。以下的干预研究均为医学部门主持的。

史慧静等对学习困难学生开展了一系列学校、家庭内的心理健康教育和具体的心理辅导。经过两个月的干预后发现，干预组较对照组儿童的行为问题减少，学习成绩提高，家长的教育方式改变，逐渐向情感温暖理解型过渡。

苏萍等对30名7—10岁的学习困难儿童进行个体化教育，内容包括感觉统合、精细运动、生活技能、认知能力训练和行为、游戏、音乐疗法、父母教育等，为期15年，结果表明，学习困难儿童在感觉统合和学习成绩方面基本达到正常儿童水平。

陈美娣等运用教育干预、家庭干预、学校干预和心理辅导综合干预，综合干预1年后，干预组语文和数学学习成绩及智商均有明显提高，与对照组比较有显著差异。

林桂秀等运用认知训练、行为干预和感觉统合训练相结合的方法，对6—12岁的31例学习困难儿童连续干预1年。干预后，儿童的推理能力得分、视觉—动作统合能力得分显著高于干预前，视觉注意力数字划消测验错误率明显降低，听觉注意广度和记忆也显著提高；Conners量表多动症总分在干预后的3个和6个月及1年均有不同程度的下降，与干预前比较差异显著；学习成绩明显提高达87%。由此认为，运用认知训练、行为干预和感觉统合训练来综合干预儿童的学习困难，可以改善学习困难儿童认知、心理、情绪等多方面的症状，使视功能、听功能和大脑功能均得到刺激和提高。①





**学习困难学生辅导建议**

1. 学会对学习困难学生进行鉴别

学习困难学生的鉴别，可以参照三条标准：

智力标准。这个标准主要是为了排除弱智和低能儿童。美国学习障碍

① 冯彩玲等：《学习困难学生的干预》，《中国组织工程研究和临床康复》2007年第11期。

儿童的鉴别标准一般将智商的下限定在90—95，智商低于这一范围的不属于学习障碍儿童，而要划入专门的弱智教育。这个标准似乎太高，我们确定，智商的下限大约在70—75。

学业不良标准。这是一个相当有弹性的标准，争论颇多。我们则采用绝对学业不良与相对学业不良相结合的方法确定学习困难学生，即以代表性较好的样本的学科统测平均分为参照标准。学科统测是根据教学大纲命题的绝对评价，而以低于平均分25个百分等级为划分学习困难学生的标准是相对评价。两者结合也是一种确定学业不良标准的方法。这里要注意学科测试的内容效度和样本的代表性，如果这两点或者其中的一点得不到保证，划分的结果就可能不可靠。

学习过程表现异常。学习过程是学生知觉、接收信息、加工信息、利用信息解决问题的认知过程。学习困难学生在这一过程中往往会在某些方面明显地表现出偏离常态的行为。

2. 学会评估与分析

当我们就学习困难学生的某个问题进行诊断时，常常使用一些具体的评估方法。常用的有：课堂行为分析、作业错误分析、作品分析以及教育会诊等。

（1）课堂行为分析。学生在校的主要活动场所是课堂，学生的课堂行为往往反映了其身上的学习障碍。利用事先设计的课堂行为观察记录所获得的资料，可以分析学生如下行为：①对教师讲课的反应。有些学生似乎也在听教师讲课，但对教师讲课内容反应迟缓或者毫无反应。究其原因，一种可能是听不懂，有知识障碍；另一种可能是分心，思想不集中。究竟属哪一种，教师要具体分析。②课堂作业时的反应。学习成绩好的学生常常能有效地完成这些作业，而学习困难学生则常常很困难，有时为了表明自己不落后也会胡乱做一通，或者随声附和。这个问题的症结，一方面是因为学习困难学生的学习基础差，另一方面是因为课堂上统一的教学要求使他们难以适应。所以，教师布置课堂作业也要因人而异，实施分层作业。同时，要多当场检查学习困难学生作业情况，及时了解他们的学习情况，防止他们学习上“含混过关”。③不安定的课堂表现，包括心神不定、随便讲话、做小动作、骚扰邻座、起哄等不良课堂表现。这方面的原因就更多了，如自控能力差，或因与老师关系紧张存心作对，或是其他原因等等。

④回答问题时的表现。有些学生怯于回答问题，上课总是默不作声，可能是起因于学习退缩倾向；有些学生回答不得要领或语无伦次，则可能在问题理解或言语表达上有问题。总之，学生在课堂上的表现是多种多样的，教师要善于把学生各种异常表现归类，找出其症结所在。

（2）作业错误分析。学生在做作业的过程中总会犯这样或者那样的错误，如果把这些错误系统地加以整理，可以分析出一些带有规律的问题。比如，学生计算数学题常常会算错，专家认为这是因为学生使用了有毛病的程序。

（3）作品分析。是指老师通过对学生自述性作品进行分析了解其内心想法，包括自传体作文、日记、周记、思想小结、学期总结和犯错误后写的检查等。如果教师能指导学生，写得具体并符合实际，避免空洞套话，学生的自述往往就是一种有价值的资料。越是与教师关系融洽、对教师信任的学生，在自述中越能反映其内心世界。

（4）教育会诊。这是由班主任、任课老师、辅导人员等参加的对学习困难学生进行集体会诊的一种方法。有时可以吸收家长、有关的同学，甚至学生本人参加。会诊之前，应该将有关学生的材料分发给会诊者，便于事先准备会诊意见。会诊时，先由主诊者扼要介绍学生情况。然后请与会者充分发表意见，分析学生的主要问题、产生原因、可以运用的有利条件，讨论与制定教育干预方案等等。最后达成比较一致的会诊意见。会诊内容是多方面的，可以对一个学生的问题会诊，也可以是对某一类学生的问题会诊；可以是综合性的问题，也可以是就某一专门的问题，如某一学科学习、某种不良倾向等进行会诊。教育会诊的优点之一是能比较全面地反映学生的问题。会诊者大多应是某门学科的教师，他们可以分别从该学生在本门学科的表现情况来分析问题。这样便于其他会诊者掌握学生的全貌，包括长处与短处。优点之二是能够形成比较适切、完善的会诊意见。在教育会诊中，会诊者相互交流诊断意见，也是相互启发、相互补充达成一定的共识的过程。它使会诊意见更完善、更合理，也便于提出适切的干预方案。特别是有专业人员参加，可以使会诊更具科学性。

3. 制定个别干预方案，进行干预

具体制定时班主任应该与学生及家长共同协商，形成契约性计划。

干预方案的目标要有适切性和可操作性，例如，某阅读困难学生经评估发现其上课精神不振作，思维懒惰，依赖性强。于是班主任制定了以下目标：①上课思想集中，专心听课，每堂课都能发言。②阅读课文要认识生词，读通文章，朗读顺畅。③独立完成作业，不抄袭别人作业，作业整洁，书写端正，不写错别字等等。

干预措施要有针对性。根据学生具体学科困难和心理问题制定相应的辅导措施。例如，某数学学习困难学生经评估发现其数学推理能力较差，知识障碍是因式分解和应用题，并且有害怕数学学习的情绪。针对这位学生的干预措施是：①班主任找他个别谈话，增强其信心。②复习初一下学期因式分解课程（4 周）。③复习初一下学期应用题解法（6 周）。④鼓励其上课发言。⑤将每次成绩书面通知家长。

# 第五章

# 破解青春期烦恼

“哪个少男不怀春，哪个少女不钟情”，这是大文学家歌德描述青少年性萌动的一句名言。儿童期的男孩和女孩之间，很少有性别差异的感觉，常常可以亲密无间地共处。随着青少年生理上的性成熟，他们在心理上也产生了微妙的变化，男女青少年之间开始有了对异性的神秘感，和对性的好奇心。有的还会因对自己身体、生理上的突变心理准备不足，产生羞怯、紧张、焦虑等。

长期以来，性教育、性心理辅导在我们许多学校是“禁区”，无人问津。然而，随着现代社会的开放，大众传媒特别是互联网的出现，五光十色的信息扑面而来。学校、家庭正面的性教育还没有开展，而社会上的负面影响却在时时刻刻影响着我们的学生。因此，学校、家庭开展性教育、开展性心理辅导刻不容缓。

本章结合案例讨论以下问题：

青春期体像烦恼辅导

青春期异性交往辅导

性别角色辅导

# 第一节　青春期体像烦恼辅导

比起童年期，青春期的学生更加关注自己的形象。罗马尼亚有首民歌叫“照镜子”，就是唱一位花季少女在镜子里欣赏自己美丽时的心情。有不少学生常常因为对自己的形象不满意而产生烦恼。例如，脸上长了“青春痘”，女孩胖了点儿、男孩矮了点儿等等，都会使学生觉得比别的同学矮了半截。这就是青春期的“体像烦恼”。

**【案例】胎记并不影响我的美丽**

### “梅超风”的苦恼

吴娜是个高中女生，皮肤白皙、五官端正，长得很清秀，但就是右前额处有个硬币大小、深红色的胎记，这使她心里很烦。小时候胎记小一点，随着年龄的增长，胎记逐渐变大，于是到中学，她便梳起长长的刘海儿，这样可以遮盖胎记。班上男生看她天天把右脸遮得严严实实，并且经常低着头走路，便给她取了个 外号——“梅超风”。

她第一次走进我的心理辅导室时情绪忧郁，讲道：有一次她在寝室里洗头时，被同学发现了脸上的胎记，同学说，“原来你这里有块胎记啊，难怪都把右脸遮上”。自那以后，她几乎天天晚上做噩梦，梦里有个异常丑陋的老太婆指着她的胎记说，“你比我还丑，你比我还丑……”讲到这里，吴娜潸然泪下。我对她进行了一番安慰，待她情绪平静下来了，给她布置了回家作业：让她把对自己长相不满意的地方写在纸上，用“虽然……但是……”造句。老师示例：虽然我长得比较胖，但是我很健康。①

## 自信的女孩才是最美丽的

第二次辅导时，我直接从上次留的作业开始。吴娜对自己长相不满意的地方很多，写了很多条。比如“虽然我的眼睛不大，但是却很有神”、“虽然我的鼻子不够高，但是和其他部分比较协调，显得挺可爱”、“虽然我的脸形不是我梦想的鹅蛋脸，但是皮肤还不错”……其他的造句都完成了，但是还有一句只完成了一半，这句位于所有句子的最上方，那就是“虽然我脸上有块胎记，但是……”，看来她还是对脸上的胎记耿耿于怀。

我一面跟她解释这是一种青春期的体像烦恼，让她认识自己的问题；另一方面向她讲了著名主持人李霞的故事：李霞是圈内外公认的美人，然而小时候却很为自己的长相苦恼。她曾经这样描述自己：“上初中的时候，每次拿到电影演员龚雪的画报，我就幻想着如果有一天有了钱，要整容成龚雪的样子；后来又迷上了李嘉欣。慢慢地，发现很多人认为我这种类型的长相也很漂亮、很可爱的，才逐渐接受了自己。上帝把每个人都设计得很奇特，世界上没有两片相同的树叶，当你发现自己与众不同的地方，你就会觉得自己真的很美丽。”

“是啊！世界上没有两片相同的树叶，当你发现自己与众不同的地方，你就会觉得自己真的很美丽。”她重复着这句话，颇有感触。这时，老师顺势启发她换个角度看问题，当我们无法改变现实的时候，就需要通过改变想法来改变情绪。并且要求她继续做没有完成的造句。

第三次来到辅导室时，吴娜的情绪明显好多了。她高兴地说：“老师，我不但完成了作业，而且是超额完成的。”说着便将一张纸递了过来。我接过来一看，是上次的有关造句的作业，上面共有五句话，都是有关胎记的：

①虽然我脸上有块胎记，但是很幸运，因为它长在了发际处，而不是脸中央。

②虽然我脸上有块胎记，但是很幸运，因为它只有硬币大小，而不像碗口一样。

③虽然我脸上有块胎记，但是很幸运，因为它只有一块，而不是像雀

① 本案由刘鹏志老师撰写，略作删改，选自钟志农等：《高中生心理辅导案例解析》，华东师范大学出版社2007年8月版，第87—92页。

斑一样长满了脸。

④虽然我脸上有块胎记，但是很幸运，因为它并不像病痛一样会给我带来痛苦和不便。

⑤虽然我脸上有块胎记，但是很幸运，因为它并不影响我的美丽。

看了她写在纸上的五句话，我真的为她感到骄傲。于是我又向她提出了一个建议："其实你完全没有必要遮遮掩掩，剪掉刘海儿可能会更好。"

过了几天，她非常骄傲地告诉我，同学们都说那颗胎记长得真好，像插在发际的一朵淡雅的小花。也许自信的女孩才是最美丽的！

刘老师对这个案例的处理，体现了辅导人员的专业水平。除了帮助吴娜进行情绪宣泄和进行启发式谈话外，运用造句来帮助她换个角度看问题，是颇有创造性的辅导方法。在吴娜造句做到一大半，离关键问题解决仅半步之遥的时候，刘老师讲述了主持人李霞的故事，李霞的话触动了她的心灵。这个故事起到了催化当事人感悟的作用，辅导老师的机智表现得非常自然。最后建议的提出水到渠成。无怪钟志农老师评论"这个案例做得如行云流水、很顺畅"。

**什么叫体像烦恼**

体像（body image）或称躯体意像，是指个体对身体的主观感受，它包括了我们对自己身体的知觉、想象、情感与物理特征的感知等。青少年的自我体像是其对自我身体的认知评价，是个体的自我系统中最早发展起来的部分，是整个自我意识的基础。

个体的体像心理状态一般可以分为三种类型：第一，正常的体像心理；第二，体像烦恼（body—image troubles），这是一种由于个体自我审美能力偏差致使自我体像失望而引起的烦恼；第三，体像障碍（body—image disturbance），这是个体想象客观上不存在的体貌缺陷并因而痛苦的一种心理症状。可见，体像烦恼是一种介于正常体像心理和体像障碍之间的心理困惑，比体像障碍更具有普遍性。[①]

高亚兵、骆伯巍对3121名大、中学生进行抽样调查，结果表明：目前，

① 赵晶：《青少年体像烦恼述评》，《社会心理科学》2006年第6期。

有22.3%的青少年学生存在体像烦恼，其中7.6%的学生存在形体烦恼，8.9%的学生存在性别烦恼，5.2%的学生存在性器官烦恼，5.1%的学生存在容貌烦恼。体像烦恼的发生年龄与体像障碍一样主要集中在青少年时期，但体像烦恼的发生率却要远远高于体像障碍，这种现象在青少年学生身上发生得更为普遍。体像障碍的流行病学调查发现：体像障碍主要集中在18至25岁，大学生发生率最高（5.62%），中学生次之（2.63%），成人最低（2.36%）。①

### 体像烦恼对学生的影响

研究发现，青少年学生体像烦恼对其自尊、社会交往、情绪以及学习积极性等均有消极的影响。

1. 体像烦恼对自尊的消极影响

按照美国心理学家James的观点，整体自我概念包括身体自我、社会自我、心理自我和纯自我概念等四个方面。对自我总体价值的情感上的评价就形成了个体的自尊，即自尊是个体的整体自我价值感。高自尊的个体对现实的自我持肯定的正面评价，自信，较满意自己，对自我的情感体验是积极的。而低自尊的个体则相反，对自己持负面的消极评价，对自我的接纳程度低，对自我的情感体验是负面的。国外有研究认为体像与个体的心理因素有关，特别是与个体的自信等相关。高亚兵等研究表明：青少年体像烦恼与自尊呈显著负相关，这说明青少年身体自我概念是整体自我概念中的一个重要的组成部分，如果青少年对自己的身体不满意，对整体的自我概念会有消极影响。但他们的研究也发现，随着年龄的增长，青少年体像中与整体自我价值感相关的内容呈现减少的趋势，如初中生形体烦恼、性别烦恼、性器官烦恼、容貌烦恼四个方面与自尊均呈显著负相关，高中生在形体烦恼、性别烦恼、容貌烦恼三个方面与自尊呈显著负相关，而大学生只在性别烦恼、容貌烦恼两个方面与自尊呈显著负相关。这说明身体自我虽然在整体自我概念中是一个重要的基础部分，但从初中、高中到大学，随着青少年年级的升高，身体自我在整体自我概念中所起的作用在减小。分析原因，我们认为可能是初中阶段是大部分学生进入青春期的时候，

---

① 高亚兵等：《论青少年学生的体像烦恼》，《浙江教育学院学报》2007年第1期。

身体的变化是最为明显的特征，因此，对初中生来说对自身体像的满意程度对其整体自我价值感的影响较大，而随着学生年龄的增大，身体越来越趋于成熟，尤其到了大学，几乎所有学生的身体已成形，对身体自我的关注度在下降，而对自己在群体中的地位、角色以及与他人的关系的社会自我和自己的智力、情绪、性格、气质、兴趣爱好、价值观、人生观等的心理自我的关注度在上升，因而，青少年学生体像烦恼对其自尊的影响会随着年级的升高而减小。

2. 体像烦恼对社会交往的消极影响

有体像烦恼的学生会因为对自己体像的自卑而导致不能与别人尤其是异性从容、自信地交往，他们常常表现为不主动与他人交往，甚至处处回避与他人交往，有时在不得不与人交往时内心会产生苦恼和焦虑，由于不能适应与他人共处的环境，因而容易造成社会适应不良。高亚兵等对青少年进行了体像烦恼和社交回避及苦恼的相关研究，结果发现有体像烦恼的青少年回避社会交往的倾向与人际交往时产生的苦恼感受都要超过无体像烦恼的学生，在形体、容貌、性别、性器官等体像中，青少年由于对性器官不满意而产生的烦恼最容易导致社交回避和人际交往苦恼和焦虑。

3. 体像烦恼对情绪的消极影响

有体像烦恼的学生平时较多体验到的是消极情绪，他们觉得生活不快乐，整日里茶不思、饭不想的，郁郁寡欢。如我们对青少年体像烦恼与情感平衡性的相关研究发现，青少年体像烦恼与其负性情感之间呈显著正相关，而与正性情感之间的相关不显著。这说明体像烦恼主要与负性情感有着较为密切的关系。我们将学生的情感平衡性得分进行比较，发现有形体烦恼、性别烦恼、性器官烦恼、容貌烦恼的青少年，其负性情感分值均极显著地高于无体像烦恼者，这说明有各类体像烦恼的学生会较多地表现出负性情感。

4. 体像烦恼对学习积极性的消极影响

有体像烦恼的学生由于平时将时间和精力过多地花在刻意追求模特般的身材和影星般的容貌上，因而不仅会占据许多本来可以用于学习的时间，而且会导致学习兴趣下降、学习成绩下降。高亚兵等研究发现，有体像烦恼的学生的学习积极性得分极其显著地低于无烦恼者。具体而言，容貌烦恼者的学习积极性得分值最低，与无烦恼者学习积极性的差异也最为显著；其余依次为性器官烦恼和形体烦恼。因此，容貌烦恼、性器官烦恼、形体烦恼是对青少年学习积极性产生消极影响的主要体像来源。①

**体像烦恼辅导建议**

1. 在心理健康教育中增强体像辅导的分量

有关研究表明，青少年学生对自身形体、性器官、容貌等都存在一定比率的关注度，且有体像烦恼者对体像的关注度要显著地高于无体像烦恼者。对自身体像适度关注是必要的，但是青少年如果对自身体像过度关注，且即将或已经对自身的自尊、社会交往、情绪情感、学习积极性等方面产生消极影响，就不得不引起教育工作者的高度重视。对青少年学生的体像辅导应该包括：引导青少年学生树立正确的审美观、正确认识青春期自我体像、接纳自我体像以消除体像烦恼等内容。

2. 根据学生的性别特点开展体像辅导

尽管研究发现，有体像烦恼的女性比率极其显著地高于男性，但青少年学生的各类体像烦恼对心理的影响却存在着性别特点。从形体烦恼、性别烦恼角度讲，女性青少年的形体烦恼比男性青少年明显、普遍。具体表现为，无论是采用过减肥措施的人数比率，还是实际的形体烦恼，均是女性青少年的发生率高于男性青少年。另外，在性别烦恼方面，也是女性青少年较男性青少年明显。这提醒我们在开展体像教育时，针对女性青少年，主要内容应该突出对她们进行形体及性别正确认识、接纳方面的教育。从性器官烦恼这一角度讲，男性青少年有性器官烦恼的发生率高于女性青少年，且随着年级的增高，男性对自身性器官的不满意率在增大。尽管导致这一现象的原因目前尚不清楚，但有一点是可以肯定的，教育男性青少年正确认识并接纳自己的性器官是体像教育的一项重要内容。同时我们还研究发现，有体像烦恼的男性青少年自尊的得分显著地低于女性，说明体像烦恼对男性自尊的影响也比女性更大。因此，体像教育应对男性青少年体像烦恼对其整体自我价值感的负面影响应作重点的有针对性的辅导。

① 高亚兵等：《论青少年学生的体像烦恼》，《浙江教育学院学报》2007 年第 1 期。

3. 对已经存在体像烦恼的学生进行个别辅导

教师对于有体像烦恼的学生进行个别辅导，应该要了解引起学生体像烦恼的心理原因（或者动机）是什么。不同的学生会有不同的解释。但其深层的人格因素是自我认同的问题。解决体像烦恼问题最终要提高其自我认同感。当然，具体操作时所使用的策略可以因人而异。一般的班主任可能达不到本节案例刘老师这样的专业辅导能力，但可以从这个范例中得到启发，在实践中尝试应用心理辅导理论与技术解决学生体像烦恼问题。

## 第二节　青春期异性交往辅导

进入青春期的中学生，随着性生理发育、性心理发展、性意识萌动，他们对异性充满了好奇心和神秘感。他（她）们对异性产生爱慕之情，愿意互相接近。少男少女之间会产生“一见钟情”的爱，这种两性间以自然吸引为基础而产生的情感，是性爱心理发展的原始阶段，是一种朦胧的对异性的眷恋和向往。班主任要了解青春期学生的这一特点，帮助和引导学生学会正确的异性交往。在健康的群体交往中，满足少男少女的心理需求，释放青春的能量，平稳躁动的心灵，获得与异性相处的积极经验。

**【案例】一个男孩的情感故事**

他喜欢上了邻班的女孩

当小琪告诉我他喜欢上了邻班的女孩时，正闷闷不乐地倚在走廊的窗前。我轻轻地问他：“怎么了？那么不高兴？”小琪摇摇头说没什么。我说：“不像没什么事儿。你是个不会掩饰的男孩子，有什么都会在脸上显露出来的。有什么烦心的事，能和我说说吗？说出来会觉得好一些，也许我还能给你些意见。”小琪想了一会儿，开始告诉我发生的事情。

在选修课上，小琪认识了邻班的一个女孩儿，坐在他的斜对面，美丽文静，留给小琪很好的印象。一次，小琪对身边的同伴说，不知道这个女孩儿叫什么名字，同伴不经小琪的同意，写了张纸条给女孩儿，上面写着：“小琪挺喜欢你的，想知道你的名字。”纸条给女孩儿的同桌看见了，很起劲地将写好女孩儿名字的纸条传了回来。打那以后，年级里便盛传小琪喜欢某某的

"故事"。只要小琪一路过邻班，便会有人大声喊女孩的名字，弄得十分尴尬。

我一边听一边点着头，小琪说完，我问他："那你对女孩是什么感觉呢？"

"我挺喜欢她的。"小琪很不好意思。

我又问："你喜欢她什么？"

小琪想了想："她挺文静的，不像其他女孩子那样疯疯癫癫，反正看上去很舒服。"

"嗯，我也挺喜欢这样的女孩子。还有其他的吗？她为人怎么样？待人友好吗？做事认真吗？她能和你合得来吗？"

小琪犹豫地摇了摇头说："我也不太清楚，没和她说过话，只知道她的名字。"

小琪已经隐隐约约感觉到他的喜欢似乎有些"无根无据"。我轻轻地说："人和人之间真是非常有意思，有的人就是看着不顺眼，有的人第一次见面就觉得面善，看着很舒服。我觉得你是很欣赏这个女孩子，欣赏她的一种外在的气质，这并没有什么过分之处。只不过还谈不上什么别的感情，因为你还一点都不了解她，对吗？欣赏一个人是很正常的，我就欣赏很多人，某某的大度、某某的漂亮、某某打篮球的英姿，我都喜欢。再深一层的感情就不一样了，品行气质、为人处世、脾气性格，甚至兴趣爱好，都包含在里面，而且不仅仅是欣赏，还会有包容、爱护、对未来的责任感等等许多成分，这可是需要很长时间的相处、了解才会产生的。你说对不对？所以不用为大家的玩笑话不开心。这个年龄正是很敏感的时候，大家都会特别关注，但只要我们自己心怀坦荡、大大方方，别人反而没什么可说的了。"

"那，同学这么乱说，我会不会给她留下什么不好的印象呢？"小琪不希望自己的形象被破坏。

我很认真地对小琪说："人正不怕影子斜啊，你大大方方，碰到了就打个招呼，不逃避不轻浮，女孩子会看在眼里，她会有判断能力，会知道你是个什么样的男孩子的。"

"我知道该怎么做了。"小琪的脸上露出了明亮的笑容。①

## 陪他走过这段情感历程

小琪生活在一个单亲家庭里，父母离异，他与妈妈、外婆、姨妈、表

① 本案例由张继英老师撰写，选自吴增强主编：《学生心声细聆听——班主任与每一个学生》，教育科学出版社2009年7月版，第69—74页。

姐同住在石库门老房子里，房子很小，小琪睡在搭出来的小阁楼上。妈妈、外婆是麻将迷，除了一日三餐和催促他快做功课外，几乎与他没有别的交流。这样一个生活在畸形家庭里的孩子，特别渴望关爱和感情的交流。同龄人的理解、异性的友情，对于花季少年来说充满着吸引力，对于小琪这样的孩子来说更是弥足珍贵。只是他们有时无法分清感情的不同层次和含义，但我们无法扼杀，更不应该扼杀。与此同时，我也很清楚，花季年龄对异性友情的渴望也不是一两次的聊天谈心便能够导向正确方向的，少年对感情的认识是模糊朦胧的。我决定经常与小琪聊聊。

果然，过了一阵子，小琪很高兴地告诉我，他和女孩子开始聊天了，选修课的课间，他们会很随意地聊聊，有时讨论讨论题目，有时会聊得很多。

我问小琪，通过聊天对女孩子有没有进一步的了解，小琪想了想说："她很温和，学习很认真，还有，她和我一样，爸爸妈妈离婚了，是和妈妈一起住的，妈妈对她期望很高。"从小琪的语气神态中，我感受到了他对女孩子强烈的好感。

在此之前，我特地找了个借口向邻班的老师了解了女孩子的大概情况，并留心关注了一下女孩子的举止行为。我希望能给小琪以真诚公正的建议和引导，也希望能让小琪感受到我对他的重视，更拉近我们之间的距离，使我的引导更能被接受。听完小琪的描述，我微笑着说："嗯，我看过她了。"

小琪很诧异，旋即很期待地问我："你觉得她怎么样?"

我说："我觉得她挺文静的，待人也挺和善的，是个很不错的女孩子。听说她的学习很认真，而且成绩特别好。你们两个共同语言多吗?"

"我们的想法挺一致的，特别是家里的事，有很多时候，她碰到的情况和我一样。"

我抓住这一点，转变了话题的中心说："看来她和你一样。根据家里目前的状况，你自己对今后的发展有什么打算吗?"

小琪毫不犹豫地说："我想自力更生。"

"是啊，如果是我，我也会这么希望的。我想，这自立的第一步就是明年的高考了，你觉得呢?"

小琪点了点头："我想考上本科并住读，毕业以后找份工作搬出去住。"

"对，现在也只有通过自己的努力才能改变目前不如意的生活状态。顺利过好高考这一关，以后的路会平坦一些。我想，女孩子大概也是这么想的吧。”

“是的，她也想独立。她也想考本科。”

“不过现在看起来，你的学习碰到了不小的困难哦，有信心吗？”小琪的学习成绩一直很差，以他目前的情况来看，能不能考上大专院校仍是一个很大的问题。

“只有拼了。”小琪很坚定。

“你是个很聪明的男孩子，只是长期以来没有养成良好的学习习惯，而且毅力不够。现在是高二的期末，只要现在就开始坚持努力，就一定能达到目标。”

趁着这个话题，我和小琪一起制订了分阶段的学习目标和可行的具体计划。

制订完计划，我又将话题转了回来：“我觉得，对于女孩子来说，她现在面对的也是这个问题，通过努力来改变自己的生活状态。她的成绩比较好，学习习惯也非常不错，我倒是挺希望你们能成为好朋友，你们的共同语言比较多，又有共同的目标，可以互相鼓励，还能互相帮助。马上就要进入高三了，时间很宝贵，你们可是一点也经不起耽搁的，如果因为精力不集中而最后落马，达不到你们的目标，那时的后悔会使得连友情都破碎的。特别是你，现在和女孩子之间的差距已经很大了，如果一直没有改观，我很担心你将来的高考，可能只有专科的希望了，这样一来不单你自己的愿望达不到，你和女孩的距离也会越来越远。我想，你也更不愿看到女孩子失败，对吗？互相打打气，憋足劲一起冲过最后一关，那时候便是海阔天空了。”

小琪的表情开始严肃起来，若有所思。这次的谈话，我只字未提“喜欢”二字，在我的话语中不断暗示两人之间仅仅是也应该仅仅是友情，而学生阶段的感情应该是相互帮助、相互促进，使双方向更好的方向发展。我希望通过交谈，小琪能够更清楚地认识到目前最主要的任务是学习，每个年龄段都有自己最重要的事情要做。

相同的经历，相同的心情，使两个孩子真的成了好朋友。他们互相借笔记、讨论题目、聊聊苦恼与快乐，相处得非常融洽。小琪仍然非常喜欢该女孩。我经常找机会与小琪聊聊，问问两人之间相处得如何，学习计划执行的情况怎样，学习上有没有碰到什么困难，我可以帮什么忙，不断提醒他们想要达到的目标。在聊天的过程中，我告诉小琪，异性之间的交往一定要把握好度，过于亲密的接触、单独的约会都是不太合适的。因为这个年龄段自我控制的能力有限，过度的亲密会让友情变味，这么一来会加入很多复杂的情感，也许可以得到很多快乐，但会失去很多原本可以投入到学习上的时间和精力，也就谈不上什么目标的达成了，是得不偿失的。

通过不断提醒和学习计划的有效施行，小琪与女孩始终没有跨越那条感情的“界线”。小琪曾将自己的感情告诉了女孩子，但他们约定，等到两个人都考上了大学“一本”后，再谈感情。我很高兴两个孩子能够理智地对待这份真挚可贵的感情。小琪的学习也有了明显的起色。

## 我一直把你当成最好的朋友

转眼，高考终于尘埃落定。女孩如愿考上了理想的大学，小琪也拿到了本科院校的录取通知书，但没上大学“一本”分数线。所有的人都为小琪高兴，因为他超出了大家的预料。可我知道，小琪心里一定有个角落在叹息。

8月底，小琪来找我了，只见他神情黯然。我泡了杯茶给他，轻轻地问：“怎么了？出什么事了？”过了好长一会儿，小琪告诉我，拿到录取通知书那天，他知道自己没能达到约好的目标，但他还是忍不住问了女孩一个问题：“如果我考上了大学‘一本’，我们会在一起吗？”女孩说：“其实我一直把你当成最好的朋友。”听到这个回答，小琪一下子愣住了，很长时间里，他将两人的约定当成自己努力学习的动力，他以为两个人不能发展感情是因为没有完成约定，没想到女孩子从来没有喜欢过自己。他觉得自己的感情被欺骗了。说着说着，小琪伤心地哭了。

我默默地将纸巾递给他，轻轻拍了拍他的肩膀。这个时候，小琪需要的是发泄心中的难受与伤心。等他逐渐平静下来，我说：“你的心情我很能理解。如果换作我，我也会感到难过的。俗话说，旁观者清。听听我这个旁观者的想法好吗？”小琪点点头。我告诉他，首先，平心静气地想想，你应该感谢女孩子。其实，身边的人都很为你能不能考上大学而担心，拿到这张通知书，有多少人为你又诧异又高兴，大家都没想到这一年你会那么努力，并会有这样惊人的成效。你想一想，如果没有女孩子的鼓励，你能坚持下来吗？如果没有这个动力，你能最终成功吗？别忘了，你一直都想通过努力考上本科，来改变自己的生活状态啊，现在你做到了第一步，是她帮助你做到的。其次，女孩是善良真诚的，她一定很看重你们之间的友情，她不想伤害你，又不想失去你这个朋友，所以会与你作出这样的约定。这一年你们相处得不愉快吗？你没能拥有一份恋情，但你得到了珍贵的友情。其实你们现在这个年龄，正是处在多变的时期，人生观念并没有成熟，更没有定型。我的身边曾经有过多少对同学，都是高中或大学就开始恋爱的，但却没有一对是成功的。因为，每个人都会随着年龄的增长、接触事物的增多，而改变了想法。不成熟的感情不开始就不会有更深的伤害，反倒是件好事。以后你会碰到更多的女孩子，你的想法也会发生变化。就让这一段真诚的感情成为自己美好的回忆，这也是自己的一笔青春财富。另外，我认为，真正喜欢一个人是要让她（他）快乐，是希望对方过得越来越好，而不是索取。

小琪认真思考着我的一番话，我微笑着对他说："感情的事也不是一时半会儿就能想明白的，没关系，自己好好想一想，想想我说的是不是有道理。但有一点，不要让怨恨破坏了美好的生活。"

"我知道该怎么做了，我会调整好自己的。"

新学期开学一个月后，小琪和同学们一起回学校来看望我，一群热情洋溢的新大学生们围在我的身边，兴奋地讲述着大学里林林总总的见闻：老师、同学、宿舍、课堂……小琪的脸上已丝毫不见阴霾，阳光般的笑容向我述说着大学生活的美好。我相信，他已经走出了曾经的感情波折。不远的将来，那支真正属于他的玫瑰必将为他而盛开。

对成长中学生困惑的处理，有一条原则很重要，那就是班主任要无条件接纳对方，不管学生怎么样，都是可以理解的，都是成长中的"一种情况"。老师只要怀有这样的态度，就比较容易"同感"学生，就容易达到案例作者所描绘的那种相当美的境界，去触动孩子心中那根独特的隐秘的"琴弦"，以至于老师能够与学生在声气上形成"共鸣"，更有效地引导、帮助学生。

这个案例讨论的是学生青春期恋情问题。面对这个问题，老师把握得非常出色！老师清楚地知道，青春期的孩子发生或不发生爱慕异性的事情都属于正常的现象。没有什么早不早的问题。中学时代，男女生之间朦胧的情感等长大后想起来可能是最纯真、最美好的回忆。只不过中学生们处于一个尴尬的时期——生理已经成熟，心理还很幼稚。中学生的"恋情"，毕竟是心理不成熟的情感表现，这种"恋情"总是处于连自己都难以把握的变化之中，他（她）们只是对异性感兴趣。如果情感问题处理不好，对情绪、行为冲击过大，势必影响今后的前途和幸福，也可能会成为记忆中的创伤。孩子敏感而稚嫩的心理，需要老师用一颗敏感的心去聆听和调试，与孩子的那根独特的琴弦对准音调。当老师与学生的心灵产生了共鸣，爱情教育的目的就会在这样的过程中得以实现。

本案例中张老师引导的精彩之处在于：老师不是教学生回避恋爱，也不是教学生怎么样谈情说爱，而是平静地引导学生去正面面对这份人生很自然的感情。另外，在陪伴学生一起思考面前的困扰时，老师用的不是我们媒体或“学习资料”里常常喜欢用的大字眼，而是很具体地引导学生去试着思考一下他们不得不思考、不得不去作选择的其他具体的人生内容，如学业压力、高考需要等等。通过思考让学生懂得如何在做人的过程中去拥有人世间这份美好的感情，去获得幸福的人生；引导他去思考爱情这样一个严肃的情感课题，区分感情的层次。在整个过程中，老师试着把解决问题的权利还给了小琪自己，但又让他能够时刻感受到老师的关注和爱护。

**青春期异性交往的特点**

青少年异性交往随着年龄增长，一般会经历以下几个阶段，每个阶段有不同的特点。

1. 异性疏远期

青少年在第二性征出现后的1—2年内，会朦胧地意识到两性差别，彼此显得拘束和陌生。在这异性疏远阶段，两性之间存在着焦虑与紧张不安的情绪，男女同学彼此疏远，即使是儿时的异性好友也少有来往。其实，异性疏远的背后潜藏着对异性差异的神秘心理。这段时间很快就会过去，如果男孩永远停在此心态将会终身遗憾；如果女孩停留在此阶段对异性加以排斥，也许会错失交异性朋友的机会。

2. 异性吸引期

对异性产生好感与爱慕，一般发生在女孩12—13岁、男孩13—14岁以后。两性的外表差异突显出来，正是这种差别产生了吸引力，“同性相斥，异性相吸”，这就是所谓“磁场效应”。这时少男少女一般好表现自己，以吸引异性。男孩乐于在女孩面前显示自己的能力和才华，以赢得女孩的好感和赞许；女孩开始注意修饰打扮，以引起男孩的注意和喜欢。男女相互接近的渴望使人乐于参加与异性在一起的集体活动，喜欢结伴外出郊游、娱乐或参加体育锻炼等等，并对异性表示出关心、体贴，乐于帮助异性同学以博得异性好感，但这种接触交往多半没有专一性和排他性。要多在集体中与异性同学普遍交往而不要过早地陷入与某位异性同学的单独的特殊亲密关系中，以免"作茧自缚"，孤立自己，失去在集体交往中获益的机会。

3. 异性眷恋期

随着年龄的增长，少男少女的独立意识越来越强，与父母的关系倾向疏远。由于体内激素水平越来越高，异性相吸的磁场效应也越来越强，每个人都可能交上一个或多个亲密的异性朋友。进入异性眷恋期的男女学生在对异性好奇的基础上，在众多的男女生交往中，逐渐由对群体异性的好感转向对个别异性的依恋，形成一对一的"专情"行动。但这种情感离真正意义上的爱还有很大的一段距离，这种强烈的依恋一般都蕴藏在内心，并用精神、心理的交往方式来表达自己情感的纯洁性。这种美好的情感是值得拥有和珍藏的，但一定要不断提高自己的修养，懂得互相尊重；一定要提高自我控制能力，把握好感情的纯洁度，不要轻易地让友情变味。此时的青少年应当加强责任感与自我控制，积极自然地多交异性朋友，在交往中学习两性尊重和平等，并增强自尊和自信。但此阶段，如果失去自我控制，容易发生越轨行为。

4. 爱情尝试期

随着性情感的不断丰满、性意识的不断成熟，青年男女对异性的爱慕和追求更趋专一化，爱情尝试期的青年男女萌发了爱情，自然进入了恋爱择偶季节。

青春后期的青年各方面都成熟起来，由于社交的自由和交往范围的扩大，交往兴趣和交往能力也大大提高，突破了自我封闭和羞于袒露秘密的心理，开始不加掩饰地爱慕追求异性并向往终身不渝的爱情。这种感情带有一定的选择性、专一性和排他性，这种人生的美好体验和追求，多半是严肃的。但随着年龄的增长、知识的丰富、交往范围的拓宽，"另有发现"或感情变迁容易使人改变初衷。社会环境和职业生涯的改变，也会让曾经信誓旦旦的“两情相依”经受考验。所以，最初的爱情是很美的，但不一定是最长久的。①

当然，并不一定每个学生都会经历这几个阶段，但是都可能会表现出其中的某些阶段的特点。

**青春期异性交往辅导建议**

青春期异性交往辅导的最终目的是让青少年能够自己处理自己的心理困惑，这可以从道德规范、情感升华和行为自制等方面加以引导。②

1. 道德规范

道德规范对于任何一个社会中的人都是必不可少的。不能一讲到个人自由、独立，就把它同社会规范相对立，这就如同我们一讲到学生自我教育，就摈弃教师的教导一样。在现代社会里，这些非此即彼的思维方式对我们认识事物的本质非常不利。社会规范与个人自由、需求是统一的，社会规范规定了人类社会人与人交往活动的准则，维护了绝大多数人的自由和需求。

青少年首先要有社会认同的性伦理观念，性伦理就是两性关系的行为规范与准则，性伦理是对人的性行为的一种无形的社会控制力量。也就是说，两性关系需要由社会道德规范、伦理观念加以控制，要控制在社会、文化和法律允许的范围之内。现代的性伦理观，强调两性关系的相互平等、尊重和独立；传统的文明要求两性保持婚前的童贞。在这方面传统与现代是相容的。因此，不论在学校还是在家庭，我们都要把这些道德伦理观念教给孩子。另外，面对形形色色的“性解放”、“性回归自然”的错误思潮，要让青少年懂得如何正确判断和选择。

2. 情感升华

升华是弗洛伊德精神分析理论中有关心理防御机制的一个概念，它是指把社会所不能接受的性欲或攻击性冲动，转向更高级的、社会所接受的目标和渠道，进行各种创造性的活动。弗洛伊德认为，许多伟大的艺术家之所以产生伟大的作品，是因为他们的性欲或攻击性得到了升华。例如，

① 陈一筠：《初中生性教育读本》，人民教育出版社 2001 年 8 月版。

② 吴增强：《当代青少年心理辅导》，上海科学技术文献出版社 2003 年 1 月版，第 134—137 页。

歌德创作的《少年维特的烦恼》，就是文学家的一种升华。青少年的情感升华，就是要把两性的感情引向纯洁的友谊和崇高的爱情。

让青少年真正理解什么叫“爱”，这对于他们的情感升华是十分重要的。爱和友谊是什么关系？爱和性是什么关系？这常常是一些成年人也很难搞清楚的问题，何况是没有多少人生经历的少男少女。

美国心理学家斯坦伯格认为，爱是由激情、亲密和承诺组成的。激情是指男女之间本能的性吸引，它是与生俱来的，基本不需要后天的培养；而亲密则是指两人通过相互沟通，能够经常彼此分享各自的内心世界，并得到对方的接纳。正是因为不断深入的相互了解，两个人变得越来越亲密。终于有一天，双方愿意为对方承担责任，愿意与对方保持恒久的关系，这就是承诺。只有激情而没有亲密和承诺的爱是短暂的，像燃烧的稻草，烧得旺，灭得快，当激情消退的时候，可能会留下持久的伤害。亲密和承诺都是一种后天培养的能力，它是衡量一个人心理成熟的标志之一。

少男少女之间的情感是一颗爱情的种子，需要双方精心的培育，任何本能的冲动，都有可能酿成苦果。情感升华可以使他们有爱情收获的季节，可以使他们的人生旅途走向光明。

这里再介绍一位班主任如何让学生的青春萌动得以情感升华的案例：

我班有个女孩子告诉我她很喜欢一个男孩子。我和她一起看了两部电影、一部小说。

第一部电影是《罗马假日》。我问她，你看了电影印象最深的是什么？她说，是安利公主在忍痛放弃爱情回到王室时的一句话，安利公主说：“如果我忘记了我对这个国家和民族所应该承担的责任，我就不会今天晚上回到这里了。”从这句话中，她悟到了情感与责任。第二部电影是《魂断蓝桥》。女孩子问我：“玛拉为什么要死呢？她可以不死的。”我当时没有回答她，只是让她先思考一下。第二天，她告诉我，她明白了：因为当一个人失去做人最起码的尊严时，就没有权利选择爱了。她体会到了爱情与尊严。

看了小说《简爱》。女孩说最喜欢书里的一句话：“如果上帝赐予我美貌，我会让你爱我，就像我爱你一样。可是上帝没有这样做。但是我相信如果有一天我们通往坟墓来到上帝面前的时候，我们是平等的。”她认识到了爱情与平等。①

3. 行为自制

行为自制要求青少年在感情与欲望冲动的时候，用理智和意志把握自己。自制力是人调节个人需求与社会规范的重要意志品质，缺乏自制的人是无法适应社会的。自制力是青少年在平时的生活和学习中逐渐养成的，并成为其行为方式的一个部分。一个在生活中善于自制的青少年，同样能够在两性交往中驾驭自己的感情和冲动；而在生活中不善于自制的青少年，同样会成为个人私欲的奴隶。所以，青少年自制力的培养不是一时一事，而是要长期日积月累的。

行为自制的第二个方面是帮助青少年学习如何直面五光十色的性信息。青少年性信息的第一位来源是大众传媒。我们不可能把所有的性信息都与青少年隔离，就如同我们无法把病菌与人隔离一样。当然，黄色淫秽的性信息应该从社会上扫除。但除此之外，还有大量的性信息怎么办？诸如裸体画、小说中的性描写，带有性刺激的各种广告等等。油画《泉》，它是一幅逼真的少女彩色裸体画，对于有艺术素养的人来说，它是一件很美的艺术品，而没有艺术素养的人或许会想入非非。这就要求我们提高青少年的审美情趣与文化修养，使其从积极的意义上去认识这些性信息，有了对性信息的适应力，就不会对生活中的性信息过于敏感和关注。

① 本案例由李梦莉老师撰写，选自吴增强主编：《学生心声细聆听——班主任与每一个学生》，教育科学出版社2009年7月版，第62页。

# 第三节　青春期性别角色辅导



性别角色认同是青少年自我认同的一个重要部分。一般来说，绝大多数的青少年是比较认同自己的性别角色的。但是也有少数学生可能会出现性别角色错位的现象。请看以下案例：

**【案例】一个女孩的性别角色错位**

### 她“爱”上了女教师

班上一位女生告诉我，她非常“爱”她的一位女老师，深陷其中，难以自拔。若一天不见，她就无精打采；若几天未见，她就觉得非常失落。她很苦恼，也很自卑，甚至想过自杀，但又觉得对不住养育自己的父母，更舍弃不了对那位女老师的牵挂和依恋。

我曾怀疑她是不是生理方面有问题，但她父母告诉我，他们听从我的劝告后带她去做了检查，结果她的女性生理特征一切正常。进入中学，步入青春期了，她的身体慢慢地发生了变化，但她总是极力掩饰，甚至达到厌恶的程度。她总认为自己是男孩子。也就是在这个时候，她对那位女老师产生了一种朦胧的爱慕之情。她没有什么知心朋友，只有这位女老师时时刻刻关心她、爱护她、帮助她、体贴她、鼓励她。开始她只是喜欢，后来她发现自己一刻也离不开这位女老师了，她的一颦一笑始终在她的脑海里挥之不去。①

① 引自周飞虹：《如何对待性别角色错位的学生》，《湖南教育》2007 年第 2 期（略作删改）。

她讨厌自己是女孩子。

通过进一步了解，我才知道她的问题所在。原来，她父母希望她今后能够像男孩一样有出息，就把她当男孩来看待和教育，尤其是她爸爸，动不动就对她说："来，儿子！"有时，她父母两个人在争吵时，她也会拍着爸爸的肩膀说："爸，我们别跟女人一般见识！"在这种环境的影响下，她讨厌自己是女孩子，从不喜欢穿花衣服，尤其不喜欢穿裙子。她不喜欢和女孩子一起玩，认为她们太娇气、太懦弱，是被欺负的对象。她宁愿每天和男生追爬滚打在一起踢足球，即使弄得蓬头垢面也满心喜欢。她还喜欢和男生较量高低，她的力气大，有些大个子男生都被她打哭过。

## 班主任的辅导措施与效果

1. 理解与尊重

我经常利用课间或放学后与她进行心与心的交流，从而进一步了解她近段的思想状况。我主动和她谈心，感谢她信任我，打消她的顾虑，同时鼓励她正视自己的错位的心理，有意识、有目的地帮助她把注意力集中到学习上来。譬如，她爱好语文，我就给她布置额外的文学作品阅读和写作的任务，促使她转移兴趣。我借了许多心理学方面的书给她看，帮助她认识到自己这种心理的危害。

2. 磨炼意志、强化女孩的性别身份

我对这位女生说："要你不想那位女老师，这是一件很痛苦的事，你开始时会感到伤心、难受甚至发狂，这会有一个过程。但这是一个很好的锻炼自己意志力、摆脱病变困境的机会，可别轻易放弃了。老师相信你是一个坚强的女孩，你会挺过这个难关的！"我刻意让她经受痛苦的煎熬和磨炼，提高其经受挫折考验的心理素质和能力。同时，我时刻提醒她，她是一个真正、正常的女孩，应该拥有女孩所拥有的一切，教她做事不要冲动、鲁莽，遇事多冷静想想，多动笔书写自己的感受，正确评价自我，接受自我。

经过一两年的指导，这个女生终于显露出女孩子特有的娇羞而快乐的笑容。尽管这个"治疗"过程很艰辛，时间也比较长，但我觉得值得。

**这是一个非常困难的案例，周老师经过长期的辅导，帮助女孩度过了性别认同危机，其中的付出是可想而知的。从心理辅导专业的角度反思这**

个案例工作的得与失，对于更多的班主任老师处理类似的个案，可能会有帮助。

这个案例值得肯定的做法有两点：一是周老师对女孩的理解与尊重，建立了辅导双方的信任关系。二是强调其女孩性别身份，在女孩对自己的性别角色处于困惑的时候，老师的正向引导往往会起到重要作用。

需要改进之处：从案例叙述的情况看，本案的女孩有两个问题要解决，一是由于从小家庭教育中性别教育的错位，要解决其性别身份的接纳问题。二是满足其正常的情感需求（同学、老师等重要他人）。在解决第一个问题上，还缺少辅导方法，案例中写道："我借了许多心理学方面的书给她看，帮助她认识到自己这种心理的危害。"借了哪些书？读者不知道。泛泛而读有点无的放矢，能够帮助女孩认识到性格角色错位吗？这里有意义的辅导策略是：老师着重使她能欣赏女孩的性格、品质，能对青春期女性特征平静对待。在解决第二个问题上，让她割断对女教师的依恋，办法有点生硬。这里的关键是要把这种依恋的情感转化为正常的、健康的师生关系。

**什么叫性别角色认同**

性别角色（sex role 或 gender role），是指属于一定性别的个体在一定的社会和群体中占有的适当位置，以及被该社会和群体规定了的行为模式。这个概念有以下几个含义：

性别角色是一种社会角色。当个体从母体分娩出来时，凭其性器官就能鉴别性别。由于性器官的不同，被明确地划分为男孩或是女孩。随着身体的生长，男孩在身高、体重以及形态方面逐渐优于女孩，社会对性别不同的孩子予以不同的角色期望，形成了男性角色和女性角色。

性别角色决定了个体的社会化定向。在传统观念中，男子的社会化定向是在社会上谋取成功和地位，而女子的社会化定向则是在家庭中充当贤妻良母。不同的社会化定向必然导致男女有选择地接受不同的社会影响，导致男女形成与其特定的性别角色相适应的不同的社会影响，和不同的人格倾向。

社会群体为男女制定了一套行为规范。性别角色使得我们对个体的行为进行性别的标定，如我们在评论某人为"假女子"或"假小子"的时候，就是按照公认的性别角色对此人的行为进行标定的。另一方面，个体在社会化过程中，一旦将性别角色规范内化，就会自动地按照适合自己性别的行为方式来认识、思考、行动，形成性别角色的心理差异。[①]

什么叫性别角色认同？学者有多种界定。海登（1987）认为，性别角色认同意指个人认同他或她自己的性别群体的理想的心理结构，具体表现在适合个人性别的行为、态度、情感上。林崇德（2002）认为，性别角色认同指获得真正的性别角色，即根据社会文化对男性、女性的期望而形成相应的动机、态度、价值观和行为，并发展为性格方面的男女特征，即所谓的男子气（男性气质，masculinity）和女子气（女性气质，femininity）。

吴增强等人的研究表明，大多数青少年能够认同自己的性别，但也有一部分青少年对自己的性别不太认同。根据我们的调查，男孩的性别认同优于女孩。当问及"如果你可以选择自己的性别的话，你选什么性别"时，69.1%的男生仍选择男性，而女孩选择女性的为33.1%，百分比相差一倍以上；20.9%的女孩不再选择女性，而男孩不选择男性的为2.3%。[②]

女孩性别认同比男孩差，更多女孩不认同自己的性别，这一现象应引起教师和家长的关注。性别认同是青少年社会化的一个重要指标。按照埃里克森的同一性理论，如果一个青少年对自己的性别不认同，一方面可能会使自己的自信心、自尊感降低，自卑、沮丧，缺乏进取心；另一方面可能会影响自己社会角色的承担，形成社会适应不良。因此，加强对性别认同度低的女孩进行自强、自爱教育是教育者的重要职责。

**表5-1　男、女生对自己性别认同的比较**

| | 选原性别 | 不选原性别 | 讨厌原性别 | 无所谓 |
|---|---|---|---|---|
| 男生 | 69.1 | 2.3 | 0.7 | 27.0 |
| 女生 | 33.1 | 20.9 | 2.9 | 43.1 |





### 性别角色错位成因分析

性别角色错位。主要是由于家庭的长者（如父母或爷爷、奶奶等）对子女错误的异性期望和装扮而引起的。即有的家长把自己的儿子或女儿从小就错扮成性别反向装束，并在心理和行为上按照自己的期望给予异向诱导。

① 时蓉华：《社会心理学》，浙江教育出版社1998年5月版，第177—178页。

② 吴增强：《当代高中生的性困惑》，《当代青少年研究》1999年第4期。

慢慢地导致他或她的心理、行为模式往自己性别相反的方向上发展，并随着自己年龄的增长不断地强化。当他或她步入青春期后和进入社会时，逐渐感到自己的心理、性格和行为与周围的人群，尤其是与同性别人群格格不入，严重的可能成为性变态者。

有一对夫妻生了三个男孩，于是他们把小儿子从小打扮成女儿，两个哥哥也把他当小妹妹来看待，从不让他干重活，不让他单独外出办事，处处照顾他，使他的心理、行为沿着弱女子的心理、行为模式去发展。结果长大后他无法适应社会生活，当考上大学时，只因不敢单独离家外出，只好放弃机会，参加工作又因为不能胜任工作连调几个单位都被辞退。最后只好去进行心理咨询，在医生的指导下，才慢慢地纠正过来。这种作为女孩抚养的男孩，往往情感脆弱、胆小无为，严重地将影响其未来的发展。

与此相反，还有一对夫妇把独生女儿从小当男孩抚养，穿着打扮一副男孩模样，连玩具也是男孩玩的刀、枪、棍等，常和男孩一起玩耍，慢慢地其心理、性格、言行就沿着男性角色的模式去发展，长大后虽然改穿女儿装，但在她的身上仍然处处显示出男性角色的特征，而少了女性角色的特征。结婚后，其丈夫由于无法容忍其性格和言行，几个月后又离婚。这样的女性往往会成为同性恋中的“男性”角色的扮演者。其言行不为周围的人群所理解和接受，甚至连自己也无法理解和接受，经常由此产生心理矛盾和角色冲突，从而影响自身或他人的心身健康。①

**性别角色辅导建议**

由于学生性别认同是与其生活的家庭环境密切相关的，因此，家长、学校和社会有关部门必须联手合作，重视对学生进行性别角色辅导。

1. 预防学生性别角色错位的辅导建议

首先，家长要给予正确的性别角色期望和性别角色装扮，使子女能根据自己的服饰、颜色等装扮来正确认识自己的性别角色。

其次，要给予正确的性别角色行为引导。在日常生活中，要根据少年儿童的性别特点进行相应的行为引导，多做些有益于性别形成的游戏活动和事情。对应该避忌的事情要坚决避忌，千万不要叫他或她去做该性别角

---

① 吴用纲等:《论性别角色健康教育必要性及其对策》,《中国健康教育》1998 年第 12 期。

色不应做的事，使其从小逐渐形成与性别角色相适应的男子汉行为或姑娘行为。

再次，要给予相应性别角色的知识教育。学校老师和家长应根据少年儿童不同的年龄阶段给以相应的性知识、性道德教育和相应的性别角色心理诱导，使其能正确认识“我是小男子汉”或“我是小姑娘”，并在言谈举止方面给予相应的知识教育，以实现正常、健康的性别角色。

最后，家长们要以身作则。人自出生以后的第一任老师就是父母，因此，父母们要认真扮演好自身的性别角色，注意言行，给子女做个好榜样。

2. 优化学生性别角色的辅导建议

从更为积极的意义上讲，教师应该帮助男女学生性别互补，完善各自的性别角色。当今，随着社会的进步与发展，在要求青少年对自己性别角色认同的同时，性别角色互补和优化的呼声日趋高涨。传统的性别刻板印象把男性人格特征与女性人格特征相对立，例如，男性刚强，女性柔弱。男性的气质更易于在社会上拼搏，而女性的气质更适合于营造温馨的家庭和男性的保护。这种性别刻板印象正在受到挑战。现实生活中，女性已经从家庭走入社会，她们要在社会上立足并发展，必须具备传统意义上属于男性的品质，例如，坚强、果断和领导气质等。相当一部分社会学家认为，传统的两性对立的性别角色，正在朝着两性人格特征更加接近的方向发展，即两性化人格特征。

那么，如何认识校园里出现的“假小子”和“娘娘腔男生”呢？我认为，“假小子”和“娘娘腔男生”不等于两性化人格。两性化人格是指男性和女性性格的优化重组，应该兼备男性和女性各自的优点。“假小子”往往是指直爽、果断的女孩，她们具备男性的优点，但未必具备女孩的优点。至于“娘娘腔男生”往往是指腼腆、羞怯、迟疑不决，有些脂粉气的男孩，他们既不具备男性的优点，也不具备女性的优点，更不值得效仿和提倡。因此，处于人格形成中的青少年，首先要有对自己性别的认同，培养各自的性别优势，而后再学习异性所长。

# 第六章

# 重建积极的行为方式

每个学生都会在日常生活、学习、交往中面临各种各样的压力与挑战。有关研究表明，青少年主要的压力源有：学习负担、同学关系、师生关系、家庭变故、亲子关系和异性交往等方面。由于有些青少年不能很好地处理面临的压力，这会影响他们内心积极自我认同感的建立，并常常会表现出心理紧张、迷茫和行为上的反抗。

本章结合案例讨论以下问题：

攻击性行为辅导

逆反心理辅导

创伤后应激辅导

## 第一节 攻击性行为辅导

攻击是青少年发展过程中较为常见的社会行为。所谓攻击，是指人们根据行为者和行为本身的特性，而对某些伤害性行为作出的一种判断。由于攻击对于他人的身体和心理会造成伤害，它基本上属于不为社会提倡和鼓励的行为，因此也是不健康的行为。

**【案例】我用拳头保护自己**

### 第一次见面他没有说一句话

阿辉是高二的男生，因为脾气暴躁、经常动手打同学，被学校处分，因屡教不改，班主任无奈请求心理辅导室金老师帮助解决。第一次送到心理辅导室，阿辉没有说一句话。金老师这样写道："阿辉这个名字我早已有耳闻，因为他平时卫生习惯较差，经常一周不洗澡，并且晚自修总是在看武打书，而且常常说谎，据说有好多老师受过他的骗，因此在学生中颇有名气。"

我和阿辉面对面坐着，一句话也没有。我唯一做的就是给了他一包纸巾，因为他满头是汗。就这样，坐了将近半个小时的时间，我开口了："阿辉，今天你先回寝室吧。如果你愿意的话，我们再约时间谈谈。"阿辉抬起头，带着一种怀疑的眼神看着我。我微笑着肯定他可以离开了，他离开了我的办公室。

独自一人坐在办公室里，忽然感觉空气中弥漫着一股奇怪的味道，阿辉可能又几天没有洗澡了。这个孩子真的有一些特别，应该说这个年龄的孩子是非常关注自己外表的，为什么他不是？难道就因为这个原因，同学们不愿意接受他吗？为什么明知打人是要受处分的，甚至开除，他还要屡次再犯呢？或许……我的脑海中出现了一连串的问题和假设。①

## 解读阿辉的攻击性

一个星期后的家访，使我找到了一些问题的答案。阿辉的母亲告诉我：他从小体弱多病，由于父亲长期在外工作，他始终处在母亲的严格保护之中，保护过分使他缺少最基本的人际交往，逐渐产生了孤僻的性格。随着年龄的增长，他在内心也希望有正常的人际沟通与交往，可是缺乏必要的技巧和手段，同时缺少自信心，最为典型的是，想说话可又怕说话，越是怕就越是不会说。因此他始终处在心情压抑的状态中。当他受到不良的游戏以及武打书的刺激后，就产生了一定的攻击倾向。而攻击行为又使一向不受人关注的他吸引了所有人的注意力，使他那长期压抑、恐惧的心理得到了极大的满足，甚至有种前所未有的欢悦感。这样一种畸形的心理如果长期得不到矫治，后果是难以想象的。

另外，由于从小在偏僻的农村长大，又由于他的个性，来到一个新的环境，面对周围的繁华和各种物质上的诱惑，以及身边同学优越的家庭环境和较高的消费水平，他的心理渐渐产生了一种不平衡。这可以说是很正常的，但可惜的是他没有积极地去调整这种不平衡，而是采取了消极的办法去弥补他心理的不平衡。

## 我和他签了一份君子协定

每周的周三，我都会在心理咨询室值班。那个周三，我坐在咨询室里，心里一直盼望着阿辉的到来。时间在一点点过去，我的希望也在一点点熄灭。

“金老师，我可以进来吗?”阿辉出现了。

“当然，当然，快请进。”我真有些高兴得不知所措，要知道他能来主动找我意味着事情已经成功了一半。

“我很高兴你来找我，想和我说什么?”

---

① 本案由金莉老师撰写，引自吴增强主编：《野百合也有春天——学生心理辅导案例精选》，上海教育出版社2003年3月版，第286—294页。

“金老师，你是不是觉得我很讨厌，我看同学们都是这么认为的，他们说我很臭，还是个暴力主义者，我觉得没有人喜欢我。我觉得我根本不应该离开家乡，到这个学校来。”阿辉一口气说了很多。

“初三毕业的时候，是谁选择到这个学校的呢？”

“我自己，我觉得来市区可以学到更多，而且有更多的机会。”

“看来你是一个很上进的人。”

我分明看到了阿辉眼中有了一丝光彩。

“高一刚进来时，一切都很好，但渐渐地一切都变了，同学们都离我远远的，我也不愿意读书了，脾气也越来越暴躁。”

“我知道你今天来这里就是想改变自己，我觉得一个人只要自己想改变，并且能够坚持的话，一定能够成功的。”

“是吗？那我该怎么办呢？”

“我们来制订一些计划，你看怎么样？我们试试看，好吗？”

“好，老师，我愿意试试。”

于是，我决定采用行为契约方法，与阿辉共同商定改变的计划。首先从平常的卫生和学习习惯入手。具体计划如下：①每周制订学习计划，一式两份，一份交老师以备监督。②每天晚自修保证两小时学习，晚自修结束后向老师汇报。③发现有不交作业或迟交作业现象，自愿上交武打书一本。④每周必须洗两次澡，少一次，自愿不吃夜宵两天，两次都不洗，不吃一星期的夜宵。以上四条组成一份契约，与阿辉经过反复商议后确定，马上实施。

## “我想回学校，和同学们在一起”

第一个契约制定以后，我和阿辉的见面固定在每周一次，几次见面下来，以及平时从他班主任那里了解到的情况，他都表现得很好。

“老师，我想回学校住，住在外面我觉得离同学们太远了。但是，学校能同意吗？”在一次会面中，阿辉说出了他的想法。

“你这些天的表现一直很好，我很高兴。你想回学校住，说明你很想融入同学们中间。虽然作为心理辅导老师，但我也应该做一些超出咨询范围的事情，这次我会帮你想办法的。但是，你要想清楚，你能不能像这些天这样坚持下去？”

“老师，你相信我，我一定不让你失望。”阿辉近乎恳求地说。

“我相信你。”我坚定地看着阿辉。

于是，阿辉在我的建议下，由学校同意，回到了学校住宿，我和阿辉的资访关系也在他搬回学校两个星期后结束了。

当我还沉浸在个案成功的喜悦中的时候，事情却又陷入了僵局。

## 同事们说：“你怎么能相信他？”

阿辉又打人了，很快地，这个消息，传遍了校园的每一个角落。刚听到的时候，我希望这只是一个谣传，我实在不愿意相信，付出了如此多心血的努力，最终却还是回到了起点。直到政教主任告诉我，我才不得不承认这个事实。清楚记得，那段时间我的心情坏到了极点。一些同事知道，是由于我的建议学校才让阿辉回校住宿的。当时我告诉他们，我相信阿辉。

“你怎么能相信他？现在的学生可不像从前了，阿辉不知道说过多少次谎了，骗骗你这样的年轻老师，简直就是易如反掌。别管他了，他已经无药可救了！”

不止一个同事劝告我。这时的我也开始怀疑自己的能力，甚至自己工作的意义了。

我找到了大学的老师，真的应该感谢她，从进大学以来，每一次失意的时候，我总能从她那里得到有力的支持。她微笑着听完了我的叙述，并没有向我预期的那样帮我分析个案情况，而是开始讲述自己从事心理咨询工作的历程。刚开始我有些奇怪，但听着、听着我入了迷！是啊，其他人的生活环境不是我们所能控制的，往往倾注了很大力量做的个案，会因为其他事件的刺激而使咨询工作前功尽弃。同时，老师也指出了我在处理阿辉这个个案时有些操之过急，用行为契约方法缺少足够的监督。心理问题的解决不是一朝一夕的事情，因此，作为一个心理辅导老师更需要有笑对挫折的勇气。

离开老师的办公室，独自走在点点星光的大学校园里，深吸一口微凉的空气，心情异常舒畅。

## 让我们再努力一次

阿辉出事后，再次被停宿了。

一天晚上，经过门房间时，忽然发现了一个熟悉的身影。

"阿辉!"

"金老师,我……"阿辉欲言又止。

"我很愿意和你谈谈,去我的办公室好吗?"我期待着阿辉肯定的回答。

"好。"

于是,阿辉跟着我回到了办公室。

"最近,怎么样?"

"对不起,老师,我让您失望了。但那家伙实在太讨厌了,我控制不住自己,同学们现在都不理我了,唉……"阿辉表情很痛苦。

"阿辉,我听到你的事的确有些失望,我相信你的心情肯定和我一样,因为我们都为此付出了很多的努力。但,一个人要改变自己不是一朝一夕的事情。我相信我们前面的努力没有白费,因为你已经改变了很多,我相信只要我们坚持下去,你一定行的。阿辉,我相信你,让我们再努力一次吧!"

"好!"阿辉用力地点了一下头。

于是,我与阿辉建立了第二份契约:①每天对周围同学友好地打一次招呼。②每天与一位同学聊天半小时。③一星期坚持与周围人保持友好。④一个月,不与同学打架,在全班予以表扬。

## 青春洋溢的笑脸

吸取了上次的教训,这次契约的执行,我在监督上花费了很多时间,也调动了所有可以调动的力量,包括他的母亲等。每周一次的会面,一直持续到他最后参加高考。

他们班最后的聚会,在班主任的邀请下,我也参加了。临近分手了,同学们都玩得很疯,阿辉在同学中间开心地笑着。多么难得的笑容呀!只有我和阿辉知道,为此我们付出了多大的努力。虽然由于基础太差,阿辉没能进入更高的学府,但我相信他是愉快的,因为他有了青春洋溢的笑脸。

阿辉是一个富有攻击行为、屡犯校规、几乎要被学校停学的学生,这样的学生如何教育?小金老师不是急于采取措施进行干预,而是远去海岛进行家访,了解阿辉的生长环境和生活经历,以便能够解读他的攻击性、反社会倾向来源于何处。然后在与当事人建立信任关系的基础上,开展行为干预。尽管干预有反复,但最终是成功的。

本案的另一个成功的经验是：有效的行为干预必须建立在比较融洽的咨访关系基础上。正如金老师所说，对于一些背景特殊、个性较强又特别敏感的学生，“老师不妨花更多的精力与他们建立良好的师生关系，使自己成为他们可以信赖的、可以倾诉烦恼的伙伴，并且创造各种条件，使他们融入班级集体之中，感受到周围的爱和集体的归属感。”这个案例，使我们感受到，心理辅导不仅是科学，更是一门艺术，它需要老师的智慧、机智、热忱和爱心。

**攻击性行为成因分析**

1. 内在因素

（1）生物学因素。第一是基因。在国外一项多元分析研究中，Miles & Carey 分析了与攻击行为、遗传和养育有关的 24 项研究所显示出的主要趋势，其结果表明了遗传的强大影响，这种基因重叠是在双胞胎之间或被收养的孩子和亲生父母之间的，例如，同卵双生子比异卵双生子在攻击性上表现出更高的关联度。第二是大脑。张倩等为了解攻击行为儿童大脑两半球的认知活动特点，采用侧视野速示呈现技术，对经“同伴提名量表”筛选的 17 名攻击行为儿童和 16 名正常儿童进行了比较研究，结果表明，攻击行为儿童与正常儿童相比，大脑两半球均衡性发展较低，显示左半球抗干扰能力差，右半球完形的认知能力较弱，这可能是儿童攻击行为的某些神经心理学基础。第三是激素。在 Mc Burnett 有关 7—12 岁男孩的应激激素与攻击行为关系的研究中发现，最富有攻击性的男孩具有最强的应激反应。这些结果表明：某些个体可能不会经历大多数人所表现出的极端性攻击行为的压力应激模式，他们的身体不会体验到消极的行为和情感。而男女之间攻击性行为的显著差异（男多于女）在很大程度上受性激素水平的影响。

（2）认知因素。在攻击性行为的认知中介过程中，个体对他人的行为归因或伤害情境的归因是非常重要的一个认知加工环节。Ferguson 和 Rule 的研究表明：一个受伤害者在遭受挫折后的情绪唤醒状态和行为反应取决于他对伤害者的归因，如果他把自己受到的伤害归因于伤害者的人格因素，那么，他的愤怒程度和攻击性要比归因于情境因素强烈得多。Dodge 和他的同事发现，当儿童把自己所面临的消极后果知觉为同伴有意造成的时候，他一般倾向于对同伴做出报复性攻击；反之，如果他认为同伴是由于意外或出于善意的动作而给他造成了消极后果时，他一般倾向于化解其报复动机。

2. 外在因素

（1）情境影响。第一，社会环境。主要包括家庭、学校、同伴群体、媒体等的影响。Dishion 等研究发现，家庭对儿童攻击性影响很大，尤其当面临家庭经济条件差、父母有暴力行为、文化水平低、儿童受忽视等不利环境时，儿童不易形成正确的行为标准和自我控制能力，结果导致了儿童的攻击性行为。随着年龄的增长，也不容易改变。国外也有研究表明，缺乏温暖的家庭、不良家庭管教方式以及对儿童缺乏明确行为指导和活动监督都可能造成儿童以后的高攻击性。至于学校对攻击性行为的影响，研究表明，在学校背景下同伴欺负或攻击行为具有普遍性，在校园欺侮情境中，教师对欺侮的态度和行为，影响着欺侮行为的发生。在信息化社会的今天，大众媒体对个体攻击性行为有着越来越重要的影响。Lefkowitz MM. 对近 900 名研究对象作跟踪研究发现，观看暴力电视片数量与儿童攻击性行为有显著相关。美密执安大学心理系伊伦教授与休斯曼教授用两年多的时间在波兰、芬兰、澳大利亚、以色列和美国测试了 32000 个一年级和三年级的儿童，结果表明，在所有国家中都是儿童收看暴力电视越多，其攻击性越强。

第二，物理环境。Anderson 认为，较高的温度能增加攻击动机与攻击行为，也就是所谓的“热假设”。此外，食糖过多、铅中毒等物理环境因素都有可能影响攻击性行为。

第三，挫折。Dollard J. 提出挫折—攻击假设，认为挫折是攻击的先决条件，出现挫折后人们比平时更有可能表现出攻击行为，这一关联已得到实验支持。

（2）文化因素。攻击行为具有高度复杂性，布朗芬布伦纳的发展生态学理论是对现有理论较好的整合，此理论认为，攻击行为受微观系统、中观系统、外观系统、宏观系统、时间系统的影响。个体所在学校、家庭与同伴群体构成攻击行为发生的微观系统；中观系统由学校与家庭、学校与同伴群体、家庭与同伴群体间的关系构成；外观系统指当前背景下个人经验受到另外一种社会环境中不占主导地位角色的经验的影响；宏观系统指攻击性行为发生的文化背景（ 行为模式、价值观、代际继承物）；时间系统主要指发展过程中的社会历史条件发生转变。[①]

有人对对武汉市1051名中学生进行调查，结果发现：有攻击行为的青少年的家庭矛盾性得分明显高于无攻击行为青少年，而亲密度与知识性得分明显低于无攻击行为的青少年。攻击行为青少年的父母惩罚严厉、拒绝否认和父亲过分干涉因子得分较高，母亲情感温暖、理解因子得分较低。攻击行为青少年情绪稳定性、精神质因子得分较高，掩饰性和社会成熟水平因子得分较低。居住地社会风气、矛盾性、精神质、神经质是影响青少年攻击行为的危险因素，知识性是青少年攻击行为的保护性因素。[②]

### 攻击性行为辅导建议

1. 预防学生攻击性行为的建议

（1）进行发展性干预课程，对全班学生进行情绪管理、人际冲突处理、团结协作和友爱互助等专题辅导活动，提升学生情绪调控、人际交往能力。

学校是攻击行为发生的一个主要场所。研究认为，学校背景下同伴欺负或攻击行为具有普遍性。因此，国外很多研究者主要采用设计特定课程的方法或改变整体学校心理气氛来试图干预儿童与青少年的攻击行为，如BPP与RCCP等，这些研究计划主要通过一级预防（Primary prevention）或二级预防（Second prevention）来减少暴力性儿童或青少年的身体攻击水平，也可能防止无暴力性青少年出现攻击行为。Hudely、British、Walkfield与Smith设计了BPP干预计划来干预儿童攻击行为的发展。归因理论是BPP课程设计的理论基础，这种课程是在一定程度上改善儿童的社会交往技巧，提高儿童的社会问题解决策略。Keltikangs – Jarvian发现，儿童攻击行为可能与没有能力发现其他的问题解决方法有关，这在挑衅情景中更为严重。进入青春期，建构性问题解决策略的有无更可能区分攻击性儿童与社会性儿童，这在一定程度上说明了早期干预儿童攻击行为发展的必要性。[③]

---

① 王元：《青少年攻击性行为干预与矫正》，《沈阳师范大学学报》（社会科学版）2008年第4期。

② 史俊霞等：《青少年攻击性行为社会心理影响因素研究》，《中国学校卫生》2007年第10期。

③ 李宏利等：《青少年攻击行为干预研究的新进展》，《心理科学》2004年第4期。

（2）创设和谐友爱的集体气氛，使每个学生都能获得适当的关注、赞赏和认可。和谐的班级心理环境将减少学生之间的冲突事件和攻击行为。

（3）引导学生合理使用网络，尽可能控制学生观看暴力性影视媒体和网络游戏。媒体暴力一直是青少年攻击行为研究者密切关注的对象。媒体暴力主要包括暴力电视、电影、电子游戏，甚至包括暴力音乐与互联网络。这些暴力媒体信息对青少年暴力或攻击行为存在广泛的影响。互联网络空间是一种新的人类心理行为过程发生的空间。人类攻击行为有可能出现于互联网空间中。发生于互联网使用过程中的攻击主要包括口语化攻击、制造病毒、篡改主页，甚至进入政府机密网站等。口语化攻击广泛存在于互联网络空间中的CMC（Computer - Mediated - Communication），研究表明敌意与愤怒更有可能在互联网使用中得到表达。一个比较可行的干预方法是进行互联网伦理与互联网络信息素养教育，逐步培养青少年互联网使用中的自我调节能力，使其明确互联网络攻击与现实空间中的身体攻击具有相同的行为后果，进而减少互联网使用过程中攻击行为的发生。

2. 对高危攻击性学生的辅导建议

（1）对攻击性强的学生，要进行个别辅导。运用认知行为改变技术强化他们的攻击性行为，以培养积极的行为抵制攻击性行为的发生。引导他们懂得爱与尊重别人，以爱的情感冲淡他们对同学紧张、敌对的情绪。本节所引案例为广大班主任老师提供了范例。

（2）教师应该避免对攻击性强的学生采取强烈的惩罚，如罚站、禁闭、当众辱骂等，否则会更加诱发他们的攻击性。让这些学生做一些需要体力的服务性活动，如发作业、打扫教室、拿教具等，以缓解其精力无处释放的紧张状态。

（3）了解学生在哪一种情境中最可能表现出攻击性行为，尽可能避免此种情境出现。对于打架的学生要作冷处理，让他们各自写下打架的起因、经过以及自己的认识。把可能打架的学生相对隔离，让他们保持距离，以避免惹是生非。

## 第二节　逆反心理辅导

对抗、叛逆常常与青少年联系在一起。历史上不少学者都对青少年有过这样的评论。亚里士多德也曾抱怨青少年是“暴躁的，易发脾气的，易于为冲动所驱，而失去控制”。柏拉图曾经劝告男孩不到 18 岁不准喝酒，因为他们容易激动，“火上不能再加火”。美国心理学家霍尔甚至把青少年时期称为“风暴和紧张”时期，他认为青少年在身体、心理和情绪方面都蕴藏着极大的潜能。

**【案例】消融她的逆反与敌对**

政治课上的对抗

小 Z 是某重点高中高一女生，学习成绩较好。高一下半学期，我接任他们班的政治课。上课时我发现，小 Z 喜欢做小动作及讲话，于是在课堂上我批评了她。不料她不但没有意识到自己行为的不对，反而满脸写着不服气，赌气不听课。之后每次上政治课，她都故意捣乱，鼓动周围同学讲话、传纸条，扰乱课堂秩序。每当我在课堂上试图教育她时，其敌对情绪和言辞对抗都表现得很强烈（如自言自语、向别处看、站立不端正等）。甚至在一次复习考试时，公然表示这种考试毫无意义，拒绝答题。这时我意识到了问题的严重性。①

① 本案例由上海市行知中学吴俊琳老师撰写。

## 对抗的由来

由于小Z写得一手好字，而且学习成绩较好，在学校总是掌声多过批评；在家里，只要学习不出问题，在其他方面家长对她很宠爱，甚至是放任。因此造成她往往以自我为中心，听不得批评，虚荣心极强。

但另一方面，父母在学习上对她的苛刻要求和用体罚的方式，不仅使她产生了对父母的不满情绪，更使小Z处处都争强好胜的个性受到严重打击，那强烈的自尊需要得不到实现。

在这种矛盾中生活，小Z的人格发展不健全，产生了情绪障碍：有强烈的自我中心倾向，自尊心受到伤害时，挫折忍受能力低，且往往抗拒权威，把它当作是英雄主义的表现，并以之作为肯定自我的方式。

此外，小Z对待学习也存在着不正确的认知和评价。政治课，在她眼中是可有可无的课，其父母也不会关注这门课的成绩，所以上课没压力，这是一个难得的好机会，正好可以与同学联络感情——聊天。而她没想到老师会在全班同学的面前对其严厉批评，这使她感到没面子，无形中触痛了她的自尊，于是她把所有的不满转化成了对老师的不满，对政治课产生了逆反心理。并继而以公然与老师作对作为肯定自己的方式，以此挽回在同学中的尊严。

## 冷　处　理

我开始注意对小Z近期上课违纪现象的处理方式，避免与其正面“冲突”。在最初阶段我采取冷处理的方式（告诫周围同学上课时不要搭理她，同时我也减少对她的特别关注），这样可以使她觉得老师并非故意在找她的碴儿，与她过意不去，从而使她的敌对情绪不再加剧，并随着时间的推移，对老师的防御性、抵触性减小。

## 你来上这节课

三周后，我觉得时机成熟了，便在课后主动找到她。此时，她的态度不再像以前那样具有攻击性。于是我运用“角色互换法”，让小Z体验一下做老师的辛苦。我问小Z：“有一个机会，让你按照自己的意愿来教政治课，你愿意接受这次挑战吗？”好强的小Z一口允诺下来。于是我选择了一堂理论联系实际的内容，让小Z自己寻找实际素材备课。在整个准备和授课过程中，小Z表现得很积极，非常认真地做着每个环节。上完课后，我当堂赞扬了她的表现，指出她的板书非常工整，条理清晰，事例运用得当。当我看到她欣喜的目光时，便觉得这么做没错。课后我又单独找她聊天，让她谈谈这次上课的感受。小Z表示通过这次实践，她体会到为了上好一堂课，必须在课前做许多工作，同时，一堂课，40分钟的讲课，对体力的消耗也很大，所以上课是脑力与体力劳动相结合，这使她体会到做老师的辛苦。在她能正确认识到老师辛勤耕耘的基础上，我进一步启发她："这次你为上课花了那么多精力，如果得不到同学们的回应、配合，你的感受是什么？"听到这个问题，她把头低了下去，沉默了好一会儿，终于抬起了头，慎重地对我说："老师，对不起！以后我知道该怎么做了。"可以说这次的谈话很成功。之后上政治课，她都不再开小差做其他事了。

良好的开始是成功的一半，之后的辅导工作进行得比较顺利。我有意识地每堂课都请她回答问题，让她发表自己的观点，并且适时地给予表扬。通过一定时间的强化作用，她渐渐发现了政治课的乐趣所在，由原先强迫自己听课转变为自己喜欢上课了。

## 家庭心理辅导

外因对于一个人的健康成长也能起到很大的作用，所以接下来的工作就是：引导小Z正确对待父母的教育；同时取得家长的积极配合，指导其家长改变教育方法。小Z常会因学习成绩下降而挨打，这使其父女关系较为紧张。对此，我一方面用同感技术对她的不满心情表示理解；另一方面引导她站在父亲的角度来认识父母对她的关心，理解父母的期望，从而消除父女的情绪对立。

向家长分析小Z的个性缺陷与家庭教育方法的关系。家长不能因望女成凤心切而给孩子太重的心理压力，应对她有恰当的期望值；要多关心孩子，不纵容、不打骂，在学习及生活上都应采取既严格又协商的方法。

经过一学期的辅导，小Z已经完全改变了原先上课爱说话的坏习惯，消除了对老师的逆反心理，能认真地听课，积极思考老师提出的问题，并主动回答。同时在课堂上，对其他同学的不好表现，也能及时指出并劝阻。另外，她也开始尝试接受别人中肯的批评、建议。

这是一个典型的青少年逆反心理辅导案例。吴老师没有急于正面应对，而是采用冷处理，缓和小Z的敌对情绪，然后运用“角色转换法”，让学生穿着老师的“鞋”来走路，让他们体验做老师的辛苦，从而使他们能设身处地地为老师着想，珍惜、尊重老师的工作成果。角色互换的时机选择得很好。

对家长进行针对性的指导，目的是减少小Z逆反心理的诱发因素。学生的逆反心理是其内心一种冲动的力量，可以通过辅导把这股力量转化成积极的力量。小Z从抗拒政治课老师到逐渐喜欢上政治课、喜欢上政治老师，这种变化正体现了力量的转化。实践证明，教师与学生多接近，用平等、真诚和鼓励的方法，是行之有效的。吴老师的成功辅导为我们提供了有益的经验。

**青少年逆反心理表现**

逆反心理，是人们对待事物的一种特殊态度，是指受教育者在接受教育的过程中，因自身固有的思维模式和传统的观念定式与特定的教育情景下产生的认知信息相对立、与一般常态教育要求相背离的对立情绪和行为意向。

青少年逆反心理可以表现为以下几类：

（1）禁果逆反。人们往往有这么一种倾向，越是禁止的东西，如果没有说明可以为人们接受的充足的禁止原因，那么，禁止本身就会引起假设、推测，反而常常诱使人们产生好奇并引起探究反射，形成与禁止相悖的意向，这就是“禁果逆反”。心理学上移用潘多拉打开魔盒的神话，称之为“潘多拉效应”。

（2）超限逆反。所谓“超限逆反”，是指同样的刺激物，由于刺激强度过大、过强，刺激时间过长，或者机械、无时间间隔地重复作用于个体，从而引起个体产生的一种逆向态度。

（3）信度逆反。是一种常见的逆反心理。其产生原因之一，是消极经验的积累，造成对信息源的怀疑、不信任，因而采取消极抵制态度。与“狼来了”的寓言故事以及“烽火戏诸侯”一样，人们接受信号后本该采取积极态度，但由于以往消极经验的积累，则转而持否定态度。

（4）情境逆反。所谓“情境逆反”，是指在特定的时间、场合，个体有不同的心理热点，处于不同的情感和情绪状态，如果引导者不顾个体当时所处的情境，会诱发情感障碍，使个体紧闭心扉，引起逆向、排斥态度。

（5）自主逆反。处在独立自主意识迅速发展期的中小学生，强烈地要求成人予以尊重，给他们以独立、自由支配自己的权利。如果教师在教育学生时，过分地对学生进行控制，使之感到自己的行动自由受到威胁，这时他们就有可能拒绝本来愿意去办的事，甚至故意去做与要求相反的事，这种现象就是“自主逆反”。

（6）评定逆反。这是一种因教师与学生之间评定差距过大而导致的逆向反应。例如，教师对学生过头的批评，不仅会使学生不愿接受批评，承认错误，而且也会使他人同情被批评者，甚至为其错误辩解。

（7）归因逆反。在社会生活中，人们总是倾向于相互了解，对他人的行为进行分析，并且不单纯满足于了解行为的性质，还需要了解其产生行为的动机。假如学生一旦了解教师行为的动机不是利他而是别有所图时，就会产生心理对抗，这就是“归因逆反”。[①]

### 逆反心理有积极意义吗

以上讨论了逆反心理的消极意义，那么它有没有积极的意义呢？从辨证的角度看，逆反心理还是有其积极的一面的。王希永认为，“中学生之所以产生逆反心理有其必然性，包含许多积极因素，对于个人和社会都具有积极作用。中学生表现出来的逆反心理，是一种力量、一种信号、一种警示。教育工作者应当善于从积极层面理解、认识、对待中学生的逆反心理”。[②]

我比较认同这个观点。从积极意义上看：第一，基于学生对现实生活和世俗权威的质疑精神、批判精神的逆反心理，恰恰是创新意识的体现。他们不满足于课堂上、书本里的知识，他们的视野拓展到大千世界的角角落落。这时，不符合学生的教条、训诫往往会引起其逆反心理。因为他们不愿意接受现成的教诲，而希望自己去探究。第二，基于学生独立自主、表现自我的逆反心理，折射了他们对自我认同、个性完善的追求。压抑学生个性的教育，会引起他们的反抗。第三，引发教育的反思，学生的逆反心理表现是教育的一面镜子，可以使教育工作者看到自己工作的误区和盲区。

### 逆反心理辅导建议

根据青少年逆反心理的种种表现，有以下辅导建议：

---

① 刘野：《中学生逆反心理的表现及疏导》，《辽宁教育行政学院学报》2005 年第 9 期。

② 王希永：《中学生逆反心理的积极因素与积极作用》，《中小学心理健康教育》2007 年第 17 期。

1. 慎用禁令

越是禁止的内容，越容易引起青少年的强烈好奇心和探究行为。在许多情况下，不禁止某种事物时，学生并不一定知道这种事物，一宣布禁止这种事物，反而会引起学生的好奇心，使学生的注意力转向和固着在这种事物上，非要关注、弄清楚这种事物不可。因此，如果能用其他的方法消除某种有害的事物和现象，就不要用禁止的方法。

耐心说服和讨论优于硬性禁止。当教师和父母认为应当使青少年避免某些有害的事物和现象时，如果耐心地说服他们，与他们进行平等的讨论，使之明白这些事物和现象的有害性，就有可能使青少年自觉地加以避免。相反，如果武断地硬性禁止学生做某件事情，那么反而会激起他们的逆反行为。

禁止要说明理由。在万不得已的情况下一定要使用禁止的方法时，一定要说明禁止的理由。如果没有说明禁止的原因和理由，那么，禁止本身就会引起青少年的各种假设、推测，引发他们的好奇和探究行为。父母、教师等如果只是禁止而不向学生说明禁止的原因和理由，会使学生觉得禁止没有充分的理由和根据，就会对禁止的正确性发生怀疑，这会促使学生产生犯禁的意向和行为。

2. 教师的榜样示范

有时学生的逆反心理产生是由于对老师缺乏信任，因此教师就必须以身作则，身体力行自己所提倡的观点。只有用实际行动为学生做出榜样，使学生在老师良好人格和模范行为的感召下，学习、理解和执行学校的教育要求。

3. 批评要维护学生自尊

许多学生逆反行为产生的主要原因是教育情境的不适当。因此，班主任老师应当注意教育情境的利用，尤其要限制惩罚性情境的范围。一般而言，由于教育活动性质的差别，情境对教育活动的效果有重要的、直接的影响。对于奖励性质的教育活动而言，如果在公开的情境中进行，那么，奖励的效果将会大大增强，受到奖励的个人会感到更大的自豪和兴奋；对于惩罚性质的教育活动而言，如果在公开的情境中进行，那么，惩罚的效果也会大大增强，受到惩罚的个人会感到更大的羞愧和耻辱，对个人自尊心的打击也就更大。考虑到情境性逆反行为主要是由于个人的自尊心在别人面前受到损害而引起的，因此，为了减轻这种负面效应，如果学生的问题不是极端严重的话，批评性的教育活动最好在比较封闭的情境中进行。深入的批评教育如果在两个人之间进行的话，产生情境性逆反行为的可能性最小，效果也可能会最好。

4. 平等地与学生沟通

教师对待学生态度要平等、谦虚。过分自负、骄傲自满，只会引起学生的鄙视和反感。要理解学生的需要。青少年的思维方式、生活方式、思想观念等，与成年人有较大的差异。因此，教师、父母等应当站在青少年的角度，设身处地地为他们着想，考虑和尊重他们的意愿。

5. 客观评价学生

学生的逆反行为，往往是由教师不恰当的评价引起的。教师应对学生作客观的、实事求是的评价。评价不要带有情绪化，要注意评价前后的一致性。

6. 宽容对待学生

对待学生的逆反行为，教师要持宽容的态度，要了解学生行为背后的动机，在此基础上进行引导，往往可以达到事半功倍的效果。有这样一个例子：一名学生被举报在课堂上屡次违纪，班主任起初并没有在意，然而，几次教育都没有作用。班主任于是与该学生进行了谈心。班主任一开始就说，很高兴发现他已经敢于表达自己的感情了，学生起初是感到意外。然后班主任简单说了自己上学的时候也跟老师“较劲”的两件事情，学生就慢慢放开了，跟班主任谈他在课堂上违纪的原因。原来该学生因为成绩连连下降，对教师变得敏感起来。而偏偏他发现别人抄他的作业都得了老师的夸奖，而他什么都没有，于是认为“教师没有认真看他的作业，偏心”等等。学生原来并不清楚自己为什么会有那些违纪行为，但是当学生和老师都发现“作业、夸奖、偏心、违纪”这条奇怪的链条后，原因就清楚了，原来该生急于把成绩提高上去，却作了完全相反的行为。接着情况就发生了变化，该学生立即表现出愧疚的表情，表示要用积极的行动来提高成绩。①

① 李红菊：《调整中学生逆反心理的手段》，《班主任之友》2006年第8期。

# 第三节　创伤后应激辅导

近年来，自然灾害、社会恶性事件、校园伤害事故频发，学生成长的环境面临着巨大的变化，不利的环境因素给学生的健康生活、学习带来了不同程度的隐患。这就使得危机应对、创伤后应激辅导，成为学校越来越关注的问题。

**【案例】走过悲伤的日子**

围墙突然倒塌

2007 年 1 月 6 日下午 2:20 分左右，我市某中学相邻工地的防护钢架被大风刮倒，砸塌了该中学两米多高的围墙，高一（11）班 7 位女生被埋在砖头下。市委、市政府和教育局、卫生局以及学校领导在第一时间赶到现场，经在场师生及医院医生的全力营救，有 5 位学生幸免于难，而有 2 位女生却永远地离开了这个世界。这次伤亡事故给该班学生很大的冲击，他们陆续出现了很多情绪和行为反应：震惊、悲伤、愤怒、自责、焦虑、恐慌、孤独、麻木等。10 日中午，作为心理咨询师，我对该班 10 位女生和 15 位男生进行了两场小组辅导，发现学生中主要存在以下问题：①事件发生后，许多学生根本不相信这个事实，不敢直接面对；②觉得事情来得太突然，承受不了这种打击；③脑海中不断重现抢救现场，感到恐怖；④老是看见死者被抱出来后翻白的眼睛；⑤晚上难以入眠，一躺下就“看见”两死者；⑥上课难以静下心来，心理空落落的，没办法学习；⑦与两死者平时交往的情景在脑海中不断“上演”，总觉得有对不起她们的地方；⑧很想哭，但是哭不出来，非常难受；⑨怕独处，觉得有鬼，恐惧不安。学生迫切需要进一步的辅导，以释放压抑、焦虑、紧张、不安、恐惧的情绪，静下心来继续学习。①

## 班级群体干预活动

针对上述情况，我对全班52个同学进行了一次班级辅导活动。

1. 辅导目标

①交流自己经历的情形及感受。
②完成对死难者未完成的事件。
③交流不幸发生后至今，自己内心及生活上的变化。
④展望未来。
⑤接受现实，增强生活的信心。

2. 辅导过程

(1) 情景氛围。该班52名学生在哀乐声中排队缓缓地走进辅导室，分两圈，围着模特席地而坐。

(2) 引言导入。心理辅导老师：1月6日下午2:20分左右，对我们学校来说，是一个不幸的时刻；对我们班来说，更是一个灾难性的时光。学校隔壁工地的防护钢架在大风中轰然倒塌，一下子砸向了学校两米多高的围墙，就在围墙倒塌的一瞬间，我们班7位女生正从围墙下面经过……有5位同学经医院抢救脱离了生命危险，但有两位同学经抢救无效，永远地离开了我们……这两位同学的离开，对我们产生了很大的影响……今天，我们聚集在一起来怀念这两位同学，把自己心中想说的话告诉她们，以告慰她们的在天之灵。(辅导老师用右手指了指两位塑料模特) 现在，这两位同学就躺在这里。让我们敞开自己的心扉，把自己想对她俩说的心里话说出来吧……(许多学生把头埋在膝盖上，泣声一片)

(3) 真情告白。请学生发言，说出心里的感受，引发当事人的悲伤反应。

学生甲：严同学，感谢你经常借书给我，你是一个外向善良的女孩，你的笑将永远留在我心中，希望下辈子我们还是好朋友。

---

① 本案例引自徐中收：《让悲伤的心灵重享阳光》，《中小学心理健康教育》2007年第5期。

学生乙：倩，那天你向我借《高老头》，当时书在另一个同学手里，我没有借给你，我好后悔。昨天晚上我已经把它烧给你了，你带走吧！如果有下辈子，来世我们还做朋友，愿你们纯洁的灵魂化为天使圣洁的翅膀，永远地快乐幸福！

学生丙：同学是人生路上必不可少的，你们俩让我知道了朋友是可贵的，失去了就不可挽回，我会珍惜眼前的朋友。

学生丁：倩，我不该为那么一点小事情和你吵嘴，对不起！希望你下辈子能有更多的朋友，并且希望你能开开心心的……

52 名学生在一片哭泣声中表达了对死者的思念和告慰，情真意切，令在座者动容。

（4）放飞怀念。辅导老师请全体学生站起来，向死者模特默哀 3 分钟。然后，咨询师请助手向学生发放纸和笔，让学生把最想说的话写在纸上。学生们依次来到死者模特前，向死者三鞠躬进行最后的告别，然后把心灵寄语投入事先准备的怀念箱中，放飞怀念。

辅导老师请几个学生把模特搬出辅导室，并且引导学生们搓搓手、洗洗脸，挥挥双臂、掸掸衣服，告别仪式结束。

（5）振奋精神。辅导老师请全体学生站好，轻轻地闭上眼睛，慢慢地深呼吸进行放松，然后在舒缓的轻音乐声中，跟随辅导老师的指导语，进行想象：“你现在来到一片鲜花盛开的草原，远远地看到一群人，走近了，走近了，你看到其中有小李和小严。李和严依然是那么的鲜活，在对你微笑，她俩的眼神仿佛在对你说着什么，你是不是也有话想对她俩说？请告诉她们，你爱她们，祝她俩一路走好……我们要转身离开了，眼前出现了一条平坦的大道，这条大道是如此的长，无边无际……太阳升起来了，阳光暖洋洋地洒在树上、草地上，也笼罩在你的身上，你感到温暖起来，全身的鲜血沸腾起来，你感到一种新的力量在召唤着你，激励着你……渐渐地，你发现越来越多的人走在你的身边，他们是你的亲人、你的同学、你的朋友、你的老师……小鸟在歌唱，鲜花在绽放，你在亲人、同学、朋友和老师的簇拥下，昂首挺胸……”

（6）携手前进。欢快的轻音乐骤然响起，辅导老师请学生们手拉手，围成一大圈，手上用力，让身边的同学感受到自己的力量，然后对身边同学说一句鼓励的话。学生互相击掌，握手，拥抱，互赠祝福，互相支持和鼓励。

（7）拥抱明天。老师：“同学们，今天我们聚集在一起，缅怀两位同学，更重要的是，我们要接受现实，面对生活。死者去矣，活着的人要好好地活下去，用我们的活力、激情、热情拥抱美好的明天！发奋学习，快快乐乐地交往，把我们的班级搞好，以告慰她俩的在天之灵！我最后送给同学们八个字———平安、健康、快乐、幸福。”

**什么叫创伤后应激障碍**

创伤后应激障碍（post－traumatic stress disorder，PTSD）是指直接或间接接触自然灾害、战争、暴力犯罪、性侵害、严重交通事故、技术性灾难、难民、长期监禁与拷问等创伤事件的受害者、幸存者、目击者与救援者所出现的症状。引起儿童的PTSD的典型事件有人与人之间的暴力行为，如战争、抢劫或强奸，危及生命的事故如房屋倒塌、交通事故或灾难，如火灾或地震，经历或目睹上述事件者，或在亲人猝死后容易发生。其中，涉及人与人之间的暴力事件，比其他原因更容易引起PTSD。

美国精神卫生诊断统计手册（DSM－Ⅳ）有关PTSD的症状描述，主要如下：

（1）反复重现创伤性的体验。尽管患者对经历的事件极不愿想起，但却不自觉地反复回忆当时的痛苦体验，或反复发生错觉、幻觉，形成创伤事件重演的生动体验，如“闪回”。如被泥石流掩埋后获救的孩子在每年五月雨季来临时都会对泥石流是否会来而心存极大的恐惧。

（2）回避与创伤事件有关的活动。不能回忆或遗忘创伤性体验的某一重要方面。特别常见的是在法庭诉讼中，当受害者患者面临执法人员对事件前因后果、细枝末节的追问而不能想起，此时，若勉强地要患者去回忆他想回避的事件，这无异于在伤口上抹盐。此外，患者还会产生一系列的退缩症状，如与旁人疏远，与亲人的感情变得淡漠，对未来失去希望，觉得活着没有意义等。

（3）持续的警觉性增高。常伴有神经兴奋、对细小的事情过分敏感、注意力集中困难，有失眠或易惊醒、焦虑、抑郁、自杀倾向等表现，也可引起人格改变。

PTSD症状往往在创伤后立即出现，若症状在三个月内逐渐消失，称为急性，超过三个月以上仍未消失，则称为慢性。令人担忧的是，慢性的PTSD若是处理不当，将可能持续数年或数十年，甚至影响受创者的一生。

此外，还必须注意的是，部分患者的症状并非一开始就会显现，有时会在受创半年或更长的时间后才开始出现。

赵丞智等人的研究指出，患有 PTSD 的青少年出现频率较高的症状有：重现创伤感受、警觉性过高、强烈的生理反应、强烈的心理痛苦和烦恼及反复闯入的痛苦回忆。出现较少的症状是情感麻木与回避。由于创伤事件的性质不同，因此儿童表现出来的症状也有所不同。

### 青少年创伤后应激辅导建议

1. 丧失心理危机辅导建议

突然事件引起的丧失心理危机越来越频繁地出现在校园内。所谓丧失心理危机是指因同学、老师或者亲人的突然死亡，而给身边的人带来的应激反应，它具有突发性、震慑性等特点。因此，如何对相关人员进行心理干预，成为学校心理健康教育的重要任务。丧失心理辅导的一般策略是：情绪宣泄、认知调整、情感升华等。

情绪宣泄。一般在丧失心理辅导中，情绪宣泄是第一步要做的工作。学生面临突然的同学或者亲人、老师的丧失，悲伤、恐惧等负面情绪需要一个释放的渠道，以减轻内心压力。本节案例的辅导活动中前半段内容就是让学生表达对已故同学的哀思。

认知调整。丧失的应激反应，常常使人极度紧张、亢奋，容易产生偏激的思维方式。有这样一个事件：某校一位很受学生喜爱的女教师突然于某日凌晨坠楼身亡，公安人员调查初步结论是自杀，但是学生都不相信这位老师会如此结束自己年轻的生命。同学们都很悲痛，并且对公安人员的调查强烈不满。针对这种情境，心理辅导老师一边采用情绪宣泄，一边进行认知干预：

心理辅导老师：“几天前我们对戴老师说了很多心里话，也向戴老师表达了我们对她离去的悲伤。我们都很爱戴老师，也很想帮助离去的老师做点什么，你们打算怎么做呢？”同学们纷纷发言，说出他们想做的事情。

学生：“戴老师不可能是自杀的，我们强烈要求公安局秉公执法。”

心理辅导老师：“你们的心情我能理解，但是你们这样做会得到怎样的结果，你们想过吗？如果是戴老师，她会希望我们怎么做呢？”

这里心理辅导老师采用积极倾听和开放式提问帮助学生澄清什么是他

们真正想做的，检验各种可能的选择所产生的结果。可能问的问题有："你希望有什么样的结果？如果你选择这样做会有什么样的结果？现在有谁能够联系上并且能够帮助支持你？想象一下，你自己正在做选择，现在将选择付诸行动，你会怎样做，结果如何？"通过对话，把学生的情感转移到对危机的合理应付上去，以实际行动来表达对老师的尊敬和怀念。二十天后，公安部门对这个案件得出定论，戴老师是因抑郁症发作而自杀身亡的。①

情感升华。丧失心理辅导的目的，最终是要让学生化悲痛为力量，感悟生命的可贵和生活的美好。本节的班级辅导活动后半部分："放飞怀念"、"振奋精神"、"拥抱明天"等活动环节，正是为了让学生走出悲伤，情感升华。

2. 重大灾难发生时的辅导建议

（1）当校园发生重大的危机时，第一时间要做的事：①告知学生和教师相关的安全注意事项，提供必要的紧急医疗援助，并让大家尽快镇定下来；②联络有关方面提供救援和帮助，并及时向老师和学生通报救援开展的情况；③保护现场，等待有关方面的处理；④正视现实，应对媒体，准备危机事件事实报告；⑤运送伤员，确认死亡情况；⑥同家长或家庭成员进行联系。

（2）班主任教师要将学生尽快地集合在一起，督促他们采取安全的自我保护措施。一时无法联络到医疗救护人员时，教师要尽量给予伤病者适当的安慰。尽量让他们保持暖和（如给他们盖上毯子、外套等），尽量用平稳的口气和他们说话，握握他们的手，摸摸他们的脸，给予他们一些心灵的安慰。除非危及生命，否则千万不要移动受伤的人，也不能给受伤流血的人喝水或者吃东西。不要使用止血带，除非伤者流血太多危及生命。

（3）班主任老师要始终保持对自我情绪的控制，青少年儿童通常倾向于按照成年人对情境的反应来评价自己的反应。要配合学校心理老师做好学生的紧急心理援助：向学生解释在危机事件中的各种反应都可能是"对不正常情境的正常反应"；要鼓励学生用语言表达自己正在经历的感受，向他人寻求心理支持，并告诉他们这是在接受如何有效地处理问题的训练；教师要认真地倾听学生，不要加任何批评或评价，但要表达出对学生的各种反应

① 曾旭丽：《一则校园危机干预分析：化悲痛为动力》，《吉林教育》2008年第6期。

的理解；同时也可以引导学生讨论应对危机事件的方法。对于那些不愿用语言来表达自己感觉的学生，可以用书写的方式，对年幼的孩子也可以用画画的方式。适当的时候，教师也可以带领学生一起做肌肉放松训练。

（4）危机过后，学校应给学生和教师提供心理危机干预方面的讲座，普及校园危机干预的基本常识。①

（5）避免使用极端的词语。老师帮助学生讲出自己的感受、顾虑和困惑，并向他们保证，他们正在体会到的一切都是可以被理解的、合理的。可以提供简单的代表情感反应的标签（比如，异常激动、伤心、惊恐、担忧等），但不要使用极端的词语，如“恐惧的”或者“惊骇的”。因为这样做可能会增加他们的焦虑。使用遇难者的名字来称呼，而不要用“死者”等字眼。仔细聆听并向学生确认你想了解他/她，你会理解他/她，并观察和包容儿童在行为或语言运用方面可能会表观出的发展性倒退，并尽可能让你的语言贴近儿童的发展水平。越是年幼的儿童一般说来越难以明白诸如“死亡”之类的抽象概念。要尽量使用直接点、简单点的语言。

（6）转移注意力。有些经历创伤事件的学生可能拒绝与他人交流他们的感受。一些转移注意力的活动会更容易让他们接受，使他们得到内心的平复，如绘画、听音乐、进行阅读、玩扑克牌、进行棋盘游戏或运动等。他们其中一些人可能希望独处。如果足够安全，请提供给他们一些可以不受干扰的独处空间。当他们想与你讲述时，你应安静地倾听，不要说得太多，也不要探究过多。但要让他们意识到，让人痛苦的事情发生过以后，尽管有时你不想去谈论，但当你有什么需要时就一定要说出来，要让老师知道你需要什么能帮助事情变得好起来。②

### 3. 创伤后应激障碍治疗

对于在突发灾难事件中被确认有 PTSD 症状的学生，则应该转介给医疗机构进行心理治疗。根据 PTSD 的诊断标准，创伤事件发生 1 个月之后才可作诊断。但创伤事件的发生对个体的影响是立即、迅速、强烈的，创伤后的反应若没有得到适当的处理，容易导致 PTSD 的产生。一般采用认知行为治疗、眼动脱敏和再加工治疗和药物治疗等等，这里介绍前两种。

（1）认知行为治疗。治疗者常常通过行为矫正技术来改变患者不合理

---

① 周红五：《心理援助——应对校园心理危机》，重庆出版社 2006 年 12 月版。

② 董慧琦等：《心理急救现场操作指南》（第二版）（内部资料），2008 年。

的认知观念，根据 Foa 等的专家指南，对 PTSD 有效的治疗包括暴露治疗、焦虑管理训练和认知治疗。

暴露治疗：暴露治疗是让患者面对令人害怕的情境，然后通过放松方法，使患者逐渐适应这种情境。情境可以是想象的，也可以是真实的。目前常用的暴露治疗方法是延时暴露。主要包括 5 个步骤：①资料收集；②呼吸训练；③心理教育；④视觉暴露（in vivo exposure）；⑤想象暴露。

焦虑管理训练：主要目标是管理应激性事件。通过为患者提供应付焦虑的技巧（如放松训练、积极的自我陈述、呼吸训练、生物反馈技术和社会技能训练等方法），来改善患者的应付能力，增加应付资源和提高患者自信心，使患者从被动无助的状态转换到积极的可负责任的姿态。

认知治疗：认知治疗的目标是让患者识别他们自己的失调性认知，通过与不合理信念的辩论来重建认知系统，减少症状、恢复社会功能。Ellis 的合理情绪疗法认为患者的情绪障碍和不适应行为是由于存在不合理信念造成的，所以在治疗时通过与不合理信念辩论来重建信念系统，以改变症状。Beck 的认知治疗法则通过矫正患者歪曲的思维模式来进行认知重建。

（2）眼动脱敏与再加工治疗（英文缩写 EMDR）。创伤事件破坏了大脑信息加工系统的生化平衡，干扰了信息加工系统原本具有的适应性处理功能，并把个体关于这一事件的感知“锁定”在神经系统中。而通过反复眼动，能活化大脑这一自动信息处理系统，解除“锁定”。另外，EMDR 还通过再加工过程，使人们产生认知重建，恢复大脑信息加工系统的平衡。

EMDR 治疗。在 EMDR 治疗中，患者想象一个创伤性记忆，或任何一个和创伤性记忆有关的消极情绪，然后要求患者大声清晰地说一个和他们以前的记忆相反的信念。在患者回忆创伤事件的同时，他们的眼睛被要求随着治疗师的手指快速移动。治疗时，患者要求评估创伤记忆和重新建立的积极信念的强度。Van der Kolk 指出 EMDR 比暴露治疗有几个优势：①EMDR 比暴露治疗容易实施；②患者不用描述他们的思维，只需报告情绪唤起和躯体感觉的变化，这对伴有罪恶和害羞感的创伤性记忆特别有帮助。许多遭受性侵犯的 PTSD 患者常常伴有罪恶感或害羞感，在患者难以用言语描述所发生的事情时，EMDR 可以使治疗继续进行。[①]

① 陈树林等：《创伤后应激障碍的心理治疗》，《临床精神医学杂志》2005 年第 3 期。

# 第七章

# 展现生命的精彩

青少年生机勃勃、富有激情和理想，他们有许多人生未知的问题要探索，诸如生活的意义、生命的价值等等；同时由于他们缺少生活经验与磨炼，常常显得比较脆弱与动摇，甚至容易走极端。所有这些精神追求、思维方式和行为方式便是青少年独特的亚文化。青少年的偶像崇拜、热衷星座、网络迷恋等等，便是青少年亚文化现象的种种表现，有其合理性，但更有其非理性和局限性。班主任老师只有了解青少年的亚文化，才能走进他们的心灵，帮助他们健康成长。

本章结合案例讨论以下问题：

偶像崇拜心理辅导

网络成瘾倾向辅导

自伤、自杀预防与干预

# 第一节　偶像崇拜心理辅导

中学生是追星族中最为积极的群体，青少年时期是最富于想象和浪漫的阶段，每个学生的心目中都会有自己的偶像，他们通过偶像崇拜表达自己内心的理想和愿望。偶像崇拜的积极意义在于激励学生对美好生活、人生境界的追求，但是偶像崇拜过了头，进入痴迷状态，也会使学生迷失自我、误入歧途。因此，青少年偶像崇拜是师生沟通的一个重要话题。周杰伦是许多学生喜爱的歌星，不少男生还特地留了“周式”长发，这位班主任是怎么引导的呢？请看下面的案例。

**【案例】男生的头发由长变短**

最近，发现班上的许多男生的头发越留越长，虽然几次要求他们剪短一点，但效果不明显。为了弄清楚他们为什么留长发，我开始了侦察活动。经过细致的观察，我发现不少同学的课桌上都贴着留着一头长发的歌星周杰伦的照片，难道这些照片与学生留长发有着某种联系？我悄悄地喊来一位留着长头发的男同学，“你的头发真像周杰伦的，真潇洒。”我故意说道。他果真有些得意：“周杰伦是我心中的偶像，我说我的头发像周杰伦，他们还不信。”听到这里，我心中有数了，他们留长发是在模仿歌星。同时，我心中又升起一丝忧虑：是不是同学们的崇拜偶像心理出现了偏差？我决定做个调查。

我给同学们每人发了一张纸条，让他们把自己心中偶像的姓名和事迹写下来。真是不查不知道，一查吓一跳：绝大多数学生崇拜的偶像都是一些歌星、影星，甚至还有影视作品里的黑社会老大！他们不但能写出自己崇拜的偶像的姓名，甚至还能写出他们的生日、嗜好和一些绯闻。而崇拜科学家、发明家、英雄人物的同学非常少，就是有几位学生写自己崇拜某位科学家或英雄人物，但最多只能写出姓名，写事迹时就漏洞百出了。

我由此断定同学们的崇拜偶像心理发生了错位，造成了大面积人文精神“缺氧”。我意识到了问题的严重性。偶像崇拜是否健康，是直接关系到未成年人健康成长的大问题，甚至决定未成年人的人生走向。必须把他们错位的偶像崇拜心理矫正过来。

我首先给学生布置了一个作业，让他们把平时阅读的课外书籍的名称写出来。果然，绝大多数学生看的都是一些关于歌星、影星的小报、杂志。学生阅读面狭窄、阅读层次浅薄，是学生人文精神匮乏的重要原因。如果我们再不重视扩大学生的阅读面、拓展阅读层次的深度，帮助我们的孩子从追求时尚、爱好虚荣、崇尚暴力的泥潭中摆脱出来，那将是我们教育的失败，我们的下一代在人文精神上将会出现危机。

为此，我决定在班里营造一个“书香”氛围。首先采取了“贴一贴”的办法在教室的墙壁上，贴上用毛笔书写或用电脑打印的科学家、文学家、英雄人物关于人生的名言，如，“人只有为自己同时代人的完善，为他们的幸福而工作他才能达到自身的完善（马克思）”。“青年时种下什么，老年时就收获什么（易卜生）”。“如果你希望成功，当以恒心为良友，以经验为参谋，以当心为兄弟，以希望为哨兵（爱迪生）”。让学生一走进教室就置身于伟人的精神世界之中。

其次，采用“写一写”的形式，黑板报和墙报是班级环境文化建设的主要阵地，是班级的眼睛。我在班级黑板报上开辟了一个名为“阅读之窗”的栏目。在这个栏目中，我定期向同学们介绍马克思、高尔基、爱迪生、雷锋等伟人、科学家、英雄人物的事迹。

我还在班上建起一个读书角，收集了许多关于科学家、文学家、发明家和英雄人物的书籍，为的是使学生能随时读到关于他们的好书。

另外，为了促进学生们的读书活动，我还定期举办读书沙龙活动，开展“阅读之星”的评选活动。就这样，整个班级都笼罩在浓浓的书香氛围中，经过一段时间的熏陶，许多学生对读英雄故事、学英雄事迹产生了浓厚兴趣。

一段时间之后，我发现班上的那种追求时尚、崇尚虚荣的浮靡之风明显削弱了，男生的头发也剪短了，桌上的小贴画也不见了，取而代之的是积极向上的座右铭。[①]

当前，中学生对明星的崇拜远远胜过对科学家、文学家和英雄人物的崇拜，这是一个不争的事实。吴老师发现了学生偶像崇拜的物质化、表面化倾向背后的人文精神缺失，体现了教育工作者敏锐的眼光。通过在班级里营造“书香”氛围，化明星崇拜为榜样学习。吴老师的经验值得大家学习。但问题是明星能不能作为学生学习的榜样，这个工作怎么做？学生崇拜明星无可厚非，关键是如何理性地认识到明星成功的背后是艰辛的汗水与努力。

**青少年偶像崇拜状况**

1. 青少年崇拜的偶像类型分布

不少研究表明，青少年崇拜的偶像以明星居多。例如，李强等人（2004）对天津200多名中学生的调查发现，中学生崇拜的偶像大体上可归为八类：影视歌明星、著名人士、体育明星、父母、同学、教师、自己、其他。其中，“著名人士”指对社会历史发展有重大历史贡献的人。按照崇拜比例排序依次为：影视歌明星（48.1%）、著名人士（23.6%）、体育明星（16.3%）、父母（6%）、同学（2.1%）、教师（1.3%）、自己（1.3%）。在这些崇拜类型中，影视歌明星占了近二分之一。[②]

又如，章洁等（2007）对浙江4000多名中学生的调查也发现，中学生崇拜的偶像，明星人物占77.5%，杰出人物和政治人物分别占3.35%、2.76%，形成截然反差。[③]

再如，陈峰对广州600多名高中生的调查发现，娱乐、体育明星对青少年的吸引力最大，占比超过50%。相比之下，“劳动模范”、“历史人物”其比例低于虚幻的卡通人物。[④]

2. 青少年偶像崇拜的特点

郝玉章等（2000）对200多封“赵薇迷”信件的社会学分析发现，青少年偶像崇拜的特点是：

---

① 本案引自吴卫国：《偶像崇拜错位矫正记》，《班主任》2005年第3期。

② 李强等：《中学生偶像崇拜现象调查》，《中国青年研究》2004年第3期。

③ 章洁等：《从偏执追星看青少年媒介素养教育》，《当代传播》2007年第5期。

④ 陈峰：《当代青少年偶像崇拜现象研究》，《思想理论教育》2006年第10期。

（1）感性的成分多，理性的成分少。具体表现为，一方面偶像不固定。这一时期喜欢这个人，那一时期又崇拜那个人，甚至同一时期可以喜欢好几个人，像赵薇的影迷中就有不少人同时也喜欢苏有朋及《还珠格格》中的其他演员。他们崇拜偶像没有明确的目的和动机，带有很强的感情色彩，有时纯粹是从众。另一方面，一些崇拜者对偶像达到了狂热的"痴迷"程度。比如，"我买了很多你的明信片，每天都痴痴地看，傻傻地看，有两次错过在电视上看你的机会，气得我差点撞墙，现在只要哪里有一点点你的消息，我都用笔记下来，你的画像我都剪贴下来"、"我已经被你迷得不知天高地厚了，我几乎天天都在想你，在课堂上我是一个无心听讲的坏学生，你真的不能使我忘怀"。一些崇拜者对于一段时间内电视里没有出现赵薇的形象感到很失落，"前不见格格，后不见吉祥，念脑子之空空，独怆然而涕下"（"格格"、"吉祥"都是赵薇饰演的角色）。

（2）认同式依恋多，浪漫式依恋少。一些研究者曾专门提出过两种偶像依恋类型：一是认同式依恋，即希望成为像偶像那样的人物；二是浪漫式依恋，即希望成为偶像的恋人。香港和国外的一些调查表明，对异性名人的浪漫性依恋是青少年偶像崇拜的一个基本特征。但是这一点我们从赵薇影迷的来信中没有得到证实。首先，异性崇拜者的比例本来就相当少，只有5.4%，这说明对于大多数男性青少年而言，追求名人的浪漫情怀并不构成其崇拜偶像的真正动力。其次，除了极个别的人有这种朦胧的表示外，比如"听说你要结婚了，我不知道是否是真的。如果是真的，我的愿望永远消失；如果是假的，我会安慰我自己，怪报社胡编乱造"、"我的心永远会在属于你的世界里，就让我成为你遥远的伴侣吧"。大多数崇拜者都只是欣赏赵薇的演技，或希望与她交朋友，向她倾诉烦恼，或向她讨教成功的秘诀，希望能取得她那样的成绩。相反地，在崇拜者当中，认同式的依恋较多，而且女性的比例较大。比如"上周我没有哭过，我学会了坚强"、"我的性格也从内向变成了外向"等等，从来信中我们还发现，相当多的崇拜者都表达了"希望长大以后，能成为像赵薇那样的人"的愿望。①

① 郝玉章、风笑天：《青少年的偶像崇拜——207封"赵薇迷"信件的社会学分析》，《青年研究》2000年第4期。

## 青少年偶像崇拜动因分析

1. 追求理想自我

在青少年自我同一感形成的过程中，他们常常在问自己“我是谁”，他们对自己的觉知和评价常常是飘忽不定的，他们的内心非常需要寻找理想的自我，帮助自己建立自我认同感。而他们心中的偶像就是理想自我的化身，因此，青少年偶像崇拜是理想自我的心理投射。有的“赵薇迷”在信里这样写道，“你的天真活泼，深深地让我着迷，你是我崇拜的偶像，我多么希望我也能像你那样，成为电视上让观众喜欢的影星”、“你的演技太棒、太精彩了，天真、活泼、可爱……长大以后也想和你一样能够成为大明星”、“出色的影星”。在这里，偶像是崇拜者的理想自我，是崇拜者心目中的未来。偶像还可以是崇拜者的代言人，正如一位影迷在信中写的：“我好想和你一样叛逆、一样疯狂，你做了我想做而不敢做的事，过了我渴望而没有的生活。”这种对偶像的认同成为青少年自我认同的重要手段。尽管类似的梦想看似有一些幼稚，但是“像我们这样的年龄，就算梦想超载也没有关系，因为我们拥有阳光一样的活力”，它可以成为一种促动，让青少年去追寻他们的理想自我。

2. 情感寄托

青少年偶像崇拜是一种情感归属的需要。青少年寻求自己独立，渴望摆脱父母的束缚，同时，他们又希望得到新的情感归属，即寻求一种遥亲感（遥远的亲密感），以补偿脱离对父母的依赖产生的情感真空。在这个过程中，青少年往往会在其他人群中寻找父母的“替代品”，比如同龄伙伴。但是对于自己的一些“隐私”和自认为比较重要的问题，他们仍然常常缺乏诉说的对象。有的学生写信给赵薇说，“赵薇姐姐，我写信给你的主要目的是想与你说说心里话，事实上我的伙伴也不少，但不知怎的，我总不能与她们说心里话”、“不知我给你写信，你会不会嫌我烦，但我心中的悲伤不知道向谁诉说”。这主要是因为青少年时期心理的封闭倾向使他们难以与父母、老师建立起亲密无间的深层沟通，而身边与自己平起平坐的同学又难以具备足够的权威感和吸引力，况且“在学校里，成绩是能不能交到朋友的关键，成绩好，别人就和你好；成绩不好，即使认识你这个人，他也不会坦诚待你”。

3. 释放压力

学习压力大，寻找精神寄托。从对“赵薇迷”来信统计的情况看，有80%以上的是学生，而这其中又有80%的初、高中生。这些学生，面临着中考或高考，各方面的压力都很大。学习负担重，重重压力，压得他们喘不过气来。有了这种超负荷的压力，自然要寻求宣泄、解脱和释放。从来信中可以看出，压力越大，越容易崇拜偶像，寻找精神寄托。有的学生写信给赵薇：“我现在正在上初中二年级，学习很紧张，天天的作业都快把我压死了”、“我是一个即将毕业的中学生，我非常担心明年的中考”、“当我得知你要边演戏边上课，而且还要拍广告，这么辛苦你都挺过来了，我为什么连学也学不好呢？我非常想成为你的知己”。有不少学生向赵薇求教，比如一位中考落榜现在复读初三的学生说：“赵薇姐姐，你是那样乐观，我想你在生活中一定遇到过困难，我希望你教教我该如何面对这次挫折。”一位初一的学生说：“最近我心情总是不太好，英语只考了74分，数学竟考了不及格，这是我考试成绩中从来没有发生过的事情，我好痛苦。就连比较好的语文，原来考前三名，可现在却退步到第十五名，我好害怕。赵薇姐姐，你能不能教我一些学习的好方法，让我重新振作起来，做一个老师喜欢的好孩子。”这些崇拜者把偶像当成了救星，希望她能拯救自己，帮助自己解脱困境。更有一些崇拜者将赵薇视作精神支柱、精神动力，“从你的笑容中我找到了快乐和自信”。

4. 从众心理

青少年由于对同伴群体的归属感，常常害怕自己与众不同而被同伴孤立，怕被视为“另类”，因此希望与群体保持一致。在偶像崇拜的问题上也是如此，他们趋向于采取从众行为，比如一位影迷在信中说：“以前，我并不知道什么《还珠格格》，可我们班的同学天天聊，于是我也成了他们行列中的成员了”、“你看我班的同学，哪个歌本上没贴《还珠格格》的照片，哪个没有买上几张明信片？有的同学是看准了衣服上的‘还珠格格’才买的，还有圆珠笔、钢笔等，反正都是一个个十足的‘格格迷’”、“你知道吗？赵薇姐姐，你已经在我们班上非常出名了，我和同学们一起交流的时候，总会提到你，说你这样好，那样也好”、“每天在寝室里，我们谈论的都是你，每个人都看关于你的书籍，都很关心你在做什么，准备拍什么电视剧或电影”。可以想象，在这样的氛围里，如果有人不喜欢赵薇，不崇拜赵薇，不只是会失去同学、朋友，可能连说话的机会都少了。由此可见群体力量的强大。

**偶像崇拜心理辅导建议**

化偶像崇拜为榜样学习，是对青少年偶像崇拜心理辅导的基本策略。青少年偶像崇拜是其内心的需求，老师应该予以理解，要因势利导，而不是一味压制和说教。

一是尊重学生偶像多元化，其实学生心中的偶像并非只有明星。调查结果显示，中学生崇拜的偶像类型广泛，具有多样性的特征。当然，比起科学家、文学家等专家学者和历史人物，中学生对明星偶像更加青睐，因为明星偶像大都英俊潇洒、美丽大方、有魅力，能够满足学生娱乐、休闲的需要。

二是加大对人类社会作出贡献的著名人士和历史人物的宣传力度，让广大的学生知晓。青少年偶像崇拜偏差的现象在某种程度上也与社会传媒的宣传导向有关。可以说，许多急功近利的大众传媒起了推波助澜的作用。明星们每到一个地方，总会举行大型的欢迎活动，而那些为祖国、为人类事业作出贡献的科学家或为公益事业奉献的有志者却很少有聚光灯对准他们。所以，一提到章子怡、巩俐等，没有人不知道的。而像我国的杂交水稻专家袁隆平等，他们对世界的贡献是巨大的，但是他们的知名度却远比不上一些明星等。还有“中国芯”的发明者邓中翰，好多中小学生也不知道。因此，有专家建议：学校要做的就是平衡学生的偶像追求，让单一的偶像崇拜变成群星灿烂。学校可以向学生介绍很多其他领域的优秀人物，比如科学家、发明家等，让学生有机会了解中国的神舟飞船、中国的宇航员，知道各个领域的专家、学者等。学校也完全有能力组织学生去访问一些科学家、学者。①

三是发掘偶像身上的榜样精神。要引导学生多多了解偶像成功背后的艰辛。俗话说“台上一分钟，台下十年功”。不能只看偶像在舞台上光鲜夺目、鲜花掌声，而要看到偶像怎么从平凡到成功的曲折与努力。邓亚萍是大家喜爱的著名运动员，她原来做运动员的时候，文化水平不是很高，而她现在却可以用英文宣读自己的博士论文，成为奥委会的一名官员、中国

① 贾小娜：《访谈孙云晓：偶像崇拜也要做到“营养均衡”》，《教育》2007 年 4 月。

的外交大使，为国家作出那么多的贡献，为中国赢得那么多的荣誉。她是怎样提高自己的素质的呢？挖掘她身上那种时代所提倡的勇于拼搏、不断求知的精神，使之成为学生学习的榜样，便是变偶像为榜样了。周杰伦是青少年喜爱的歌星，他并不像一些学生父母或老师误解的那样一无是处。周杰伦在小学时就开始尝试自己作曲，在中学时就在舞台上崭露头角，并逐步形成自己的风格，这些都是他身上的榜样因素。有个中学生这样写道："我自始至终崇拜着一个偶像周杰伦。有人说他长得不帅，却喜欢耍帅，很做作；有人说他口齿不清，唱得根本听不懂。是的，他长得的确不算很帅，唱歌口齿也不清。但他很真实，他的音乐拥有自己独到的个性。……他是个不折不扣的才子，从当初以每天一首歌的速度为别人写歌，到现在为自己和朋友创作歌曲，自始至终不变的是他的曲风，每首歌都打上了他的烙印。……出道至今，他始终坚持着自己的风格，有人劝他改变曲风，否则，会被听者厌倦以至遗忘，但是，他却说：'我只唱属于我自己的歌。'事实证明，一如既往对音乐的热爱和执著，使他成为华语歌坛的小天王。"①

四是增强偶像崇拜的理性力量。要引导学生对偶像欣赏而不迷恋，热烈而不狂躁。偶像崇拜或者欣赏要有个度的把握。调查表明，绝大多数学生是能够把握好分寸的。但是也有个别痴迷到近乎病态崇拜的案例，应该引以为鉴：

现年 28 岁的兰州女子杨丽娟，1994 年（15 岁，初二）梦见香港艺人刘德华拉着她的手在草坪上说话，醒来后就向父母表态"非刘德华不嫁"。从此她开始痴迷刘德华，至今已经 13 年。在这 13 年里，杨丽娟不上学、不工作，全职"狂追"刘德华。少女追星，耗时十三载，花费十万元，最终导致老父自杀，而她至今仍执迷不悟，这事情既荒谬而又让人感到震撼。无独有偶，一名何炅的粉丝竟主动找到媒体称要"效仿杨丽娟"。4 月 3 日出版的某报刊登了对"人造李湘"的大篇幅专访，报道称 17 岁女生李瑶欲通过整容变成李湘的模样，来争演电影角色。这些病态追星个案是由于个体过度爱慕、追求和崇拜明星而产生的对明星的特殊依恋，毫无节制地终日沉溺于对明星的关注和幻想之中，将严重影响其身心健康，需要对其进行专业心理治疗。

① 高静绒：《偶像崇拜，要悠着点》，《校园歌声》2007 年第 4 期。

## 第二节　网络成瘾倾向辅导

学生过度迷恋网络游戏，而不思学习上进，已经成为不少教师和家长的心病。于是“网络成瘾”成了学生心理辅导的一个重要议题。许多调查表明，真正网络成瘾的学生是极少数，但是有网络成瘾倾向的学生有相当比例。网络成瘾学生需要专业心理治疗，而有网络成瘾倾向的学生则可以由学校心理辅导来解决。以下就是一位班主任如何使学生从迷恋电脑游戏中走出的案例。

**【案例】从“警察逮小偷”的转型**

成成是一个天资不错的男孩，人聪明但惰性大，接受能力强但无心学习。由于迷恋网络游戏，学习成绩每况愈下，成绩也由进校时的名列前茅退至年级中游水平，整天上课无精打采、打瞌睡。成成父母离异，父亲工作十分忙碌没时间管他，继母也无力管束。从家长的谈话中我了解到，父母的离异给成成造成了很大的心理阴影，他曾经气愤地表示：“我就是要这样，让你们为自己的行为后悔！”①

### 单刀直入，化解隔阂

经过多方面了解，我第一次找了他。成成怯怯地走进我的办公室，低着头站在我的面前。

师：（盯着他，单刀直入）我听说你人很聪明，为什么学习成绩不理想啊？

① 徐晓英老师撰写，略有删改，选自胡晓华主编：《学生心理辅导案例精选》，浙江教育出版社 2005 年 7 月版，第 173—179 页。

（生如坐针毡，用疑虑的目光看着我）

师：（微笑）你能分析一下原因吗？就当我这个新班主任是你认识的一个朋友，不要有什么顾虑。

（他拿眼睛瞟了一下我）

师：（看此法不行，连忙换个话题）你平时喜欢什么？

生：（略微沉思了一下）没什么喜欢的。

师：不打打篮球，踢踢足球？

生：（厌烦地）那没劲。

师：学习也没劲，对吧？

生：（怯怯地看着我）没劲！我对学习一点激情也没有。

他的直率让我怔了好久。

师：那，能否告诉我现在你对什么有激情呢？

生：（迟疑了一下，不安地吐出四个字）电脑游戏。

师：（笑了笑）这也不错啊！玩电脑能益智，打游戏能怡情，你怎么跟犯了罪一样呀？我不觉得这事有什么不好呀！

生：（他瞪大了眼睛，有些不安）真的吗？

于是我随意（其实是精心准备的）和他聊起了电脑游戏的益处和弊端。我们的交谈在友好的气氛中结束了。这次谈话首先是让成成明白我已经关注他玩电脑游戏的事了，起到了敲山震虎之目的；其次是让他知道我这位班主任并不是高高在上、武断处事的，从而化解了彼此的隔阂。

## 游戏玩得好，学习一定会更好

经过一段时间的观察，我发现成成在慢慢发生变化：上课不打瞌睡了，作业也开始交了。我决定趁热打铁，第二次找了他。

师：同学和老师都反映你上课时答题能力很强，而且听说你进学校时是班上的佼佼者呢！

（生不好意思地抿嘴笑了笑）

师：据我观察，你具有快速反应能力，各方面的表现都不错，为什么不能反映在学习上呢？

生：（闪烁其词，低下了头）老师，我……

师：听说你是班上玩游戏玩得最好的一位，积分也最多。

生：（瞪大了眼睛，有点不安）您也知道？

师：其实我很佩服你，尽管你目前的成绩不理想，那是你没有把精力放在学习上，如果哪天你能合理地安排好学习和玩游戏的时间，我想你一定会成为学习上的强者的。

他若有所思，似乎心有所动。

## 君子协定，奋力一搏

经过一段时间的交往，成成对我由戒备到松懈到亲近，还有了些敬佩。我第三次找他谈话。

师：你这段时间精神不错，学习也进步了不少。

生：（欢颜尽展）我也觉得挺开心的。

师：对了，你爸爸昨天从山东给我打来电话，询问你的学习情况，我说你进步多了，他听了很欣慰。

生：（瞪大了眼睛望着我，一脸的惊异）真的吗？

师：哦，对了，这是你妈妈（他继母）给你的生活费。她说昨晚忘了给你了，怕你不够用，特意请假给你送过来。

生：（拼命地拧衣角，局促不安）老师……

师：我看呀，你爸你妈都挺关心你的，你别老戴着有色眼镜去看别人。你已经是个小男子汉了，要学会体谅他人，理解他人。还有，你妈问你的薄弱学科要不要找个老师帮你补补，你说呢？

生：不需要，我就语文不大好，多花点工夫就行了。

师：我相信你能学好语文的。我更相信，你能成为班里男生学习的榜样。不如我们来个君子协定：我尽我所能为你创造一个轻松、良好的学习氛围；你要全身心投入学习。你看怎么样？

生：（极为严肃而认真地点了一下头）好的，我一定加油！

然后，我与他制订了详细的学习计划。在教学中，我经常鼓励他。不久，他的成绩就有了可喜的变化。

## 反思：从“警察逮小偷”的转型

刚接手这个案例时，我觉得没有信心。以往沉迷于电脑游戏的学生的事一一浮现在我的眼前，尽管我严格管理，苦口婆心地说服教育，甚至多次上街“警察逮小偷”，但是都难以感化这些学生。因此，这次我改变策略，从发掘深层次原因入手，找到问题的症结所在。成成由于父母离异而产生“报复”心理，他把自己所遇到的困难和失败都归结于命运不公和父母的过错。通过心理沟通与交流，消除了成成对我的隔膜；通过亲情融化，化解他心中的怨恨；通过转移注意去除他对电脑游戏的迷恋。

这是一个班主任化解学生网络游戏迷恋的比较成功的案例。我们分享徐老师的成功经验，值得提及的几点是：其一，从积极的方面看待成成迷恋电脑游戏的问题，不是如临大敌，一味封堵。第一段对话，徐老师首先肯定了玩电脑游戏能够益智，其用意是消融师生的隔阂。作为一个新接班的班主任，这是很明智的做法。其二，第二段话中老师肯定成成电脑游戏玩得好，传达了对学生能力的积极评价，并且顺水推舟，劝其将电脑游戏的能力迁移到学习能力，转而激发了他的学习动机。其三，徐老师通过对过去失败教育案例的自觉反思，认识到“警察抓小偷”的高压封堵教育难以奏效，要了解分析学生行为背后的动机。这恰恰是对学生进行心理辅导的基本策略。

### 青少年网络成瘾倾向状况

网络成瘾的概念最早由 Goldberg（1995）提出，将其命名为“网络成瘾”（internet addictio ，IA）或网络成瘾症（internet addiction disorder，IAD)，是指因网络使用的适应不良模式，导致社会、生理、心理功能显著的损害或痛苦。但 Goldberg（1996）又再次将 IAD 改称为病态网络使用（pathological internet use ，PIU)，定义为使用计算机占据过多的时间以至于引起不适抑或降低职业、学业、社会、工作相关、家庭相关、财政、心理上或生理上的功能。简言之，IAD 就是在无成瘾物质作用下的上网行为冲动失控，过度沉溺在网络中浏览或热衷于通过网络建立人际关系，表现为由于过度使用互联网而导致个体明显的社会、心理功能损害。美国心理学会（APA）于 1997 年正式承认“网络成瘾”研究的学术价值，将之列为心理疾病，IAD 是近年网络心理学研究的热点。但其是新出现的心理疾病，故目前国际上还没有公认的诊断标准。①

青少年网络成瘾表现为：对网络有心理依赖，长时间上网，从上网中

① 郎艳等：《青少年网络成瘾的心理学研究》，《国际精神病学杂志》2007 年第 4 期。

获得愉快和满足，下网后感觉不快；在个人现实生活中，很少花时间参与社会活动和与他人交往；以上网来逃避现实生活中的烦恼与情绪问题；倾向于否定过度上网给自己的学习、工作和生活造成损害。判断学生是否网络成瘾，主要看其成瘾行为是否影响了个体正常的学习和生活，是否导致了人际关系恶化、学习能力减弱、学习效率低下、生活质量下降。

关于青少年网络成瘾问题的状况，由于界定不一、标准不一，因而各个报告的检出率也有所不同。有调查表明，北京中学生网络成瘾者高达13.65万人，专家测评发现，目前北京市未成年人患“网络成瘾症”的比例高达14.8%。国内近年来研究显示其发生率为6%—14%，网民呈现低龄化趋势，青少年网络成瘾的发生率在10%左右，其中大学生为4%—13%，中学生高达15%。①

再如，沈理笑等对上海3220名高中生调查后发现，学生互联网使用率为94.89%，网络成瘾率为9.37%；男生比女生更倾向于网络成瘾；网络成瘾的发生率职业高中为14.83%、普通高中为10.0%、重点高中为6.56%。

由于网络成瘾有程度差异，一般分为轻度网瘾和重度网瘾，轻度网瘾又称为网络成瘾倾向。沈理笑等人的调查结果发现：3220名高中生中轻度网瘾为9.37%，中度为0.99%，重度网瘾为0。余一雯等人（2007）对2000多名中学生的调查发现，真正网络成瘾的有10人，占总体被调查学生的0.46%，网络成瘾倾向的有177人，占8.15%。可见青少年网络成瘾问题，绝大多数属于网络成瘾倾向。

### 网络成瘾倾向成因分析

#### 1. 技术与动力因素

著名游戏设计师杰弗里·郝兰德（Geoff Howland）撰写过一篇题为“游戏使人上瘾的因素”（Game Design：The Addiction Element）的文章，成为业内人士的入门必读教材。其中详细分析了网络游戏使人上瘾的原因：

第一，想完成游戏的动力。玩家想完成这个游戏，经常基于想看到游戏最终的结果或仅仅只是想完成它。在仅仅只是想完成游戏的例子中，这

---

① 晋琳：《青少年网络成瘾的研究现状》，《中国心理卫生杂志》2008年第6期。

些游戏只是被看作一个挑战。去持续地玩一个明显很难的游戏并直到完成为止，这可能是一种满足自信心的行为。

因为人类都喜欢去赢得胜利，如果你能提供一个游戏，它挑战这些玩家，而且还最终让玩家赢得胜利，那么这个游戏会和高兴的玩家一起愉快地结束。

第二，竞争的动力。和其他人竞争是一个有力的因素，并且能够保持游戏的活力，能够令人难以置信地在很长一段时间内流行。一个、两个人或更多玩家能够很好地互相竞争的游戏能够玩相当长的时间，远远超过了它在硬盘上的期待生存期。竞争是游戏的基石之一。它允许人们在游戏规则——这一公共标准的监督下互相交互，而且确实把游戏的主动权交到了每个玩家的手中而不是在设计者的手中。

第三，提高操作技巧的动力。游戏中的技巧或控制也是非常重要的。运动模拟游戏尤为突出地表现了这一点。因为这类游戏的主要目的是模拟独特的运动控制。玩家经常重复地玩这类游戏来提高自己的操作技巧。举个例子，在赛车游戏中，在笔直向前的道路上做一个简单的拐弯很容易就能做到，但是为了更好地完成这个动作以赢得时间，你必须能够感觉到道路的情况，以及当你的轮胎打滑时所采取的相应动作。因此玩家就有了不断提升自己操作技巧的愿望，并为之努力。

第四，渴望探险的动力。在计算机游戏开始时探险就已经包含在其中了。事实上早期的一些游戏只包括探险。《冒险》（Adventure）是一个文字类的游戏，在其中玩家可以在广阔的区域中游荡，查找并搜集有趣的物品，使用它们来解开几个谜题，通过这些谜题会发现更广阔的区域需要去探险。隐藏的内容也是许多游戏吸引人的因素之一，从《超级玛丽奥兄弟》到《最终幻想7》（Final Fantasy 7），一个吸引点就是去找出隐藏的情节。

第五，获得高得分的动力。玩家渴望获得高得分的情况主要分成两类，一般来说，在游戏中尝试获得高得分或其他等价物的玩家，希望在竞争中超过其他玩家的得分记录或想完全地掌握这个游戏。有许多游戏的目的，只是简单地为了赢得一个较高的分数。我相信它起源于古老的撞球游戏，在当前这个更先进的Internet时代，这一规律仍然生效，并且广受欢迎。另一种情况已经超越了赢得游戏本身。在《超级玛丽奥兄弟》中，当你赢了之后，你可能会在增加了难度后继续去玩。用一个硬币能通关几次或一条命能冲多少关、积多少分，这已经变成了衡量玩家水平高低的标准。老玩家会因水平高而自豪，它甚至会引来其他玩家的尊敬。

从技术的角度看，上述五个因素确能令一款游戏具备基本的可玩性，我们可以把这五个因素归结为三大心理动力：满足好奇心、满足成就感、满足自信心，用马斯洛的需要层次理论来看，即位于“自我实现”（Self - Actualization Needs，自我实现、丰富经历、发挥自身潜能）和“尊重”（Esteem Needs，自尊心、超越别人、威信、身份、成就）这两个层次上；网络的出现为游戏加入了更多的人际互动，由此纳入了第三个层次——“团队归属感”（Social Needs，爱、友情、被他人接受、归属）。①

2. 个性心理因素

现有研究发现，人格特质因素是青少年网络成瘾问题的内在心理根源。那些敏感、忧郁、脆弱、多疑、焦虑、情绪不稳定、意志薄弱、自制力差、性格孤僻、认知能力差、缺乏自信、悲观、逃避现实、自卑、成就感低的青少年如果上网，容易导致网络成瘾。

3. 生理因素

有研究显示，长时间上网会使大脑里的神经递质多巴胺水平升高，这种化学物质令患者呈现短时间的高度兴奋。同毒品的效果相似，长时间上网会给人体带来一系列复杂的生理和生物化学变化，打乱人体机能的自我平衡能力，从而产生网瘾。患者初期只是表现为对网络的精神依赖，之后很容易发展为身体上的依赖，出现食欲不振、焦躁不安等，甚至会引发心血管疾病等各种疾患，需要接受深度的心理辅导。

4. 环境因素

青少年网络成瘾和所处的家庭环境、学校教育环境有很大的关系。一些家长过于溺爱孩子，事事过问，让这些处于叛逆期的青少年没有一点自己的空间，这刺激他们通过网络摆脱心理束缚；另外一些家长只顾自己的事业，很少和孩子沟通，如果孩子转向通过网络寻求安慰并沉迷其中，网友可能变得比现实生活中的亲人、朋友更重要；还有一些家庭关系不和睦的家庭，或者是单亲家庭，孩子可能会有一定的心理和性格上的缺陷，这些高焦虑、低自尊、忧郁、自我概念不明确的青少年也比较容易网络成瘾。

---

① 吴增强、周宇：《青少年网络游戏成瘾的应对策略》，《上海教育科研》2007 年第 5 期。

从现代学校教育来说，残酷的高考制度、繁重的学习压力、枯燥的学习生活让青少年承受着巨大的压力，他们通过上网可以释放内心的焦虑、缓解压力，但这样也逐渐造成了他们对网络的依赖。①

**网络成瘾倾向辅导建议**

1. 网络成瘾倾向的预防

从更为积极的意义上讲，青少年网络成瘾倾向重在预防和合理引导。对于学校来说，要积极开展网络素养教育。学校是学生最主要的学习和生活场所。因此，学校对于预防和减少青少年网络成瘾起着非常重要的作用。许多研究者认为，学校应通过网上论坛、网上谈心、辩论、演讲、座谈、讲座等形式对青少年进行网络教育，帮助他们树立健康的网络使用观念，引导其正确使用网络。

学校要重视和加强校园网络的建设，不断丰富和调整学校网站的内容和形式，融知识性、教育性、娱乐性与趣味性为一体，通过学校网络建设传播科学、健康的知识信息，缓解青少年的学习紧张情绪，陶冶青少年的情趣，对青少年普遍关心的问题要集中解答和指导，利用校园网络开展心理疏导工作，积极发挥网络的教育功能，用校园网络建设抵御网吧不健康内容对青少年的精神污染。例如，美国中小学对学校电脑实行联网管理，所有电脑都安装有色情过滤软件，对影响青少年身心发展的不良网站进行屏蔽。

同时，学校也应向学生提出建议，使学生拥有自我保护意识，不要随意发送个人或家庭信息，不要轻信在网上与陌生人聊天的内容，在网上看到不健康的东西要立即关闭等。在法国，学校为家长提出了可操作的指导，要求家长与孩子制定家庭公约，经常了解孩子的喜好和上网的基本情况，与孩子探讨上网的技巧和经验。

2. 网络成瘾倾向学生的干预

（1）与学生建立良好的关系。由于青少年网络成瘾倾向者很少自己主动前来求治，大部分是被父母或老师等强制来接受辅导，因此来访者往往对于辅导者有很强的抵触情绪，所以建立良好的关系，对网瘾者充满爱心从而使他们相信、配合辅导者是干预网络成瘾的前提和基础。不少人矫治网络成瘾

① 高洁等：《青少年网络成瘾的原因与心理干预》，《江西教育》2009 年第 3 期。

获得了成功，究其原因主要是他们与网瘾青少年建立了良好的关系。

（2）评估学生网络的使用情况。在辅导者和网瘾青少年建立了良好关系、相互接纳的前提下，辅导者才可能了解网瘾者对于网络的使用情况，网瘾者也才可能认识自己的行为对自身、其他相关人等的危害程度。如喜欢什么时候上网，在什么场所上网，每次上网大概需要多少时间，上网时主要做些什么等，这一过程可以帮助我们发现一些与上网行为有关的关键信号，如上网行为的引发条件和维持条件。同时辅导员还要了解来访者的情绪状态、网络成瘾行为对来访者日常学习和生活的影响程度等。

（3）探讨学生网络成瘾行为的动机。探讨网瘾行为的深层次问题主要是分析、探讨来访者网瘾行为的产生原因，使来访者能真正认识自己的问题所在。在很多情况下，来访者当事人之所以沉溺于网络，是为了逃避生活中所面临的问题和压力，比如，考试失败或学习碰到困难，对学习提不起兴趣；失恋、与父母不和等情感上的挫折；被周围的人排挤、没有知心朋友等人际关系上的问题；父母离婚、父母失业等家庭变故，等等。通过对话让来访者真正面对自己的问题，并在辅导者的帮助下解决了这些问题才能消除网络成瘾行为的引发条件。为了达到以上目的，辅导者可与来访者一起探讨：究竟是什么使自己从日常生活中逃离出来？自己在现实生活中近期是否遇到了什么麻烦或巨大的压力？是什么压力？应该怎样去解决它？生活中有谁可能会支持、帮助自己解决这些问题？网络中是什么吸引了自己，让自己沉溺其中不能自拔？等等。

（4）缓解学生的压力并调整其认知。根据学生网络成瘾行为的产生原因，面对当前学习和生活的压力，辅导者要帮助来访者去面对并着手解决，而不是逃避。因为通过上网来逃避问题，也许可以使我们一时忘记它，但这样做并不会使问题真正消失，相反，它往往会强化问题，使问题变得更加严重。这个环节主要是缓解网络成瘾倾向学生的内在压力，并初步调整其认知。例如，对于那些因为父母离婚，感觉自己受到了伤害、被父母抛弃，而成天通过上网聊天来寻求心理上的支持和安慰的来访者，我们可以通过家庭治疗以缓解家庭变故给来访者带来的压力，并鼓励其在现实生活中结交朋友以获得支持和帮助。同样地，对于很多因为认知问题而导致的网络成瘾行为，辅导者首先应帮助来访者调整认知，改变其对网络以及其他问题的不正确看法，进而再纠正其网络成瘾行为。比如，不少学生认为网络比现实生活更能满足自己的需要，在网络中更能获得成就感，只有在网络中才不会被人欺负、不会自卑，网友比周围的人更懂得关心人，等等，显然这些都是相当片面的观念，坚信这些想法会促使他们更加依恋网络。因此辅导者就应该花大量的精力与他们讨论、对质这些片面观点，指出其不合理所在，并示范应如何理性地分析看待，帮助来访者形成合理、正确的认知。

(5) 协商制定具体辅导方案。为保证网络成瘾行为矫治的顺利进行，辅导员与来访者协商制定克服网瘾行为的具体方案非常重要。它可以将一些空洞的说理转变为可操作的具体指标，让来访者清楚自己首先应该做什么，第一阶段应该做到什么，从而帮助来访者一步一步克服网络成瘾行为。

具体方案中应该明确来访者的具体目标是什么，在什么时间做什么事情，怎么做好这些事情，做完以后又如何等等。方案的制定必须与来访者共同探讨、协商完成，不能由辅导员单方面直接拟订，也不能完全依从当事人来拟订。同时还要考虑方案的有效性、可行性，应先设想多种可能的方案，然后对这些方案的优劣进行权衡、评估，最后选择一个合适的、有效的、可行的方案作为行动计划。

(6) 具体实施矫治网络成瘾计划。有了计划后还必须具体落实和实践，这是整个干预的最重要环节——克服网瘾行为。也即根据拟订的计划，采取行动，达到矫治目标。这一阶段的关键是计划要得到认可，即它不是辅导者所强制要求的，而是与学生共同探讨、协商的结果，是学生自己选定的方法，他能够自己去实施并加以监控。我们可以通过控制网瘾行为的引发和维持条件，来改变学生的网瘾行为。例如，实施时间管理，打破原来的上网习惯；设置提醒卡，当又动了玩电脑的念头时，不断提醒自己“不行，现在不是时候！现在应该学习！等周末再说!”；寻找支持群体，有意识地参加各种兴趣小组，通过恢复、扩大与现实生活的接触，逐步减少对网络的依赖；积极的自我暗示，每当自己又抵御住了诱惑，不上网而认真学习，度过了一个充实的夜晚后，就进行自我鼓励：“今天学得有收获，很投入！坚持就是胜利!”

同时，在实施矫治网瘾行为的过程中，辅导员要适时介入到当事人的行动之中，对其遇到的困难之处予以及时指导，并根据监控中发现的问题对矫治方案作必要的调整。

(7) 效果评估与随访。这是对青少年网瘾倾向干预的最后环节，主要是根据矫正目标和矫治方案对干预效果作一评估：通过对辅导过程的总结，辅导员和当事人双方共同填写网络成瘾干预效果评估表，帮助来访者回顾整个矫治过程的要点，检查干预目标的实现情况，指出来访者的进步、成绩和需注意的问题，其中要突出对来访者的鼓励、赞赏和支持（如你现在表现得越来越好了，你能够控制自己的行为、管理好自己了等等）。

此阶段要注意处理好结束关系和跟进巩固等问题。成功的辅导关系在结束时会使来访者感到一些不情愿、焦虑，甚至依恋，因为他担心失去一位最知心的朋友，并要独自面对挑战。因此辅导员应及时说明，今后会仍然关心他的情况，还会有一些跟进辅导（随访），并随时提供一些必要的支持。①

3. 网络成瘾学生的转介与治疗

对于网络成瘾学生则应该转介到医院和专业机构进行治疗。一般有药物治疗、认知行为治疗、团体心理治疗、家庭治疗等。

药物治疗。目前用于治疗 IAD 的药物主要有抗抑郁药和心境稳定药（mood stabilizers）。研究表明，这些药物对 IAD 的治疗收到了比较明显的效果（Shapira. N. A. ，Goldsmith，2000）。但是，使用药物进行治疗仍然处在尝试阶段。

认知行为疗法（CBT）。这是心理治疗的常用方法。近年来，CBT 已被用来治疗因特网成瘾障碍，并成为治疗 IAD 的主要方法。Davis 和 Young 分别提出了两种认知行为疗法。

Davis 的认知行为疗法。Davis 根据他的“病态因特网使用的认知/行为模型”，提出了因特网成瘾的认知行为疗法。他把治疗过程分为 7 个阶段，依次是：定向、规则、等级、认知重组、离线社会化、整合、通告。整个治疗过程需要 11 周完成，从第 5 周开始给患者布置家庭作业。这种疗法强调弄清患者上网的认知成分，让他们暴露于最敏感的刺激面前，挑战他们的不适应性认知，逐步训练他们上网的正确思考方式和行为。

Young 的认知行为疗法。Young 认为，考虑到因特网的社会性功能，很难对因特网成瘾采用传统的节制式干预模式。根据其他成瘾症的研究结果和他人对因特网成瘾的治疗，Young 提出了自己的治疗方法：反向实践、外部阻止物、制定目标、节制、提醒卡、个人目录、支持小组、家庭治疗。这是从时间控制、认知重组和集体帮助的角度提出的方法，强调治疗应该帮助患者建立有效的应付策略，通过适当的帮助体系改变患者上网成瘾的行为。

---

① 吴增强、张建国主编：《青少年网络成瘾辅导》，上海教育出版社 2007 年 4 月版，第 51—60 页。

## 第三节　自伤、自杀预防与干预

近年来，青少年自残、自杀事件逐渐增多，已经成为令人关注的社会问题。近期媒体报道的几起中学生自杀事件均与学习压力有关。例如，2009年3月，某省一素质教育示范性高中，一位高一女学生因月考排名从全年级第7下滑到第47，不堪考试压力，纵身从教学楼五楼跳下；2008年9月初，某市开学第一、二天，就发生三起中学生坠楼事件，都与学习压力、家庭教育矛盾有关。在本书第一章已经提及，相当一部分青少年生命观比较模糊，轻待生命的现象时有发生。因此，对学生进行生命教育，加强学生自残自杀心理危机的预防和干预正成为学校一项刻不容缓的任务。比起自杀事件，学生自残、自伤的行为更是频繁发生。以下便是一个心理辅导老师对学生自伤行为的辅导案例。

**【案例】触目惊心的刀疤**

手臂上的十几道刀痕

下课铃响了，同学们涌出教室，奔向食堂。我也打算收拾一下就去食堂。

“嗯……老师……”有个胆怯的声音在我身后响起，我转过身，看到了局促不安的小虎。

“有事吗?”

“老师，我……我有点事想和您谈谈，再不说出来，我怕我会死的!”

听到这样的话，我的心一惊。联想到刚才的心理课，小虎一反常态，一个人坐在角落里，拉长着脸，不像以往那样积极投入到活动中去。我意识到小虎可能遇到了大麻烦。为了缓和他紧张的情绪，我不动声色，微笑着应道："别急，车到山前必有路，任何事都可以解决的。我们一起到心理辅导室去。"

可能是我的情绪带动了他，他不像刚才那样拘束了。"谢谢老师，要耽误您吃午饭的时间了。但我必须把这件事讲出来，否则我要崩溃了。"

"没关系，早上我买了些蛋糕，我们边吃边聊吧。"说话间，我们来到了心理辅导室，我拿出了点心，并顺手打开了录音机。随着悠扬的乐声响起，辅导室里弥漫开温馨和恬静的气氛。小虎显然受到了环境的影响，心情平静了许多。在吃了一块蛋糕后，他开始述说心中的苦闷："这段时间，我发现自己的情绪很不稳定，无论做什么事，都很急躁。任何事，刚开始做，只要有一点不顺利，我的心情就变得很坏，感觉像掉进了无底深渊，万分难受。我很害怕，极力想摆脱这种情况，但又不知如何摆脱。直到有一次我看到一把小刀，一冲动，拿起刀在自己的手臂上狠狠地割了一道。一阵剧痛，看着鲜血流出来，我的心情却好多了。以后每次当恐惧的感觉来临时，我就有种冲动，用刀割自己。"

小虎边说边伸出带着宽边护腕的左手，当他把护腕拿下时，我惊呆了，原来护腕遮掩下的那截手臂上深深地刻了十几道刀痕，有些已经结疤了，有些伤口还是新的。从平时课堂表现看，小虎是个外向的学生。一直以为小虎好动容易出汗才戴护腕，不曾想到护腕原来是遮人耳目的，是用来掩盖他那让人触目惊心的刀疤的。①

## 我是不是很"变态"?

看着这些刀疤，我一时竟不知如何言语，于是我选择倾听，不去打断他的叙述，并用鼓励的眼神示意他继续说下去。

他皱着眉头，接着说："这件事只有我的同桌知道，因为他看到我在割。起初，他还尝试阻止我，但失败了，对我的行为他的评价是'变态'。他建议我来找您。老师，我不知道我是不是真的变态，我是不是精神上有什么问题了。而且最近这种冲动越来越强。现在割了一道后，会有想割第二道的念头，割了第二道后我的情绪才会好点。我的病情是不是在加重?

① 本案例由上海市行知中学吴俊琳老师撰写。

我怕我有一天不得不以死来摆脱这种恐惧。”

我首先肯定了小虎来寻求心理求助的举动：“当一个人面对如此巨大的精神压力时，他需要专业人员的帮助，以便更快、更有效地摆脱精神压抑，重新振作起来。谢谢你对我的信任，我相信在我们的共同努力下，我们可以找到好的解决方法，帮助你走出这种负性的情绪。”

同时，我向小虎指出，用自伤的方法来缓解压力是不可取的。我向他推荐了一种转移注意力的方法，以取代他原先的自伤性行为。我在现场进行了演示，在自己的手腕上箍了五根橡皮筋，有不良情绪产生时，用力地弹自己一下，同时对自己说“停止！不要再想了”。随着自我控制能力的加强，可以将橡皮筋的根数递减。小虎对这个方法很感兴趣，表示愿意尝试。

在结束第一次辅导前，我给小虎布置了两个回家作业：

(1) 建立起自己的支持网络。俗话说“一个好汉三个帮”，所以我建议小虎多与班级同学交流，特别是同桌和要好的朋友。如果有心事可以向他们倾诉，同时也可以了解他们在遇到不快乐的时候都是用什么方式排解的。

(2) 回忆一下这种遇事不顺就情绪不佳的情况是从什么时候开始的？那段时间有没有发生什么事情对你触动很大的，每次感到掉进无底深渊，感到害怕时，到底怕什么事。

## 高压下的学习恐惧

一周后，小虎如约来到心理辅导室。这次他的心情好了许多，因为这一周他没再用刀割自己。原来，在与朋友的交流中，小虎说出了自己的事，朋友们都很关心，课余时间主动找小虎聊天和参加体育运动，这使小虎心情好了一些。虽然这一周不佳的情绪仍会冒出来，但小虎表示：“在独处时，一旦有不良情绪产生，我就用橡皮筋弹自己来转移视线，把自己从恐惧的心理中拉回来，效果不错，我已把橡皮筋减到了三根。而且同学们也不再说我‘变态’了，这已经是个进步了。我很高兴。”

顺利完成第一步骤后，我乘胜追击，开始讨论他的第二个回家作业，了解他恐惧的真正原因：

(1) 家庭压力。小虎出生在一个大家庭中，同辈中几乎都是学习能手，个个有一串令人骄傲的学习战绩。因此小虎的父母要求他向他们看齐，即使不能超过他们，也得和他们打个平手，决不能让父母丢脸。但事实是，小虎在初中学习马马虎虎，基础不扎实，成绩一般，仅靠最后一学期的家教和运气才考出好成绩，幸运地进入了这所重点中学的重点班。

(2) 同学压力。因为大家都说进了重点班，就等于半只脚跨进了重点大学。所以小虎和他的父母都非常高兴。可惜，这样的喜悦之情并没有维持多久。开学后，小虎发现这是个藏龙卧虎的地方，同学们个个都很强。所以他觉得自己还没起跑，就已经落在别人后面了，他开始觉得力不从心。尤其是在每次考试后，看着自己不尽如人意的分数，看着父母失望的表情，他就会产生不良情绪：沮丧、焦虑和无助。

(3) 学校压力。期中考试的前夕，老师在考前动员会上提到：高一结束后，各班成员会进行调整，重点班里成绩不合格的学生将离开，而其他班成绩好的学生会补进来。所以希望上学期考得不好的同学要特别加油了，争取在第二学期的期中、期末考中有好的表现，以保证自己能留在重点班。这一消息对小虎来说，不啻为一个噩耗。随着考期的临近，小虎的心情越来越急躁。他说："一看书，就想到老师的话，然后联想到被赶出班级后，同学对我的鄙视，爸妈对我的失望，亲戚朋友对我的嘲笑……这样一想，我的心再也静不下来了，看不进书，情绪一落千丈，觉得生活毫无希望，觉得做人很失败。我越想越害怕，呼吸也会急促，心跳加快，甚至浑身发抖，眼前一片眩晕。"

但是，期中考试还是如期进行了，小虎怀着忐忑不安，甚至是恐惧的心理参加了考试，结果可想而知，又一次失败了。这更加重了小虎的学习焦虑倾向。久而久之，这种对学习的不自信和恐惧渐渐蔓延到生活的方方面面，他总觉得自己做什么都不行，总是低人一等。这种情绪一直在折磨他，让他痛苦万分，最后发展为屡次失控用刀割伤自己的手臂。小虎说："好几次，看着鲜血流出来，我都会情不自禁地想干脆割得深点，死了一了百了。"

## 我要和自己赛跑

小虎对自己目前的学习状况很不满意，他期望自己能迅速改变这种现状，但是不理想的学习成绩，一而再、再而三地打击了他，不合理的自我加压使他无法建立起自信和恒心，从而用行动来改善现状。于是我采用了"理性情绪法"，通过质疑和追问，与小虎一起探讨了他的一些内心想法。

1. 填空："我是________中最差的。"

师："在班级里成绩最后几名，是不是代表就是最差的？"我开始发问。

小虎："那是当然的。"

师：“是全世界最差的吗？”

小虎：“那倒不是，肯定有比我更差的。但是我是重点班里最差的。”

师：“那在学校整个高一年级你是最差的吗？”

小虎：“不是，在整个年级里我的成绩还是可以的。”

师：“那就是说，在这个班里，在50位同学中你的学习可能是落后了，但不代表你就是几百甚至成千上万个人中落后的。”

小虎：“……是的。”

师：“现在能不能再重新评价一下你在学校的位置？”

小虎：“在我们学校我还是一个不错的学生，虽然不是最优秀的那群，但也是比较好的。”

师：“现在能不能再评价一下你在整个区里的位置？”

小虎：“应该也是属于好的吧。”

师：“你现在的感受是什么？”

小虎：（笑了）“我觉得虽然比我好的人有许多，但是我也不是自己想象中的‘最差的人’。”

2. “和别人比较的目的是什么？”

师：“我们总会情不自禁地拿自己与别人比较，你觉得你比较的目的是什么？”

小虎：“发现彼此的差距，了解自己的优势与劣势。”

师：“然后呢？”

小虎：“然后保持自己的优势，弥补自己的劣势。”

吴：“如果差距太大，或许永远也补不足呢？”

小虎：“……”

师：“一种选择是彻底放弃，别浪费时间了；另一种选择是坚持到底，不达目标誓不休；你觉得还有其他选择吗？”

小虎是个聪明的学生，在思考了一段时间后，欣喜地告诉我：“您说的是两个极端，放弃太可惜了，不试过又怎知一定不行；但是也不能太认死理，就像鸡蛋碰石头。我想我会折中，要学习别人的优点，但只求有进步就行，不一定非得达到什么程度。否则每个人的优点我都要的话，我岂不变成‘超人’了。”

师：“你说得很好，现在我们来谈谈你的学习吧。”

小虎沉思了片刻：“老师，我明白了。在学习上，我以成绩好的同学作为比较对象，常常可以看到自己的不足，为我指明了努力的方向，使我有了动力。但是如果我以和他们考一样好的成绩为目标，我可能无法完成，这会让我沮丧，动力会成为压力，甚至是阻力。我不该太看重结果，而应更注重过程。事实上，在向好同学看齐的过程中，我在努力学习，我在进步。这样心态也会好，才能良性循环。”

师：“太好了，小虎。现在你明白了，你的对手其实就是你自己。”

小虎：“是的，我要和我自己赛跑！谢谢老师。”

这次的辅导取得了较好的效果，结束时我给小虎布置了第二次回家作业：

(1) 继续丰富自己的支持网络。把自己进入高中后的这段心理动态告诉自己的父母，如果觉得当面讲比较困难，也可以改为写信。在沟通的基础上取得他们的支持与鼓励。

(2) 制订两份学习计划，一份是从现在开始到期终考试的学习计划，主要是把这段时间进行阶段性的划分，并制定每个阶段的学习目标和要求；另一份则是每星期的学习计划，尽可能具体到每个小时。以后每个星期可根据上星期执行情况及本星期特殊要求修改“星期学习计划”。

(3) 坚持按照制定的计划来学习，如果能完成就给自己一定的奖励；如不能，则要承受相应的惩罚。如果个人自控力较差的话，可以要求父母或好朋友帮忙监督执行。

## 我又看到了“蓝天”

在之后的几次辅导中，小虎向我汇报了他的家庭作业完成情况。小虎采用了写信的方式将自己这段时间的心情告诉了父母，于是父母与小虎进行了一次长谈。这次谈话很成功，在学习上双方达成了共识：只要小虎尽力而为就行了。此后父母也经常与小虎交流，对于小虎取得的进步都会给予肯定与鼓励。这让小虎非常感动，也有了更大的兴趣去学习。

当我与小虎一起回顾、总结这段经历时，小虎动情地说：“我终于又看到了那片蓝色的天。”

## 个案反思

这是一个比较典型的学生自残自伤危机。在如何把小虎的危机化为转机的辅导过程中，我有三点体会：

1. 消除危险行为的首要性

在辅导时，首先应该分清辅导的先后顺序。个案中，小虎的危险行为源于他的非理性思维，但是要改变他的想法是有一个过程的。小虎用刀划自己的手臂，如果一不小心割到动脉，会危及生命。所以先有效控制小虎的危险行为，就是为这次危机辅导争取了时间。基于此，在小虎的第一次来访中，我对他的处境及感受表示了同感，从而建立起良好的辅导关系。在此基础上肯定了小虎对自己自伤行为的质疑，并提供了较为有效的方法以取代原来的危险行为。

另外，改变行为要比改变思想容易，所以在辅导中校正不良行为要比改变非理性思维见效快。在最初的辅导中，来访者与辅导者的信任尚在建立中。所以在第一次辅导后，小虎成功地用其他合理的行为取代了原先的危险行为，这一进步大大增强了他对辅导的信心，为之后的辅导开了一个好头。

2. 消除威胁生命想法的自发性

消除危险行为仅仅是暂时解决了问题，并不代表危机永远解除了。治标还得靠治本，关键在来访者转变产生危险行为的想法。在辅导中，给来访者布置适当的回家作业，可以为他提供一个独立思考、分析自己的过程，也是帮助来访者学会自助的一个途径，这是非常必要的。所以每次辅导之后，我都会让小虎带着问题回去。事实证明，从回家作业中我和小虎找到了大量的信息（包括家庭教育背景、学校教育背景等），可以透过这些现象寻找本质。我们发现，他所有苦恼的根源来自他对学习的非理性观念，所以辅导的关键定在如何消除这些非理性想法。在辅导中我运用了“理性情绪法”，对于小虎的非理性想法进行驳斥，从而激发小虎对自己想法的质疑，引导小虎自己思考分析问题，从而达到重构他自己的认知模式，建立理性信念的治本目的。

3. 调整自卑心理的重要性

调整自卑心理是本案的问题核心，又是方法问题。小虎在与亲戚、同学的非理性比较中不断体验失败，从而产生强烈的自卑心理，对自己的能力持否定的态度，对学习产生了恐惧心理，最终发展为学习心理危机。所以重建自信心是帮助小虎消除危机，把“危险”转变为“机遇”的关键。在辅导中，我启发小虎去解开他的自卑情结，让他正视自己，悦纳自己，相信自己，从而帮助小虎走出低潮，拥抱属于他的明媚蓝天。

这是一例比较成功的学生自残自伤危机干预案例。吴老师的三点反思值得大家借鉴。面对这类危机事件，制止、缓解事态发展是第一要务，面对小虎的累累刀痕，吴老师表现得镇定自若，倾听来访者叙说，在同感的基础上提供橡皮筋拉弹取代自伤行为，有效控制了危机事件。随后与来访者探讨自伤行为的深层动机和错误信念，帮助小虎重构合理信念，让他认识到真正的对手是自己。有关研究表明，学生自我伤害的动机之一是引起别人关注，希望得到帮助。小虎本人的主动求助是本案的一个不可忽视的积极因素，吴老师能够有效地利用这个因素，把它转化为学生的自助动力，体现了心理辅导的基本理念和专业能力。

**青少年自我伤害问题**

自我伤害是指故意伤害自己的身体，但无自杀意图的行为。李卓等人（2008）对山西太原的370 名中学生进行了自我伤害行为调查，研究发现，50.5%的青少年曾经有过一次或者一次以上的自我伤害行为，有过“轻微”伤害行为的青少年占74.8%，有过“中等”伤害行为的青少年占20.7%，有过“严重”伤害行为的青少年占4.5%。可见，大多数青少年的自我伤害行为比较轻微，青少年第一次自我伤害行为多发生于13—15 岁。[①]

张安慧等（2008）对2623 名7—22 岁儿童青少年最近1 年内自我伤害情况进行调查，结果发现：儿童青少年自我伤害发生率为7.2%，女生的自我伤害率明显高于男生。在自伤原因构成比中，学习压力占44.6%，受到家长和老师责罚占17.4%；家中是发生自伤最主要的场所，占47.9%，其次是学校，占33.1%；自伤时最容易受伤的部位是上肢，占31.4%；自伤发生后118 例痊愈，占97.5%，3 例留下失能或残疾，占2.5%。[②]

青少年自我伤害行为产生的原因主要有以下几方面：

（1）引起他人注意。青少年在学习、生活中面临着许多压力，当无法应付压力时，自伤行为就是个体对挫折和压力的一种无力应对。虽然自伤

---

① 李卓等：《青少年自我伤害行为分析》，《青年研究》2008 年第7 期。

② 张安慧等：《儿童青少年自我伤害行为及影响因素分析》，《中国公共卫生》2008 年第11 期。

无助于问题的直接解决，但是它却向他人传达了一个信号，让别人知道自己需要帮助，强迫他人正视自己的需求。自伤者倾向于认为自己不受欢迎，是被忽视的群体，在他们看来，采取极端的方式就可以引起足够的关注。本节案例中的小虎就具有这样的典型动机。有调查报告反映，有的被访学生确认，“我觉得她划那个（指拿刀片划自己的手臂）是想让我们多问问她最近的生活”。

（2）情绪宣泄。自伤是青少年不良情绪和攻击欲望的宣泄。Guertin 近年来对青少年的调查表明，自伤个体大多伴有攻击行为，严重沮丧和恶劣的心情，以及孤独、绝望、愤怒等不良情绪。青少年自残前通常感觉非常糟糕，对家人或其他重要他人怀着不满和敌对，自残者通过对自己的伤害来表达这些情绪，从而利于自己从无法忍受的不好情绪中获得一种解脱。有的被访学生认为自伤是为了“转移压力”；另有一位被访学生说，“划完（指拿刀片划自己的手臂）心里会好受一些”、“只是发泄一下”；还有被访学生说“打完了（指打墙），舒服了点”。

另外，自伤有助于控制青少年的攻击性。在他们没有其他可利用的交流方式来表达攻击性，并且缺乏延迟满足和延缓敌对欲望的能力时，自伤作为最后一种手段可以避免攻击他人的行为出现。因为攻击他人的行为可能会带来整个社会的排斥，自残者就将自己的身体作为攻击目标的替代品，来宣泄攻击的冲动。

（3）寻求感觉刺激。有些学生进行自我伤害是为了“刺激”、“个性”、“好玩”。国外学者的研究表明，青少年自我伤害行为的想法部分源于社会上的各种媒体。李卓等人的调查指出，21.9%的自我伤害青少年的想法来源于报刊、影视及网络。这些媒体传播的不良信息很可能会影响青少年，使其产生对自我伤害行为的好奇心，误认为这是好玩、前卫的行为，从而去模仿这种行为，追求很“酷”、很“勇敢”的感觉。

（4）家庭环境和童年创伤。作为青少年成长的重要背景，家庭对自残行为也有很大影响。Hurry 和 Storey（2000）的一些研究表明，在12—18 岁的自伤者中在家庭内存在困难的占很大比例，由于离婚、分离或死亡等造成了家庭破裂的儿童的自伤机会是享有良好照顾的青少年的 20 倍。另外，早期创伤性经验对青少年自残有着重要的意义。早期的虐待经历或性侵犯经历会直接影响儿童的积极自我概念的形成，并使儿童出现人格解离、人格异常、大量不良情绪，从而成为自残的导火线。①

## 青少年自杀问题

自杀（suicide）是一种非正常死亡，它不是肉体生命发展的自然结局，而是个体蓄意或自愿结束自己生命的行为。有关资料表明，中小学生自杀比例正在逐年上升，并成为一种全球性的现象。世界卫生组织对104个国家的统计资料显示，1995年全球范围内5—14岁人群的年自杀率为女性0.5/10万，男性0.9/10万；15—24岁人群的年自杀率为女性12.0/10万，男性14.2/10万。自杀是我国15—34岁人群的首位死亡原因，是近几年美国10—24岁人群的第3位死因。

近年国内发表的在北京、安徽、天津、四川和广东等地开展的有关自杀意念和自杀未遂行为的调查结果显示，中学生的自杀意念年发生率为13.2%—28.0%，自杀计划发生率为5.0%—11.9%，自杀未遂发生率为1.2%—4.0%。高鸿云对上海2416名中小学生的调查发现自杀意念发生率为15.23%，自杀计划为5.84%，自杀未遂为1.74%。与绝大多数国家男性青少年自杀率高于女性不同，我国青少年自杀的特点是：女性高于男性，农村高于城市。最常见的自杀方法为服毒，其中主要为农药。自杀未遂农村女性青少年高于男性，而城市青少年自杀未遂者的性别构成报道不一致。自杀意念的发生女性高于男性。②

学生自杀原因从个体因素看，与其心理健康状况、心理品质、人生观和生命观密切相关。

（1）意志力薄弱。自杀一般是由主观上或客观上无法克服的动机冲突或者挫折情况造成的。客观因素又称为环境性挫折，是指由于外界事物或情境阻碍了人们去达到目标或满足需要，而产生的挫折。如人际关系紧张、竞争的压力、亲子冲突、学业失败等等。主观因素是指由于个人体力和智力条件的限制不能达到目标，或者由于个人健康情况不佳，或者生理缺陷不能胜任工作，进而导致学习、工作、生活上的失败。普通人在日常生活中，动机冲突和挫折情况都是难以避免的，但由此产生自杀行为的人毕竟只是极个别的。这里显然就有一个对动机冲突和挫折的承受力问题。意志

① 李涛等：《青少年自残行为及其干预》，《中国心理卫生杂志》2004年第10期。

② 高鸿云：《青少年自杀》，《中国实用儿科杂志》2007年第3期。

薄弱的人对压力的承受力较差，一个不大的刺激，在他们看来可能就会是一个无法忍受的打击。目前青少年意志品质薄弱、耐挫能力差是一个普遍的问题。我们曾在1996年对上海地区的中小学生自杀死亡情况做过调查，调查发现，引起这些孩子自杀的事件并不是非常严重的危机情境或者重大的生活事件打击，如有的是同学纠纷，有的是因未完成作业而产生的家庭矛盾，有的是考试不及格等等。这些问题就足以剥夺了这些年轻的生命，表明这些学生的意志品质是很脆弱的。

（2）情绪抑郁。在许多自杀危险性评估工具中，都将当事人情绪抑郁作为一项重要的指标。在我们调查的10例个案中，有3名中小学生情绪抑郁、不稳定。情绪抑郁者往往对自己的能力估计过低，遇到困难容易产生挫折感，经常遭受挫折就会使其自卑，乃至自暴自弃。但大多数学生的情绪抑郁、不开朗与成年人的抑郁症还是有区别的。直到最近，许多临床心理学家都否认真正的抑郁症会在儿童青少年中发生。他们一般不会显示出成人抑郁症患者所具有的绝望和自我贬低，然而，抑郁情绪在青少年中占有相当的比例。国外的一项研究指出，有40%的青少年存在显著的、暂时的悲伤情感，感到自己没有价值，对未来悲观失望。有8%～10%的青少年自我报告体验过自杀的情感。因此，学校和家庭对于情绪易抑郁的学生应该予以更多的关心和帮助，特别当他们遇到困难和问题时，应及时辅导和干预，将危机消灭于萌芽状态。

（3）消极的自我意识。由于学生自我意识的迅速增长，他们比以往任何时候都关心自己，包括自我形象、别人对自己的评价等等。有些学生因过分注重自己的形象，而产生“体像烦恼”，即感到自己长得不够“帅”。如果不能接纳自己、悦纳自己，就会为自己某些不理想的东西而产生焦虑和抑郁。有位高中男孩，家庭背景良好，本人在校学习、品行都不错。因过分注重自己的容貌，到某医院去整容。不料整容手术失败，尽管得到了经济赔偿，但却使他情绪更加低落、抑郁自卑，结果酿成自杀身亡的悲剧。

（4）肤浅的生命观。每个人对生与死、生命的价值和意义都有一定的看法。青少年也不例外，但他们的生命观与成人相比，是不成熟的、肤浅的。由于缺乏生活经验和知识，他们难以对生命有深刻的理解，对死亡同样也没有更深的体验，甚至对死亡会产生各种不切实际的幻想（有的以为人死了还能复生等）。正因为如此，有自杀意念的青少年，不会像成人自杀者那样，经过深思熟虑后再采取行动。他们的自杀行为带有很大的冲动性，甚至盲目性。而且年龄越小，冲动性越强。有位四年级小学生因未完成作业，受到母亲批评当即跳楼身亡。可见，从自杀意念形成到自杀行为发生，年龄愈小，间隔愈短。这一点在儿童青少年自杀预防工作中，应该加以注意。

从环境因素看，中小学生自杀行为又与家长不恰当的高期望、家教方法不当、亲子沟通不良、缺少家庭温暖等有关。

（1）过高的期望。负责的父母应该对孩子提出一定的教育期望。适当的教育期望是促进子女学习的外部动力。但期望不能过高，不能离学生实际学习水平太远。如果相距太远，会给子女造成巨大的心理压力。有位农村中学的初三男生，因哥哥已经考入师范学校，父母强烈地期望他也能靠“书包翻身”，一味要求他取得好成绩，而对他的内心思想了解得很少，又缺乏帮助他提高学习成绩的措施，致使这个男孩长期心理抑郁，最后走上了绝路。

（2）简单粗暴的家教方法。有些父母平时很少关心孩子，一旦孩子出现问题（如学习成绩不佳、与同学闹纠纷、违反校纪等），就对其打骂，结果造成子女与父母关系紧张，家庭矛盾激化。有些危机事件，起因完全是一些小事，只是由于家长对孩子态度粗暴，激化了亲子间的矛盾，最终酿成了悲剧。

（3）缺少家庭温暖。当一个人产生自杀意念时，往往是对自己生活所处的一切都感到绝望，似乎觉得没有什么可以留恋的东西。对于青少年来说，没有什么比家庭、父母更使得他们依恋，更使他们感到温暖和安全的了。而产生自杀意念的学生，大多数对家庭已经没有多少依恋可言。这与父母和孩子的情感沟通密切有关。在我们调查的案例中，大多数父母平时很少与孩子交流与沟通。即使谈话，除了问问孩子的学习成绩、功课之外，很少谈其他内容。因此，父母也很少了解子女内心的想法。有些孩子生前也曾经流露过轻生的念头，但不是向父母，而是向爷爷奶奶或者邻居吐露内心的苦闷；有的即使向父母讲了，也未引起父母的重视。

引起学生自杀的原因是多方面的，除了个体因素、家庭环境因素外，还有学校环境因素（如师生关系、同学关系、学校适应、学业问题）、社会环境因素（网络、影视、报刊等大众传媒影响）等等。但自杀毕竟是个人自己选择与决定结束生命的行为。从这个意义上讲，个体因素常常是引发自杀行为的主导性因素，环境因素常常是一种诱发性因素。①

---

① 吴增强：《青少年自杀行为的原因浅析》，《家庭教育指导》1996 年第 6 期。

**自伤行为与自杀意念、自杀行为的关系**

自我伤害与自杀行为的关系一直是学术界争论最大的问题之一。有研究者认为，自我伤害行为只是自杀行为连续体上的一点或者一段，是自杀行为相对轻微的表现（Linehan，2000；Stanley，1992）。一些早期的心理学家也认为自我伤害行为是自杀行为的一种减弱形式——个体破坏身体某些特定的、局部的部位以阻止对整个自我的毁灭。有研究发现，自我伤害者报告在实施自我伤害时也曾有过自杀念头（Favazza，1996，Stanley，etal，1992），研究认为，55%—85%的实施过自我伤害行为的个体至少有过一次自杀企图。也有研究显示，发生过自我伤害行为的个体自杀的可能性将大大提高（Uiekstra，1989，Favazza，1996）。

尽管有证据表明自我伤害和自杀行为之间的相似及相关性，但也有大量证据和结论表明自我伤害和自杀在本质上是不同的。很多研究者认为，自我伤害和自杀的目的是相反的：自我伤害是一种反自杀行为——它会产生一种生存感。事实上，的确有一些自我伤害者报告他们通过自我伤害行为转移自杀，从而让自己活下去（Favazza，1996）。从现象学的水平来看，大部分自我伤害者都能从认知上很好地区分自我伤害和自杀行为，而且大部分都不把死亡看作自我伤害的结果。在以一般青少年为样本的研究中，Muehlenkamp 等人（2004）发现，自我伤害者和企图自杀者在抑郁水平、自杀构思及对待生活的态度方面都存在显著差异。也有研究表明当自我伤害者企图自杀时，他们会选择与自我伤害不同的方式（Stanley，etal，2001）。①

由上可知，青少年自我伤害与自杀行为有联系，但不论从动机还是后果上都有本质的不同。

**青少年自伤、自杀预防与干预的建议**

根据对学生自伤、自杀原因的分析，提出以下预防与干预建议。

1. 学生自伤、自杀预防

（1）提高学生的意志力和应付挫折能力。意志薄弱、应付挫折能力低是当前青少年成长中一个比较突出的问题，也是青少年自杀的主要内部因

① 王丹等：《青少年自我伤害行为研究进展》，《中外健康文摘》2007 年第 11 期。

素之一。学校心理辅导应该将提高学生的意志力作为一项重要内容。意志力是锻炼不是空讲很多道理，应让青少年联系自己的生活实际，通过解决问题、克服困难来提高意志力和应付能力。要教会学生如何应付压力，如让学生能够正确认识并理解应激事件，勇于面对压力和挑战；要教给学生应付挫折的方法；要训练学生控制和缓解应激反应，学会情绪调节；要使学生学会争取广泛及时的社会支持，克服自我封闭倾向等。

（2）加强学生热爱生命的教育。青少年正处于人生观、价值观形成的关键时期。他们对人生的看法、对生命的看法，往往感性多于理性。不少学生对生命的意义、人生的价值理解肤浅，有的甚至不懂得珍惜生命，一遇到烦恼和挫折，就很轻易地产生结束自己生命的念头。我们可以通过对生与死的价值辨析活动，让学生对生命、对人生有更多的理性思考；通过学校各种教育活动（包括社会实践活动），培养学生积极的生命观和人生观。

（3）优化社会心理环境，减少社会应激事件。导致学生自伤、自杀的应激源往往来自学校生活和家庭生活。其中，教师和家长不恰当的教育方法往往是引起学生自杀的最重要的诱因。某校一初二女生，因长得胖，学习成绩又不佳，常遭到班级里一些男同学的讥笑挖苦，女孩怀恨在心，就把这几个男孩的自行车车胎的气放掉，这些男孩到班主任处告状，班主任把女孩子狠狠批评了一通，并叫她去通知她家长来校。结果女孩感到很委屈，下午的课也没有上，回家开煤气自杀了，酿成悲剧。这个案例，如果班主任能把前前后后的情况都了解一下，可能就不会出事了。再如，有的家长对孩子学习成绩的要求很高，孩子压力很大，孩子过于紧张、恐惧。可见，从环境方面减少学生心理紧张因素和压力是预防自杀的一项重要对策。

（4）对学生自杀的预警。预警就是要及时发现学生自杀的征兆，以便将自杀危机消灭在萌芽状态。教师和家长要对青少年自杀的征兆保持警觉和敏感。有专家提出，青少年的自杀征兆可以从三方面表现出来：一是语言，有自杀意念的孩子常常会间接地、委婉地说出来，或者悄悄地暗示周围的人。二是身体，有些学生有持续的抑郁情绪，体重减轻、失眠、食欲不良、感到疲倦，这时应该引起注意。三是行为，自杀意念增强时，学生常常会表现出反常行为。如原因不明的缺课、停止参加感兴趣的活动、返还所借物品等。有些同学会阅读有关死亡的书籍、离家出走。这些行为一方面是想结束生命的早期表现，另一方面也是向周围求救的信号。所以，心理热线、各种心理服务的机构、受当事人信赖的人是当事人最适合的求助对象，也是一种预警系统。

（5）对自杀高危群体进行重点预防。容易导致自杀的高危群体有：性格高危群体，如具有偏执、过于内向、缺乏兴趣爱好、情绪不稳定、适应不良等性格的学生；家庭高危群体，如家庭破裂、生活环境恶劣、父母粗暴、经常打骂孩子的家庭中的学生；应激高危群体，如遇到多种应激因素或陷入严重的应激情境中的学生。如果是多种高危群体重叠的青少年，更应该是重点辅导的对象。

（6）媒体低调报道。另外，对自杀事件的低调报道也可以看作是一种预防措施。有关资料显示，某地区新闻媒体对自杀事件大肆渲染和报道后，该地区自杀率会明显上升。这种现象正如前所说，自杀具有一定的传染性和暗示性。尤其对于模仿性较强的儿童青少年，更需要低调报道自杀事件，以防止有些学生对自杀行为的模仿和感染。①

2. 学生自伤行为的干预

对有自我伤害行为的学生可以由学校心理辅导进行干预，班主任协助。干预的目的在于帮助自伤学生创造一个安全的环境，帮助他们承认自己对行为的责任，干预包括调节情绪、唤起状态的中断、签订契约、伤后照料和环境管理等。

（1）情绪调节。重在帮助自伤学生学会对情绪的控制和管理，教给他们一些自我抚慰的技术，如进行体育锻炼、听放松的录音、进行热水浴等。

（2）唤起状态的中断。要求对自伤学生制订特定的辅导计划，来中断自伤前的唤起状态，重在帮助患者学会识别具有高风险性的时段和引发事件，让他学会注意在哪些事件中我们有高水平的情绪表达和体验，以及什么时候自己有更多的孤立感。在此基础上，制订特定的计划和方法来有效中断这些唤起状态。

（3）制定短期的协议，如“在洗澡时保证安全”，有利于自伤学生在控制冲动时获得成功的感觉，并且可以帮助他们提高对冲动的控制。

（4）伤后照料是教导自残者如何照料伤口，包括适当的清洗伤口、了解

① 吴增强：《青少年自杀预防的若干对策》，《思想理论教育》2001 年第 6 期。

伤口感染的症状和伤口痊愈的营养学知识。这可以帮助学生用自我康复行为代替自我伤害行为。

（5）环境管理。这是指对自伤影响的控制，自伤对环境有强烈影响，如可以导致自伤行为在青少年群体中散播等。对环境的管理包括理解和适当地控制辅导者的反移情、对辅导者的抚慰，防止被自伤者的需求所控制等方面，从而将发生的自伤行为对环境的影响控制到最低限度。①

3. 学生自杀行为的干预

对于有自杀行为的学生的危机干预需要整合教育、心理、医学、社会多层面的力量，是一项系统工程。有学者提出下列建议：

（1）干预性防治。即对已经形成自杀意念、处于自杀危机中的个体的防治。干预目标是帮助已经处于自杀边缘状态的学生消除自杀意念，解除心理痛苦，重新振作，采用积极的建设性的方法面对困境，同时尽量帮助当事人把危机转化为一次成长的体验，使其学会应付危机的技巧和提高解决问题的能力。干预的途径主要是通过危机干预的相关方法和各种心理治疗技术。干预性防治须充分实施社会心理支持，其中特别要注意发挥心理咨询机构、家庭心理支持网络的有效干预作用。

（2）及时后干预。主要针对两类对象：自杀未遂者；自杀者（尤其是自杀身亡者）的亲友、同学和相关的高危人群。这两类对象都具有较高的自杀危险性，但往往被忽视。对于自杀未遂者，后干预的主要目的是防止其再次出现自杀危机；对于自杀者的亲友、同学等，进行必要的后干预，主要是防止其产生模仿性的自杀行为以及对可能产生的心理创伤进行心理修复。该环节防治的途径主要是及时矫正或治疗、积极关注、长期巩固，因此可称为“巩固性防治”。②

---

① 李涛等：《青少年自残行为及其干预》，《中国心理卫生杂志》2004 年第 10 期。

② 姚月红：《构建青少年自杀危机干预体系》，《中国教育学刊》2005 年第 8 期。

# 第八章

# 班主任心理健康与压力管理

俄国教育家乌申斯基说过："在教育工作中，一切都应该建立在教师人格的基础上。因为只有在教师人格的活的源泉中才能涌现出教育的力量。没有教师对学生的直接的人格方面的影响，就不可能有深入性格的真正教育工作。只有人格能够影响人格的发展和形成。"苏联教育家马卡连柯也曾经说过："不要以为只有你和儿童谈话的时候，或教导儿童的时候，吩咐儿童的时候，才执行教育儿童的工作。在你们生活的每一瞬间，都教育着儿童……你们怎样穿衣，怎样跟别人讲话，怎样谈论其他人，你们怎样表示欢心和不快，怎样对待朋友和仇敌，怎样笑，怎样读报……所有这些对儿童都有很大意义。你们态度神色上的少许变化，儿童都能看到或感受到。你们思想上的一切转变无形中都会影响到儿童。"

从班级组成的第一天起，班主任便和学生朝夕相处，是所有教师中与学生接触时间最长的人。班主任的言行举止、仪容仪表、处世办事的态度风格等，无时无刻不在对学生产生潜移默化的影响。要让学生心理健康，班主任首先应该心理健康。

班主任开展心理辅导的一个重要前提是，在各种压力之下，如何使自己保持良好的心理健康状况。因此，班主任怎样进行心理调适和压力管理就显得格外重要。

本章讨论以下问题：

班主任压力与心理健康状况

班主任压力源与生活事件分析

班主任压力管理与心理调适

## 第一节　班主任压力与心理健康状况

随着生活节奏的加快、竞争的加剧，人们所面临的精神压力也越来越大。如何应付这些压力，保持个体的情绪健康，更好地面对生活、学习和工作的挑战，是一个现代人人生道路上的重大问题。教师也不例外，其心理健康状况与其所受的压力密切相关。

**【案例】让我吃惊的她**

一个阳光明媚的下午，我遇到了以前的同事金老师。见到她的一刹那，我感到很吃惊。疲惫的神态，黄黄的脸色，和我脑海中那个充满活力的形象完全不一样了。是什么让她在短短几年时间内发生了这么大的变化？聊过之后才知道，自从做了班主任，天天都要面对学生的调皮、家长的指责、同事的误会、校长的检查，为了成绩、纪律、考核、评比、计划、小结等而无休止地忙碌着。这一切让她每天都疲惫不堪，就连最喜欢的逛街、打网球、唱卡拉 OK 也不能使她快乐了。她对一切都失去了兴趣，就如一把因风吹、日晒、雨淋而褪色、破旧的遮阳伞，疲倦、无力地支撑着。她说："那种感觉就像一个人在仅容一人通过的狭窄楼道里爬楼梯，疲惫、压抑、看不到尽头，却又无法摆脱，只能年复一年，日复一日地撑着。"①

金老师做了班主任以后，疲于应付，心力交瘁。其实，班主任处于亚健康状态的远不止她一人。下面请读几段班主任的心里话：

---

① 蒋薇美主编：《班主任心理辅导技巧》，上海教育出版社 2007 年 8 月版，第 273 页。

每天从早上一睁开眼开始，我的脑子里就都是学生、教学、上课、家长等字眼，一直要到晚上上床睡觉，我的脑海才会稍微安静一些。晚上倒是倒头就睡，可睡眠质量不好，常常半夜就醒过来，然后整小时整小时地睡不着，脑海里走马灯似的转着乱七八糟的事情，只好起来看书做事。我知道这是压力大的反应，可我有什么办法，除非没有这么多的事情，但这可能吗？

身为班主任，杂事特别多，每当事多心烦的时候，回家我就特别不耐烦，总爱发无名火，以至于有一天我先生居然跟我说，他没有其他的要求，只希望我像对学生那样充满爱心和耐心地对他和儿子。虽然我嘴上回答，我不给学生洗衣、烧饭，所以不可能像对学生那样对他们，但我心里真的很愧疚。

我做了十多年的班主任，现在有时连话都不知道该怎么说。说轻了吧，不起作用，家长还认为你不够严；说重点吧，学生要么拿《青少年保护条例》来反驳你，要么直接到校长、教育局甚至媒体去投诉你。更可怕的就是离家出走或是寻死觅活，那才真吃不了兜着走。

我现在最大的感受就是越来越不知道如何和一些学生打交道了。以前班级学生虽多，但都很淳朴，也很懂事理，很少出现顶撞老师的事情。现在，一些学生有时候说些话真是气得你胸闷。有一次上课，几个学生在下面交头接耳，我刚用眼睛想提醒一下他们，没想到其中一个人先开口了："老师，你讲你的，我们说我们的，不会影响你，你继续吧。"我们还有一位退休返聘的老师，问一位学生为什么不做作业，你猜学生说什么，"你都这么大年纪了，退休不待在家里享清福，跑到这里来管什么闲事"。气得这位老师差点当场吐血。都说要尊重学生个性，没有教不会的学生，只有不会教的老师，可又有多少人能体谅我们这些在学校社会和家长学生、素质教育和应试教育的夹缝中艰难生存的老师的感受呢？"①

……

这些不是小说里的情节，这些都是班主任诉说的苦恼。和班主任聊天，听到最多的一个字就是——累。身体累，但更多的是"心"累。问及原因，很多教师都觉得主要是压力太大。

---

① 吴增强、沈之菲主编：《教师生涯中的心理成长》，上海科技教育出版社2008年6月版，第103页。

**教师压力状况**

什么是压力？压力是个体在与环境交互作用的过程中，面临一定的生活事件和情境，所感受到威胁时的一种紧张状态。它可以导致个体的情绪和行为问题，也可以激发个体的机能。因此，压力具有两重性，适度的压力是动力；而过重的压力，以至无法承受的压力就可能是心理负担，容易产生心理健康问题。

面对社会急剧变化，教师职业压力增大是国内外教师普遍的现象。Kyriacou 和 Sutcliffe 调查发现，20% 的教师自称作为一名教师压力很大。瑞士日内瓦大学哈伯曼（ Huberman）的研究表明，40% 的教师有过度疲惫的经历。Borg 等对马耳他的小学教师压力情况的研究显示，32. 6% 的教师认为自己的工作很有压力或极其有压力。近年来，国内的有关调查也得出了类似的结论。邵光华和顾泠沅（2002）对我国 246 名青年教师调查表明，37. 8% 的教师感到“很有压力”，14. 2% 的教师报告自己“极其有压力”。北京教育科学院基础教育研究所对北京市的一份调查显示：93. 1% 的教师感到当教师越来越不容易，压力很大；50. 8% 的教师表示如果有机会将考虑调换工作，只有 17. 5% 的教师表示喜欢这一工作。①

北京昌平区对 2151 名教师的调查表明（2007）：(1) 压力状况。28. 6% 的教师压力非常大，49. 6% 的教师压力比较大，仅 4% 的教师觉得没有压力。(2）生理状况。57% 的教师经常失眠，54. 4% 的教师消化不良或者食欲不振，50. 9% 的教师经常出现呼吸困难或者头晕现象。（3）心理状况。57. 6% 的教师情绪低落，62. 1% 的教师经常感到非常紧张。②

虽然以上这些统计数据各不相同，但却说明了一个共同的事实：教师职业压力普遍存在。

**教师职业倦怠**

教师面临过重压力的结果就是职业倦怠。这是近年来心理健康领域一个重要的主题。职业倦怠是指个体在长期的工作压力之下身心疲惫、厌弃

---

① 饶淑园：《中小学教师职业压力研究综述》，《教育导刊》2007 年第 3 期。

② 何丽芳：《北京市昌平区教师职业压力与心理健康状况调查分析》，《中小学心理健康教育》2007 年第 7 期。

工作的感受，是一种身心能量被工作耗尽的感觉，也称之为心理枯竭。主要表现为三个方面：

（1）情绪衰竭，是个体对压力的评估，表现为个体情绪和情感处于极端疲劳状态，工作热情完全丧失。

（2）非人性化，涉及个体对他人的评估，表现为个体以消极否定、麻木不仁的态度对待服务对象。

（3）低个人成就感，涉及个体对自我的评估，表现为个体对自己工作的意义与价值的评价降低。

马雅菊等（2008）对西安和渭南10所中学390名中学教师进行现状调查。结果发现：中学教师职业倦怠在性别上没有显著差异，在婚姻状况、职称上存在显著差异；初中教师比高中教师体验到更高的工作成就感；已婚教师的情绪衰竭和非人性化程度高于未婚教师；高级教师的非人性化程度高于二级教师。3个维度中，只在1个维度上偏离的人数占34.59%，同时在两个维度上偏离的人数占7.3%；同时在3个维度上偏离的人数占1.08%。这表明当前中学教师的确存在一定的职业倦怠现象，但其表现有所不同，有较大比例的教师经历不同程度和层次的职业倦怠。①

刘晓明等（2004）采用职业倦怠问卷（Maslach）和症状自陈量表（SCL—90），以黑龙江528名中小学教师为被试进行调查。结果发现：中小学教师的职业倦怠与心理健康呈显著正相关，情绪衰竭维度与心理健康的躯体化、强迫、人际关系、抑郁、焦虑、敌对、偏执等因子的相关度最高。②

张涛（2004）采用SCL—90症状自评量表对扬州市广陵区、维扬区、高邮市等七所初中的298名教师进行了心理健康状况的调查（其中班主任132名，非班主任166名），结果发现：班主任各因子检出率前3位的依次是强迫症状、敌对和躯体化。依据有关标准，SCL—90各个因子中只要有一个因子的得分大于或等于3分者，则被认为被试者可能有中度以上的心理问题。班主任心理问题的检出率为23.5%，高于全国普通人群。班主任在九个因子上的平均得分均高于非班主任，其中在敌对和恐怖因子上的得分显著高于不担任班主任工作的教师。班主任的心理健康水平总体上低于其

① 马雅菊等：《中学教师职业倦怠状况调查》，《中国健康教育》2008年第11期。

② 刘晓明等：《中小学教师职业倦怠与心理健康的关系研究》，《中国临床心理学杂志》2004年第4期。

他教师，表现出明显的敌对和恐怖的倾向。①

教师职业倦怠一般有如下原因：

1. 职业因素

教师职业作为一种特殊的服务行业，其自身的一些特点决定了教师在工作中常常处于持续的高压力状态，易于产生倦怠心理。

首先，工作负担过重，工作时间过长。工作时间的连续性和空间的广延性是教师职业的显著特点。教师除了在上班时间要进行紧张忙碌的工作外，还有大量的工作，如查阅资料、家访、科研等需要利用下班时间去做。而且为了适应知识经济时代知识更新加速以及持续不断的教育改革的需要，教师还必须利用“业余时间”不断学习学科领域的新进展和教育教学理论的新发展。长时间的超负荷运转，使不少教师在心理上和情绪上都处于极度疲劳和衰竭的状态。

其次，教师职业的相对封闭性。与从事其他职业的人相比，教师很少有时间与家人、朋友进行轻松的交谈，即便在同一个学校里，教师之间的教学互助和合作行为也不多。因此，教师职业实际上是一项“孤独的职业”。正是这种特性，使得教师的交往需要与获得支持的需要经常得不到满足。教师因此而感到压抑、孤独、紧张和焦虑，最终导致职业倦怠。

2. 社会因素

其一，社会期望过高。当学校和教师没有能够实现社会的期望时，人们不约而同地把指责的目光投向了教师。这时他们所体验到的不仅是工作的劳累，更有不被理解、有付出而无回报的辛酸，教师的成就感因此而降低。如果这种状况长期得不到缓解，倦怠心理自然产生。

其二，工资待遇低，社会地位不高。从客观上说，教师对社会进步的巨大作用决定了教师应当拥有较高的工资待遇和社会地位。近些年来，国家虽然出台了一系列政策、法规，不断提高教师的工资待遇和社会地位，但从总体上来看，与劳动性质和强度相当的其他行业相比，中小学教师的工资待遇依然偏低。在社会生活中待遇的反差大大挫伤了教师的工作热情，使教师产生职业倦怠。

---

① 张涛：《中学班主任心理健康的维护》，《扬州教育学院》2004 年第 4 期。

3. 学校因素

首先，现行教育体系下学校的基本特征和价值追求是“按工业化、批量性生产的模式来‘塑造’学生”；统一的目标，基本划一的课程与教科书，整齐排列的通用教室，严格规定的课时与教学周期，按规定执行的教育、教学过程；学校是一个封闭的、缺少刺激的体系。它追求效率、强调服从、注重统一。这种学校文化下的教师的生存当然是被动的、不自主的，基本上是“知识的传授者”、“学生的管理者”、“各种政令的执行者”的角色。教师自然就会感到紧张、压抑、烦躁和郁闷。这种体验迁移到工作中，就会导致教师压力增大，从而诱发倦怠。

其次，评价机制不合理。由于升学竞争的压力，分数、升学率依然是学校评价教师工作好坏重要的甚至是唯一的尺度。这迫使教师围绕着分数来开展一切教育教学活动，教师成为追逐分数的机器而失去了教育教学的自主和自由，原本丰富多彩的教育教学活动变得机械、呆板、枯燥和乏味，这严重地削弱了教师工作的积极性和创造性。久而久之，教师感到身心俱疲，倦怠心理由此产生。

再次，学生品行和学习问题。教师的工作对象是活生生的人，学生中的矛盾、不良行为、厌学情绪以及对教师的不良态度等等，是教师每天必须要面对并加以解决的问题。尤其是在当下，社会文化多元化使学生成长中的问题层出不穷。“现在的学生越来越难教了”是许多教师的共同感慨，这往往使教师感到厌倦和疲惫不堪。①

当然，教师的人格因素，如自我认同感和自我效能感低下、完美主义思维方式、抗逆力不足等等，都有可能使之产生职业倦怠。

### 师源性心理伤害

教师心理健康问题对学生最突出的影响，就是造成师源性心理伤害。所谓师源性心理伤害，是指由于教师不当的教育行为而引起的学生心理问题。有关材料表明，相当一部分学生的心理问题是来自师源性心理伤害。

1. 教师的辱骂和体罚行为

在学校教育中，教师时常也会出现一些辱骂行为（abusive behavior）或

① 陈丽萍：《中学教师职业倦怠的现状及改进策略》，《东北师大学报》2008 年第 6 期。

体罚行为。北京大学儿童青少年卫生研究所的一项调查显示，59.9%的学生16岁前曾经历过至少一次的辱骂或体罚行为，儿童期体罚的前三个主要来源依次是教师（53.1%）、母亲（16.7%）和父亲（14.5 %）。由此可见，我国中小学的体罚问题不容忽视，而教师是体罚的首要来源。

教师辱骂或体罚行为发生的一个非常重要的心理诱因是教师的心理压力过大导致情绪失调或者职业倦怠，却又缺乏合理的释放途径，便将自己的不良情绪转移到学生身上，学生成了替罪羊。国内外的实证研究发现，儿童期体罚经历与心理健康问题明显相关，教师的辱骂或体罚行为将会对学生的心理发展产生长期而深刻的消极影响。一方面，体罚行为会给学生的身体发育造成伤害，甚至导致神经系统疾病；另一方面，教师的辱骂或体罚行为还可能导致师生关系恶化，有的学生为了避免体罚，甚至出现厌学、逃学等不良心理和行为表现。有研究指出，受体罚多的学生，缺乏学习兴趣，并伴有更多的侵犯性行为。此外，体罚还容易使学生产生紧张、焦虑和恐惧等不良情绪，致使出现注意力分散、记忆力减弱等不良现象。教师的辱骂或体罚行为还会影响学生的个性、社会性发展，使他们在班级中表现出退缩行为和严重的自卑感。

2. 教师的不公正行为

有些教师对学习优秀的学生毫不掩饰地表现出一种偏爱和袒护，这会对许多学生产生心理伤害，容易打击其他学生的学习兴趣和动机水平，同时也容易滋生同学之间的嫉妒和相互关系紧张。教师的偏爱对学生发展具有一种自我预言效应，即导致学习好的学生会越来越优秀，学习差的学生会越来越糟糕。由此可见，教师的偏爱不仅会使学习困难学生产生一种严重的自卑心理，也会使学习优秀的学生产生一种自满心理，造成他们缺乏应对挫折和失败的心理弹性。①

① 金东贤等：《教师心理健康对学生发展的影响》，《教育研究》2008年第1期。

# 第二节　班主任压力源与生活事件分析

压力是和人的生活世界密切联系的，人之所以感觉到紧张和有压力，那是因为有外部事件刺激。因此，压力源就是可能构成个人应激状态的各种生活事件。对于班主任来说，这些生活事件包括家庭生活、职业生活的方方面面。

**【案例】她为何害怕有人来听课**

### 咨询室里的L：掩饰不住的沉重

L是一所重点中学的语文教师，担任某班的班主任，现年32岁。在一次向全市开设的展示课结束后，L觉得自己近乎崩溃，回到办公室号啕大哭。无论同事怎么劝慰，她的情绪都一直很糟糕，人也很消沉。后经学校心理辅导教师介绍，L来到区心理咨询中心。

L告诉咨询师，从工作以来，自己就一直觉得很不开心，心里十分压抑。前段时间，为了准备一堂向全市展示的公开课，L的精神一直处在一种高焦虑的状态，晚上失眠状况非常严重，例假已三月未来。L曾去医院做过检查，无器质性问题，内分泌也正常。在该校心理辅导教师的建议下，L抱着试一试的想法来到区心理咨询中心。①

① 本案例由周隽老师撰写，选自吴增强、沈之菲主编：《教师生涯中的心理成长》，上海科技教育出版社2008年6月版，第117—122页。

## 学生时代的L：轻松优秀

L从小就是个品学兼优的好学生，学习自觉性很高，不用父母督促，成绩一直名列前茅，是学生中的典范，父母和老师喜欢的好孩子。小学毕业，L考进了上海一所非常有名的市重点中学。高中三年，L仍旧鹤立鸡群，非常顺利地考进了市属师范大学。

在大学里，L的优秀得到了进一步的发挥和展示，除了成绩好以外，在运动、唱歌、书法、绘画、插花、篆刻等方面表现都很出色，常常在各种比赛中获奖。L并没有因此而让同学觉得她高高在上，她也很愿意帮人，她和老师、同学的关系非常好，大家都很喜欢她，L成为了众人关注的中心。她觉得自己过得很顺、很开心。

## 工作中的L：自信不再

生活的转折发生在工作后。尽管身份由学生变为了教师，L仍旧像读书时那样活跃，区里和学校有什么活动，她也积极参加，她的多才多艺让周围的老师觉得这个小姑娘挺不错。第一次担任班主任，L很期望自己所带的班级能够成为年级中的佼佼者，她几乎把所有的时间和精力都花在了学生和班级工作上。在她的带领下，班级各方面都处在年级领先的地位，这使得L在学校里有了不小的名气，领导也非常器重她。

年轻气盛的L说话比较直率，情绪也易波动，有时还会因为班级表现不好而在办公室落泪或去跟领导据理力争。因此也有一些老师觉得她自我感觉太好，锋芒太露，脾气大，人也有点娇气。对于L来说，这是以前从来没有碰到过的，这让她在不习惯的同时有了一种失落感。她开始收敛自己的脾性，小心自己的措辞，任何不开心的事都压在心里，期望能以此改变自己在他人心目中的形象。这种戴着面具的生活让率性而为惯了的L觉得很累、很别扭，但为了不再被他人抓住什么辫子，她不得不压抑着。

但是，无论L怎么小心翼翼，总有一个时候她必须面临他人的评论，那就是评课。作为新教师，总是经常会有师傅、教研组其他教师、教导处以及其他学校的教师来听课。尽管平常上课L都很放得开，课上得也非常自然流畅，而且很有新意，但一有人来听课就不行。从知道要开课的那天开始L就非常紧张，几乎夜夜都会失眠，上课时非常拘谨，觉得很难把自己的设想表达出来。所以，从一开始L就很害怕有人来听课。尽管师傅和其他教师对她上的课评价不错，但L总认为没有发挥出自己的真实水平，上得不怎么样。渐渐地，在他人评价和自我评价之间就产生了一个差距，L觉得自己并不像他们说的那么好，他们对自己好的评价其实是一种客套，L开始对自己的能力有些信心不足。

## 家庭里的L：苦闷疏远

L是个自尊心很强、很要面子的人，她不愿将自己的烦恼向他人倾诉，尽管回到家不用再克制自己，但她并不太跟丈夫说心里的苦闷。丈夫比她大5岁，对她很好，但在L看来他太老实，劝慰就像思想说教，劝不到点子上，又不会呵哄自己，两个人就像两辈人一样，因此夫妻间的交流很少，L对丈夫也总是一种命令式的口吻。L觉得很累，失眠状况很严重，对夫妻生活也逐渐失去了兴趣，有时甚至到了厌恶的程度，偶尔有一次也仅仅是为履行妻子的义务而勉强应付。尽管有时情绪低落的L很希望得到丈夫的拥抱和爱抚，但为了不让丈夫有“非分之想”（L语，她认为自己只是想那种被丈夫呵护的感觉，但丈夫往往会产生性的要求），所以她总是尽量减少和丈夫之间的身体接触。虽然丈夫很体谅她，但她觉得自己很对不起他。

由于忙于工作，L陪儿子的时间并不多，从小到大甚至没给儿子讲过一个完整的故事。但她对儿子要求很严，尽管5岁的孩子已能认识2千多个字，还会做两位数的乘法，但L觉得他还可以做得更好。所以只有当儿子达到她的期望后才会得到表扬，但表扬的最后总会加上一句“你看，多亏了妈妈教你，你才会做得这么好”。而一旦当儿子出现错误，L就会朝他发脾气，用加倍练习来惩罚儿子。如写字时有一笔没按她的要求写，她就会让儿子反复地写，有时一个字就要写上十几分钟。原本很喜欢写字的儿子现在一看到写字就怕，看到她站在旁边就很紧张。儿子跟她并不亲近，很怕她，这成了L的一块心病。

L老师的学生时代是多才多艺、轻松潇洒加优秀，刚做新教师时也是充满热情和理想。由于长期的工作压力、人际关系压力以及家庭生活压力得不到缓解，觉得自己不得不戴着面具，使她内心备受压抑，以致变得工作热情消退、自卑心理滋生，连让人听课的自信都没有了。

## 压力源与生活事件

在人的一生中会经历无数次的失败、成功、喜悦和悲伤，而这些情绪体验的产生是由不同的社会压力源所导致的，例如亲人亡故、患重病、失业、遭判刑等等。可见，在众多的压力源中，与人更密切相关的是应激性生活事件，或称为生活压力源。公认的生活压力源有以下三方面①：

1. 生活变故

生活变故是指个人在日常生活秩序上发生了重要改变，一般是指那些给人带来紧张甚至痛苦的负面情绪经验。霍姆斯和黎黑从各方面收集了一般人在生活中最关心的事，列出了一百个项目，然后再让400位不同年龄不同职业者，判断其可能使人产生心理压力的大小，进行评分，分数越大表示压力感越大。最后选定43个项目，按其压力感的大小排列，编成了生活事件压力量表（见表8－1）。由表可知，丧偶（100分）排位最高，其次是离婚（73分）、夫妻分居（65分）等等。霍姆斯等人后又对5000人进行调查，发现压力感得分与疾病发生密切相关。若一年内经历的各种事件得分不足150分的，预示下一年基本健康；若评分在150—300分的，次年有50%的可能性患病；若评分在300分以上的，次年有70%的可能性患病。

**表8-1　生活事件压力量表**

| 事件 | LCU | 事件 | LCU |
|---|---|---|---|
| 配偶死亡 | 100 | 职业改变 | 29 |
| 离婚 | 73 | 子女离家 | 29 |
| 夫妻分居 | 65 | 司法纠纷 | 29 |
| 拘禁 | 63 | 个人突出成就 | 28 |
| 家庭成员死亡 | 63 | 妻子开始工作或离职 | 26 |
| 外伤或生病 | 53 | 上学或转业 | 26 |
| 结婚 | 50 | 生活条件变化 | 25 |
| 解雇 | 47 | 个人习惯改变 | 24 |
| 复婚 | 45 | 与上级矛盾 | 23 |

① 吴增强：《当代青少年心理辅导》，上海科学技术出版社2003年1月版，第172—175页。

（续表）

| 退休 | 45 | 工作时间或条件改变 | 20 |
|---|---|---|---|
| 家庭成员患病 | 44 | 搬家 | 20 |
| 怀孕 | 40 | 转学 | 20 |
| 性生活问题 | 39 | 娱乐改变 | 19 |
| 家庭添员 | 39 | 宗教活动改变 | 18 |
| 调换工作岗位 | 39 | 小量借贷 | 17 |
| 经济状况改变 | 38 | 睡眠习惯改变 | 16 |
| 好友死亡 | 37 | 家庭成员数量改变 | 15 |
| 工作性质改变 | 36 | 饮食习惯改变 | 15 |
| 夫妻不睦 | 35 | 休假 | 13 |
| 中量借贷 | 31 | 过圣诞节 | 12 |
| 归还借贷 | 30 | 轻微的违法行为 | 11 |

2. 生活琐事

西谚道："最后一棵草会压垮骆驼背。"同样的道理，烦心的生活琐事，日积月累之后也会给人造成压力。研究压力与情绪的心理学家拉扎鲁斯等人（Lazarus，et. al，1985）把生活琐事归为六个方面：

家用支出方面。家庭生活中的一切费用支出，诸如衣、食、住、行、娱乐、纳税，以及学费、医药费、保险费等等，多数家庭都会感到负担沉重。

工作与职业方面。家庭的经济收入靠工作与职业，工作和职业的性质、兴趣、待遇以及发展机会等，对一般人来说，失意者多，满意者少。工作、职业也会给人带来心理压力。

身心健康方面。家庭成员中，难免有人生病，而且家人相处有时也会发生冲突。因此，疾病的痛苦和人际相处的困难，将增加人的心理压力。

时间分配方面。生活在现代都市里的人，无法支配和把握自己的时间，已经形成一种极大的心理压力。对现代人而言，时间问题发生在两方面：一方面是因事务多、时间少而造成顾此失彼的焦虑；另一方面是因交通拥挤而造成等待与浪费时间的痛苦。

生活环境方面。居住在现代都市的人，近年来遭受环境污染的问题已日趋严重。构成环境污染的因素中，除空气、噪音等污染之外，属于文化层面的污染，也随社会变迁而日益恶化。对终日处于污染中而无法逃避的人来说，其心理压力自然沉重。

生活保障方面。人的生活是有目的、有方向的，除了现实生活之外，每个人都会为未来的安全保障打算，诸如学业进修、工作保障、职位晋升、经济储蓄、退休安排等等，这些都会因安全保障考虑而带来心理压力。

本节案例中的L老师虽然没有遇到重大生活事件，但是日常生活、工作琐事的“点水穿石”，使她身心疲惫。

3. 心理因素

在生活压力的心理因素方面，挫折和冲突是其中最重要的两项。

挫折（frustration）在心理学上有两种含义：一是指个体动机性行为造成障碍或干扰的外在刺激情境。这种对个体行为发生阻碍作用的刺激情境，可能是人，可能是物，也可能是社会环境和自然环境。二是个体在挫折情境下所产生的烦恼、困惑、焦虑、愤怒等各种负面情绪所交织而成的心理感受。心理学关注的是后者，即个体在挫折情境下的挫折感。人在生活中、学习中、工作中和社会交往中，都有可能碰到挫折。因而，这些挫折都有可能形成压力。

冲突（conflict）是一种心理困境，它是指因个人同时怀有两个动机而无法获得满足所致。最常见的心理冲突有三种：

（1）双趋式冲突，是指鱼和熊掌不可兼得的心理状态。当个体有两个需要追求的目标无法兼得，必须二者取一而又不愿舍弃时，就会产生双趋式冲突。例如，家里财力有限，又想买房，又想送子女出国留学，二者只能取一，就会有冲突。

（2）双避式冲突，是一种左右为难的心理困境。当个体发现两个目标可能同时具有威胁性，就会产生二者都要逃避的动机。但迫于情形，只能避开一件，而必须接受另一件（如“前有悬崖，后有追兵”的处境），在作出这样的选择时，就会产生双避式冲突。

（3）趋避式冲突，是一种进退两难的心理困境。当同一目标对于个体来说可能满足某种需要，但也可能构成威胁，在这种情境下，就会产生趋避式冲突。趋避式冲突在日常生活中较为普遍。如，某位女士既爱吃巧克力，又担心发胖；某学生既爱上网聊天，又担心学习时间不够；两位男女大学生相互爱慕，既想谈恋爱，又怕影响学习等等。

上述三种都是比较简单的冲突，在现实生活中，个体面临的动机冲突要复杂得多，而且常常不能轻易获得解决。因此，冲突容易给人造成心理压力，影响人的情绪和心理健康。

### 班主任压力源分析

许多学者的研究认为，教师心理健康水平低于其他一般人群。其原因是来自社会及家长的高期望、高要求，学校工作中责任强、难度大、工作时间长、工作量大、竞争激烈，家庭生活中面临诸多问题等。很显然，班主任同样受到了上述因素的影响。与其他教师相比，班主任心理健康水平低的原因主要是班主任工作中的心理压力更大、更多。班主任的压力源主要有以下几方面：

（1）教育教学双重任务。一般说来，中小学班主任往往由主干课程的教师兼任。他们既是某一门学科的教师，又是一班之主。一方面，他们必须在教学领域辛勤耕耘；另一方面，他们还要教育、组织、管理班级学生。就教师评价而言，更加看重的是教学工作情况；就教师自身而言，他们的成就感的满足也主要来源于教学。如果一个教师只是班主任工作出色，教学工作一般的话，他会感到不满足、委屈甚至自卑。班主任不是超人，没有三头六臂，他们不得不超负荷地工作，以便使自己的双重角色都扮演得比较成功。

（2）工作责任大，任务复杂。有人说班主任是世界上“最小的主任”，可这“最小的主任”管的事却特别多、特别杂、特别细。从关心引导学生完成学习任务、形成良好的思想品德、保证身心健康到班级的日常管理事务，从组织开展班级的各种活动到对学生进行德智体等方面的评定，从协调各科任教师对学生的要求到与家长、社会的沟通等等，事无巨细，虽然不需要班主任事必躬亲，但是一旦出了差错，承担主要责任的无疑是班主任。不仅学校要追究班主任的责任，学生家长乃至社会大众也会不分缘由地对班主任兴师问罪。高度的责任心使得班主任不得不小心谨慎、兢兢业业地工作。班主任的心理问题列首位的是强迫症状，强迫症状俗称“认真过头”，这与班主任的工作要求不得不认真甚至认真过头有着必然的联系。

（3）家长的压力。在所有教师中，班主任是与家长联系最多的人。这是由班主任的职责和教育、教学工作的需要所决定的。家长对班主任的期望、要求比较高。他们希望自己的孩子能遇到一位称职的班主任，能够对自己的孩子多加关照；同时，家长对其他科任教师的牢骚、不满意等等也总是向班主任宣泄，甚至希望班主任能向教师本人或者学校领导反映。班主任处在其中常常是左右为难。一位走上教师工作岗位不久的老师感慨地说：家长的不满极多，他们常常利用学校网站、市长信箱等媒体来发泄自己的不满。作业布置多了，家长不满；放学晚了，家长不满；学校工作需要调换老师，家长还有不满。孩子考100分，家长抱怨卷子出容易了；孩子在及格线附近徘徊，家长抱怨老师复习不到位。我们说一句话、做一件事都得在脑中掂量半天。

（4）工作中限制多、支持少。教师工作总体上来说具有很大的局限性，教什么、怎么教、为什么教都由课程标准、课程计划和教科书来规定，工作时间、地点、对象固定，班级活动的组织等要受学校乃至上级主管部门的约束……总之，班主任的婆婆太多，独立性不能发挥，个性得不到张扬。如果学校领导比较专制，只知道下指示，不懂得和教师沟通的话，必然导致班主任的抵触情绪。[①]

① 张涛：《中学班主任心理健康的维护》，《扬州教育学院》2004年第4期。

## 第三节 班主任心理调适

促进班主任心理健康可以从两方面来考虑：一是教育行政部门和学校要为教师心理健康提供良好的社会支持和心理服务；二是教师要学会自我心理调适。上节案例中的L老师的心理问题得到了区心理健康指导中心专业人员的咨询服务后，状况有了明显好转，就是属于前者。

**【案例】她觉得从来没那么轻松过**

### 释放压力

在第一次咨询中，L竹筒倒豆子一般讲述了她的压力和她的感受。咨询师主要是倾听，一方面给予L充分的机会去将那些压抑了很久的烦恼倾诉出来，另一方面也让自己尽可能多地掌握信息，以确定问题的症结所在。

在以后的两次咨询中，咨询师和L一起回顾了她的成长过程，引导她去探寻问题是如何产生和发展的。通过分析，L开始意识到她的问题根源在于她有一个非常强烈的非理性观念，那就是她期望得到每一个人的关注和欣赏。这个非理性观念导致她对自己要求很高，不想暴露自己薄弱的地方，只想给人看到好的一面，她所做的一切都是“只为了别人一句好话”（L语）。为此，她承受了许多不必要的压力，并影响到工作和生活的许多方面。所以，要解决L的问题，关键在于调整她的认知，一方面需要让她确立合适的自我期望目标，另一方面要让她充分认识到自己的优势，在接受自己限制的同时能肯定自己。

在第二次咨询中，咨询师给L做了CMI测试，结果显示，L的总分是

29分，各分指标的得分分别为，不适应4分、抑郁3分、焦虑7分、敏感2分、愤怒6分、紧张7分，这表明L的心理健康属于临界神经症，主要表现为焦虑、紧张和易激惹。

## 不要活在别人的眼里

第三次咨询结束时，咨询师布置了一项家庭作业，让L回去写自己的优点。当L听到这项作业时，她疑惑地看着咨询师："我还有优点吗?"在得到咨询师微笑而鼓励的点头后，L答应回去好好想想。

第四次咨询时，L带来了家庭作业，咨询师让她一项项地解释并举例讲给咨询师听。刚开始时她很不自然，渐渐地她的脸上露出了笑容，例子也越举越多了。在这次咨询时，咨询师还向她介绍了理性情绪疗法的一些知识，针对她的一些不合理想法进行了挑战和分析，如"别人为什么要用好话来客套你?"、"当别人没得第一时，你是否会觉得她很没本事?"并引导她尝试用合理的想法来加以替换，比如她对评课的想法就由以前的"他们是在批评我，说明我不好"慢慢转变成"他们是在提建议，帮我不断完善"。这次的家庭作业是让她试着多角度地想问题。

第五次咨询时，L讲了她所取得的进步以及还存在的问题，主要表现在有时还是会不由自主地钻牛角尖。咨询师肯定了她的转变，并通过让她复述她是如何解决问题的过程来加深她对理性情绪疗法的理解和运用，并鼓励她不要心急，要看到自己的进步。咨询师用了一个0—10的刻度问句来让L衡量，和周围人相比自己处在一个怎样的位置，L的回答是7到8之间(0表示最糟糕，10表示最好)。咨询师又用同样的刻度问句让她衡量自己期望在他人眼里的位置，L想了想，觉得也就是8左右，不会超过9。这说明L对自己的评价和期望之间并没有很大的差距，她之所以不能容忍别人说她不好，是因为她习惯了听好话。就算她不伪装，表现真实的自我，她的水平也还有7到8。当L意识到这点时，她自己也笑了："我干吗要活在别人的舌头底下，其实我也并不差。"

## 家是温馨的港湾

在第五次咨询中，咨询师还和她一起分析了L的家庭关系给她的压力。L将工作中的消极情绪带回家庭，影响了和丈夫、儿子的关系，反过来这又成为了两个新的让她烦心的压力。家庭压力和职业压力交杂在一起，使得L在没有开课压力存在时，家庭关系的压力就成了L面临着的最主要的问题。所以咨询师准备从改善她和家人的关系入手，让她了解自己对家人的态度和原因，引导她用换位思考的方式来体会家人的感受。当L领悟到自己实际是用对自己的方式在苛求儿子时，她有些震惊，她原本是希望儿子比她过得更好，在同龄人中能出类拔萃，但无意中却是让儿子步她的后尘，而自己过得并不快乐！这是她不愿意看到的。L说起儿子很喜欢用纸盒给玩具小动物搭房子，咨询师鼓励她找机会问问儿子有没有想过给自己也搭一间。

通过分析，L也意识到自己应该让丈夫知道他是她最重要的支持，所以她开始尝试去改变对父子俩的态度。咨询师和她一起探讨了一些如何与父子相处的技巧和注意事项。她开始反思自己对儿子的态度和方式。她每天都抽出一定的时间陪儿子玩，给他讲故事，不再儿子一出错就斥责他，这让儿子有种受宠若惊的感觉，也开始和她亲近起来。同时，她和丈夫长谈了一次，把她的烦恼、对丈夫的愧疚和期望都说了出来，尤其是当她说出自己很想被丈夫关爱时，丈夫看了她许久，默默拥她入怀时，她哭得很伤心，但她觉得那种感觉真的很好。

经过一段时间的咨询和调整，L的情况有了一定的好转，情绪不再那么波动，失眠问题逐步得到改善，例假也来了。尤其是当她尝试主动去试讲了一节课，并听取了同事的评课后，她觉得自己从来没那么轻松过。这个案例现在仍在进行之中，但L相信她最终会迎来开心的一天。

L老师所遇到的是一个压力适应不良的问题，这个案例有以下三点值得注意：

首先是教师对压力的评估在压力的产生过程中有着不可忽视的作用，而这个评估在很大程度上取决于教师的人格、信念和以往的经历。L的问题最初是由开课的压力引起的。对L来说，开课的压力更主要来自于她不想被人评论的想法，所以，要想缓解L的压力不适，不让她开课只是一个治标不治本的解决方式，关键在于调整她的认知。

其次，在这个案例里，我们可以看出由于压力，L表现出比较高的焦虑、紧张和易激惹水平，并导致了和丈夫、儿子之间的关系紧张。这说明职业压力不仅会给教师本人的心理健康带来消极影响，还会影响到教师的家庭生活。L害怕外人说她不好，而在不需伪装的家人面前也听不到好话，和丈夫又缺乏有效的沟通，这些都反过来增加了L的压力。由此可见，有效的社会支持对缓解压力的消极影响是非常重要的。

最后，L的问题之所以长时间未能得到缓解，还与她没有一个有效的应付方式有关。在压力面前，L在学校里采取的是克制、伪装、压抑自己的方式，而在家里则是发泄、惩罚，这并不能从根本上解决她的问题。所以，对教师进行压力管理和应付方式的培训是很必要的。

在这个案例中，L的职业压力问题主要是由她内在的个体因素造成的。在与教师的访谈中，笔者发现也有一些教师的压力问题来自于一些外在的如工作负担、工作环境等压力因素，但教师个体的心理素质在缓解压力的消极影响方面起着非常重要的调控作用，因此教师学会自我心理保健也是一个非常有效的压力管理途径。

**优化班主任社会支持的建议**

维护和增进班主任的心理健康是一项系统工程，需要社会、学校和班主任自己共同努力，应采取各种措施减轻班主任的心理压力，为班主任提供社会支持，提高他们的应对能力。

1. 家长理解和支持

获得别人的尊重、得到别人的理解是人基本的社会性需要之一。班主任的工作对象主要就是学生和家长，他们背负着社会和家庭的重托，任劳任怨、兢兢业业地工作，非常希望能得到家长的理解和认可。某中学一位班主任写道："每天一到学校就开始忙碌，一直忙到下班。休息的时间仍在处理工作上的事，这并不稀奇。说实在的，忙一点没关系，我们也没有怨言。怕就怕，你忙了半天，别人还不理解你。"教师不是圣人，我们不能一味苛刻地要求他们做"人梯"、"春蚕"，更不能把教育孩子的责任完全推给他们。当教师在努力履行自己的责任和义务时，如果家长只是作为旁观者在一边说三道四、指手画脚；或者当教师出现工作上的失误时，总是不分青红皂白地指责教师的话，教师只有寒心的份了。理解、支持和尊重班主任工作，也就意味着给了他们一个宽松的环境，这不仅可以提高班主任工作的效率，而且有助于增进他们的心理健康。

2. 学校工作环境改进

学校组织环境与教师心理健康关系密切，校长如何从制度、管理等方面给班主任以有力的支持，对于促进班主任的成就感、幸福感和心理健康意义重大。具体有以下几方面：

(1) 对班主任实行轮换制。许多班主任有这样的体会，工作日的每一天，神经总是绷得紧紧的，唯恐班上学生出事。实行班主任轮换制可以让教师得到暂时的放松，在一定时间内减轻他们的负担。

(2) 减轻班主任的教学工作量。班主任工作不仅头绪多，而且琐碎、量大，班主任的津贴也很少。做好班主任工作不仅要有奉献精神，而且要耗费大量的时间和精力。许多教师宁愿多承担教学任务，也不愿做班主任。为维护班主任的身心健康，学校应该减少班主任的教学工作量。

(3) 帮助班主任专业成长。长期以来，班主任工作被看作是“人人能为”的，不具有专门学问的工作。这种看法显然是肤浅的。班主任工作是一项专门性的工作，我国已经初步建立起了自己的班主任学科理论体系。加强对班主任的理论培训，一方面有助于班主任科学、规范地从事工作，另一方面可以提高班主任工作的效率，使班主任能热爱工作并从中获得乐趣和成功。

(4) 调动班主任参与学校民主管理的积极性。校长在学校重大问题的决策中，要充分听取教师意见，鼓励教师献计献策。在布置工作时，不要简单地发文件、下命令，必须征求班主任的意见或向班主任充分阐明缘由，让班主任在理解的基础上去贯彻执行。班主任如果能体会到被领导尊重和重视，就会产生对学校的认同感。①





### 班主任心理自我调适的建议

心理咨询有句名言：问题不是问题，如何面对才是问题。其实，从某种意义上，每个人都是自己的“心理医生”。维护班主任的心理健康，必须依靠班主任自己的力量，通过掌握心理健康知识和心理辅导技能，提升自我调适能力和自助能力。以下我结合具体案例，提出一些建议以供参考：

1. 要有自知之明

人贵有自知之明，老师的烦恼往往来源于各种评比，倘若我们能够把自己的姿态放得低一点，不要把自己看得过高，把别人估计得过低，可能

① 张涛：《中学班主任心理健康的维护》，《扬州教育学院》2004 年第 4 期。

就会减少许多不必要的烦恼。下面案例中的班主任面对同事对自己工作评价的不同意见，她是怎么调整的呢？

## 面对不同意见……

一年一度的班主任工作评议考核又开始了，我像往常一样把一年来班级的工作、学习、活动情况，小干部培养和学生的成长情况在年级组作了汇报。我的发言一完，就很自信地扫视了一下年级组的老师和学生代表，听他们对我一年工作的评议和打分。谁知，老师的发言和学生的评议对我的意见还不少呢。我自觉得眼花、耳鸣、心悸、胸口堵得慌。这天夜里，我失眠了。一年的工作，就像放电影似的在眼前一幕幕展现，一学期来，好事多，喜事多，活动也多。我觉得自己干得不错，成绩也不小。可能因为要求比较高，又争强好胜，因而对学生过分严厉了些，在年级组里也得罪了不少老师吧。

我平躺在床上，两眼直瞪瞪地望着天花板，耳旁只闻滴答滴答的钟摆声，我百思不得其解，心中又气又急，不时地问自己：这难道是我错了吗？我到底错在哪里？这些老师和学生怎么这么看待我的努力和付出呢？……

第二天正好是双休日，我懒洋洋地躺在床上无精打采。时钟已指向八时。女儿见我还没起床，好奇地走到我面前问：妈妈，太阳已经照被窝了，你怎么还没起来？我两眼朝她一瞪，没好气地说：去，去，去，不要你管。女儿吓得一溜烟地走了。我爱人听见叫喊声走来一看，见我满脸的不高兴，问：怎么了？我满腹委屈倾吐而出。顿时，我感到了一身轻松。

早餐后，我爱人提议出去走走，顺便去买些菜回家。我欣然地同意了。一路上，我们谈论了伟人毛泽东、人民的好总理周恩来……我顿时感悟到：人的一生不总是那么一马平川。那些伟人都如此，更何况我呢？走着，谈着，我只觉得心情舒畅，脚步轻盈。

当我俩买好菜回家，只听女儿房里传来阵阵乐声。女儿看到我就拉着我的手说：妈妈，来，我给你听段音乐。这音乐高昂、激烈，扣人心弦。啊！贝多芬的第五（《命运》）交响曲第一乐章。它是一首歌颂英雄意志的壮丽凯歌，它是一部颂扬光明战胜黑暗，通过斗争夺取胜利的交响曲。听着听着，我的心胸豁然开朗，我仿佛感到眼前遇到的问题是那么的渺小。

此时，我的心情虽然是平静了，但焦虑还没有解除，我试着进行自我心理调适：

(1) 回顾自己的工作，寻找问题所在。我急于想把工作搞好，但忽视了学生的实际情况和心理需求，对他们的要求提得过高，活动开展的频率过密，急于求成，这是不切实际的。另外，在忙忙碌碌的日常工作中，我只顾自己要出成绩，争第一，又缺乏和年级组教师之间的心灵沟通和理解，因此大家对我有意见、有看法是必然的。

(2) 试用“角色互换法”进行心理体验。教育改革的深入发展，对教师的要求越来越高，学生的压力在加大，教师的压力也在加重，而我没有站在他们的角度思考问题，而是一味地指责他人的不是，唯我独“好”，他们的心里怎么会不产生怨恨情绪呢？

我这样想了，心里也舒坦了，对他人的不同意见也能认同了。①

班主任工作的年终评议和考核带来了不小的震动。面对一张张意见颇多的评议表，她百思不得其解，心悸、胸闷、失眠……面对来自师生的不同意见和沉重的心理压力，案例中的班主任采取了以下措施进行自我调适：①合理宣泄。通过找人倾吐、宣泄内心的压抑情绪，减轻心理焦虑。②注意力转移。采用散步、聊天、交流等方式，转移注意，改善不良情绪。③自我松弛。通过听音乐这样的娱乐活动，使自己心情开朗、胸襟豁达。④认知改变法。通过自我反思，找出头脑中的不合理、不合逻辑之处，克服非理性思维方式，代之以理性思维方式。

### 2. 在反思中找回自信

对于班主任来说，教育成功的经验、获得成就感是最有力的激励，同时也是积极的自我心理调适方法。但是，班主任在教育实践中常常会遇到困难和挫折，怎么应对困难的挑战，找回自信、走向成功呢？请看下例：

#### 我终于摆脱了工作的阴影

我是一个中学中年班主任，平时工作量较大，既要完成两个班级的教学任务，又要抓好学生的德育工作。多年以来在工作岗位上一贯兢兢业业，勤勤恳恳，因而多次被评为先进工作者，所带的班级也为年级中的佼佼者。

然而近年来，所带的班级的生源越来越差，大多数学生没有养成良好的行为习惯，学习成绩始终提不高。作为班主任的我却是终日忙忙碌碌，

① 选自蒋薇美主编：《班主任心理辅导技巧》，上海教育出版社 2007 年 8 月版，第 296—297 页。

搞得疲惫不堪。我总觉得领导对我不够关心与支持，因此我工作提不起劲，完成任务开始拖拉了，与其他教师形成了较大的矛盾与分歧。

我这样的现状和心态，引起了学校专职心理辅导老师的关注，在她的指导下，我学会了进行自我心理调整。我具体分析了自己：生活在一个身心负担极重的环境中。过去工作的成功并没有给自己带来成功的自信，反倒成了巨大的负担和压力，并引发了人际关系问题，因为处理不当而引起了矛盾冲突。我现在正处于极为典型的心力疲劳之中，于是我对自己进行了以下的调整：首先找出自己最想要解决的问题，努力地去尝试改变和解决。我觉得先要解决工作中的人际关系问题。要调整自己的情绪，以友善的情感面对工作中的人际关系，主动与他人沟通和交流，去理解他人，尊重他人。其次，要走出自卑的思维和行为模式，逐渐适应新的环境。对目前的工作困难要有充分的认识，不无端逃避责任，但也不完全归罪于自己，重要的是寻找困难的所在，寻求弥补的方法。现在所带的班级基础差是一个事实，但要看到一定的成绩。班级在我的带领下已经有了极大的进步，我的工作态度被学校领导重视和认可，也被全年级教师所认可，并不是不关心。

想法变了，看问题的角度也变了，它给我带来了工作的生机和活力，与同事相处也主动开放、积极乐观了，我已经重新找回了以往的自信。工作中的阴影也消失了。①

步入中年，人们都希望在事业上有新的发展和腾飞。然而现实却常常不尽如人意。案例中的中年班主任过去曾多次被评为先进教师，所带班级也是年级中的佼佼者。但近年来，他终日忙忙碌碌，常常搞得疲惫不堪，却又工作成绩欠佳。为此，这位老师陷入了深深的痛苦和烦恼之中，他求助于心理辅导老师。在心理老师的帮助下，他学习自我调适：合理宣泄，找出问题的症结所在；运用“理性情绪方法”，改变非理性观念，建立理性的、合乎逻辑的观念，挫败自我贬损的思维模式；面对现实，感受成功，重建自信；理顺人际关系，为建立良好的工作关系打下情感基础。他成功地摆脱了工作的阴影，重又找回了自信，焕发了工作的热情。学校心理辅导老师的帮助，使他找到了解决的方向，自我的探索和调适使他重新振奋了精神。教师在面对困境的时候，寻求专职心理辅导老师的帮助也是一个很

① 蒋薇美主编：《班主任心理辅导技巧》，上海教育出版社 2007 年 8 月版，第 296—297 页。

不错的途径和渠道。

3. 在挑战性任务中提高胜任感

教育工作岗位变动对于教师是经常要面临的事，如果对这种变动不适应，也会产生情绪问题。面对工作的变动，下面的这位老师是怎样调整心态的呢?

我的烦恼

有段时间我会平白无故地感到不愉快，连看书、看电视也会突然之间感到没劲，睡在床上总是想着不愉快的事情，遇到天气不好，心情更加糟糕。

我是一个性格外向的人，平时爱闹、爱讲笑话，怎会一下子反差这么大，因为我遇到了一件令人心烦的事。我自幼爱好数学，讨厌文科，踏上工作岗位后，一直任教小学高年级数学。现在教育局要求各校班主任要学习开设心理辅导课，倒霉的是我参加过心理辅导培训班，并拿到了证书，学校领导就把这个试点任务强压到了我的身上。领导一句话，但苦了我。

我原本是一名小学数学教师，现在要去任教七年级的心理辅导课，没有教材，又要自己设定上课的内容，而且开课的是七年级，我的心理压力大极了。我担心七年级的学生看不起我这名小学教师，而影响课堂纪律；我担忧上不好课，影响自己的声誉……为了少出些“洋相”，我向学校领导提出上六年级的课，谁知又碰了壁。校长规定我第五周一定要把心理辅导课开出来，而我心里一点儿也没底，只有一个“怕”字，我的心情坏透了。

由于情绪不好，身体也感到不适，头晕、心悸、四肢无力。此时我意识到，我的心情、我的身体不佳都是因为焦虑过度造成的。我不能这样下去，我应该放松自己，从好的地方去着想。于是我就宽慰自己，学校让我上七年级的心理辅导课，这是对我的信任，相信我能胜任这个工作。“既来之，则安之”，不必再庸人自扰了。没有教材，可以多跑几家书店，多向其他学校的老师讨教，多收集些资料，根据学生的心理特点，寻找适合他们的素材作为自己上课的内容。

有了责任心就有了动力，我从新华书店买来了《成功之路》、《成长岁月——园心热情咨询手记》、《现代学校心理辅导》、《我是一块料》、《情感教学心理学》等书，每天看书到深夜。从这些书中，我不但掌握了心理辅导方面的有关内容，而且也学会了自我调节。随着对教材的不断熟悉，“怕”字也从我的心底渐渐消失了。这时，我只有一个心愿，要尽自己最大的努力，把这门课上好。

给学生们上的第一节课的内容主题是“身体无病与健康”，上课之前，我认真寻找给学生的素材，设计适合学生的活动。从同学们的眼神中、神态中，从同学们参与的积极性中，我感到我成功了。下课的铃声响了，许多同学围在我的身边，问这问那不肯离去。此时，一切烦恼与顾虑都从我的身边溜走了。①

案例中老师的“烦”是由工作要求的变动引起的，由原来自己擅长的工作而改做自己不熟悉的工作，造成了心理的烦躁，并导致了身体的不适，头晕、心悸、四肢无力。烦恼人人都会有，而她很好地进行了自我调节，从而解脱了精神烦恼。

进行自我调节的办法之一是改变想法。理性情绪治疗理论告诉我们，各种不同的想法会产生不同的情绪。决定我们情绪的不是他人，正是我们自己，要改变自己的情绪状态，关键是改变想法。该老师改变了想法，不再自找烦恼，不再庸人自扰了。进行自我调节的办法之二是积极的自我暗示。积极的内在语言，能增强自信，能产生动力，能使人豁然开朗。进行自我调节的办法之三是学习自我松弛：通过放松，能缓解自身的焦虑情绪，改变身体的不适状况。

心理平衡了，烦恼没有了，工作的办法多了，效果就显著了。

4. 学会情绪调控

学会情绪调控是自我心理调适的重要一环。可以从培养积极的情绪和克服消极的情绪两方面进行。培养积极的情绪，关键在于提高情绪管理能力。按照情绪智力理论，情绪管理首先要能够准确、真实地表达自己的情绪，然后是以开放的心情接受各种情绪，进而再调节自己的情绪。消极情绪可以通过合理宣泄、松弛训练、目标转移和认知调整等方法来调节。

当误解发生时

学校为培养青年教师，安排了一些教师在完成本职工作的同时也兼任

① 蒋薇美主编：《班主任心理辅导技巧》，上海教育出版社2007年8月版，第292—293页。

一些其他的管理工作。当时，我一方面担任班主任，另一方面又让我监管教导处的课务安排工作，在此过程中，我曾遇到一个小小的误会，我是这样处理的……

一天，教英语的D老师神秘地告诉我："四年级F老师对你调课很有意见，你要注意哦。"课务安排是我学习实习的分管任务之一。本学期开始，学校的教学比武轰轰烈烈地开展着，学校规定比武课一律安排在上午第一节及下午第二节进行，分管课务的我为此没少换过课。每次换课我都发出调课通知单。难道是因为最近换课比较多，我的工作引发了失误？我想，如果的确如此，我应该向F老师打一声招呼。于是我询问F老师，我是否换错了课？谁知，事情与我想象的大相径庭。原来是D老师为了要听比武课未经教导处同意，自行与F老师换课，而且还拿教导处作为挡箭牌。我在明了真相后，心里很生气，D老师的私自调课不仅造成了学校教学秩序的混乱，还造成了F老师对我的误会。我突然冒出了将D老师请到F老师跟前三个人相互对质的念头，但这个念头稍纵即逝。因为我感到这毕竟不是一件大是大非的问题，何必非要弄个水落石出呢？我应该要有一颗宽容大度之心，"得饶人处且饶人"。如果我真的将D老师请来对质，除了给D老师造成难堪之外，又会给今后的工作带来什么好处呢？冷静思考后，我委屈的心情渐渐平缓。同时，我又设身处地地为D老师想了一想，我感到D老师为听课而换课，想多学习一些，这本身是一件好事。于是我以后就尽量创造机会，让D老师有机会尽可能多地听到每周的比武课。在D老师高兴之余，我不失时机地提醒他，以后换课别忘了请教导处帮忙，D老师连连点头。

在与人交往、相处的过程中难免会产生一些误会，不论哪种情况形成的思想疙瘩或误会或积怨，都要用容人的雅量去化解、消除，心底无私天地宽！我要努力以一颗坦诚之心，以一颗宽容之心，去营造一片理解万岁的天地。①

**由于工作经验的不足，由于交流沟通的不够，与教师、同学之间产生误解是难免的，不及时解决会影响人际关系，当然也会给工作带来不顺利。上述案例中的老师能从调整自己的心态着手，冷静进行了处理，化误解为理解，化消极为积极。这是一篇较成功的心理调节的个案。**

---

① 蒋薇美主编：《班主任心理辅导技巧》，上海教育出版社2007年8月版，第289—290页。

该老师的自我调节过程表现在以下几方面：第一，认识和把握自己的情绪。当误解发生时，她虽然也生气、委屈、冲动，但很快她就把握了自己的情绪，她知道“冲动是一个人头脑简单的表现，冲动更会给工作带来负面效应”。第二，自我暗示。在一个人情绪波动的时候，很有效的一个方法是学会自我暗示，使自己冷静下来。案例中的她不断地命令自己“冷静、再冷静！凡事一定要三思而后行”，就是很起作用的自我暗示。第三，角色转换。要达到与他人的协调与融洽，就必须理解他人、尊重他人，尤其在双方发生误解时更是需要。她运用了心理辅导中的角色互换技术，设身处地地为他人考虑和着想，达到了理解和协调。

5. 增进人际沟通

学会宽容和理解，增进人际沟通，既可以加强老师的社会支持，也可以使人产生愉悦感。人际沟通的两个要点是学会欣赏别人、学会倾听。班主任要学会欣赏别人，欣赏别人并不是出于功利的一味迎合，而是对优秀品质的赞赏，对别人的尊重；学会倾听是理解他人、了解自己的捷径，倾听不要带有个人主观色彩，而要“设身处地”地了解别人，这样才能达到同事之间、师生之间良好的沟通。如果能够做到两个“学会”，你就会有更多的朋友，同时也会增强你的个人魅力。

## 心灵的沟通

班主任老师不仅要带好班，还常常有带教新教师的任务。

学校组织公开课教学，而且指定要正班主任带教副班主任执教。我的副班主任C老师是一位刚进校不久的新教师，我想我有责任帮助她上好她人生的第一节公开课。

接受任务后，C老师很快调整了自己的角色，对班级工作进行了全方位的考虑。我与她确定了上公开课的内容，并一起分析了教案的思路，要求三天后来说课，并拿出具体教案。三天后，C老师拿出的教案让我很不满意，在我的帮助下，她重新修订了教案，并于两天后借班级进行试教。星期一上午，她早早地来到了学校，我想今天的试教应该是没问题的。但她试教的结果让我大失所望。很明显，准备工作不充分，我对她进行了火辣辣的批评，意在不努力、不认真，不珍惜唱主角的机会，并要求她明天拿出修改的教案，继续说课。C老师不吭声，但看得出非常委屈。

晚上我为白天发生的事情，心情久久不能平静。我总是想，为什么以前帮助其他几位老师一点就通，而帮助这位教师就这样难呢？这当中会不会有其他原因呢？我为上午出现的急躁情绪而懊恼起来，之后我试着进行自我心理调适。

(1) 分析自己的目标定位是否准确。我想，我之所以产生焦虑，是由于对新教师要求比较高，而C老师刚担任教师工作，胆子小，没有经验，我应根据她的实际情况来确定目标，不能急于求成，更不能责怪她。

(2) 试以“角色互换法”进行心理体验。我想C老师是一位非常年轻的新教师，假如我是她，连续两次修改都未通过，肯定会产生一种恐惧和紧张心理，继续试教肯定还会影响教育效果。我要关心她，要主动为她的心理减负，多与她进行沟通。

于是我主动找她表明自己由于急于求成，结果造成了态度急躁，希望得到她的谅解。同时也表达了对她的期望，为她鼓气，增强信心。我不厌其烦地手把手地教她，她也认真好学，反复琢磨重点、难点和各个细小环节，结果在努力下，她顺利上好了她的第一节公开课，受到了好评。C老师尝到了成功的喜悦，对自己的前景充满了信心。①

老班主任带教新教师，因种种原因新教师完成得不理想时，是一味责怪他人还是从自身找原因，本案例给我们做了很好的示范。

案例中的主角在帮助新教师共同备课的过程中，因出现了一些问题而产生了急躁情绪。事后，她不是去责备该教师，而是首先从自己找原因，进行自我心态的调整。她首先合理调整自己对教师的目标定位，不急于求成，不提不切实际的高要求。其次，通过“角色转换”的方法，去体验新教师的内心，以真心换真心，改变了新教师紧张恐惧的心态，取得了新教师的配合和谅解。第三，给新教师提供实实在在的帮助，手把手地教她。结果是该新教师尝到了成功的喜悦，更重要的是增强了该教师的自信心，激发了她工作的动力。

① 蒋薇美主编：《班主任心理辅导技巧》，上海教育出版社2007年8月版，第291—292页。